新型智慧城市实践
5G赋能的车路协同网络解决方案和应用

宋军·主编

成嘉琪 周云冲 陈晓 石冰 王学强 刘献伦 傅耘 王碧云·副主编

电子工业出版社
Publishing House of Electronics Industry
北京·BEIJING

未经许可，不得以任何方式复制或抄袭本书之部分或全部内容。
版权所有，侵权必究。

图书在版编目（CIP）数据

新型智慧城市实践：5G 赋能的车路协同网络解决方案和应用 / 宋军主编．—北京：电子工业出版社，2024.6

ISBN 978-7-121-47931-1

Ⅰ. ①新… Ⅱ. ①宋… Ⅲ. ①交通运输管理－智能系统－研究 Ⅳ. ①U495

中国国家版本馆 CIP 数据核字（2024）第 103484 号

责任编辑：刘　伟　　　　　特约编辑：田学清
印　　刷：北京捷迅佳彩印刷有限公司
装　　订：北京捷迅佳彩印刷有限公司
出版发行：电子工业出版社
　　　　　北京市海淀区万寿路 173 信箱　　邮编：100036
开　　本：720×1000　1/16　　印张：19.75　　字数：380 千字
版　　次：2024 年 6 月第 1 版
印　　次：2024 年 6 月第 2 次印刷
定　　价：108.00 元

凡所购买电子工业出版社图书有缺损问题，请向购买书店调换。若书店售缺，请与本社发行部联系，联系及邮购电话：（010）88254888，88258888。

质量投诉请发邮件至 zlts@phei.com.cn，盗版侵权举报请发邮件至 dbqq@phei.com.cn。

本书咨询联系方式：faq@phei.com.cn。

专家序 1

数字化是推进中国式现代化的重要引擎,也是构筑国家竞争新优势的有力支撑。数字中国概括了中国数字化转型的总体要求,智慧城市是数字中国在城市的落地实践;智慧交通是智慧城市的重要特征,也是现代信息技术的集中体现;智能驾驶是智慧交通的高级场景;车路协同是智能驾驶的切入点,也是智慧交通的基本能力。车路协同因为 5G 才得以实现,也成为 5G 的应用亮点。

本书立足新型智慧城市,突出车路协同网络大带宽、低时延、高安全性、高可靠性的特点,针对车路协同对 5G 网络的挑战,从业务场景出发,明确网络需求,分析部署方案,研究流量模型,导出网络架构,给出解决方案,推荐应用案例,支撑城市运行。

本书主编宋军博士早在 20 多年前就作为技术专家参与了中国下一代互联网示范工程(CNGI)项目专家组的工作,具有在运营商和设备供应商长期从事网络新技术研发工作的丰富经验。宋军博士组织众多相关领域专家,基于车路协同网络建设的实践经验,总结汇编成本书。本书介绍了最新的网络技术发展趋势,提炼了智慧城市车路协同网络架构,总结归纳了 IPv6+结合 5G、PON 等技术的网络建设方案及创新思考,这是理论结合实践的探索,兼具技术专业性和工程实用性。期待本书的出版能进一步推动智慧城市车路协同网络的标准化和产业化,以智慧城市支撑数字中国的建设。

中国工程院院士　邬贺铨

专家序 2

随着新一轮科技变革的推进,电动化、智能化、网联化与共享化的汽车"新四化"发展趋势已经成为行业的共识。在中国汽车工业的转型升级过程中,电动化已经完成了上半场的历史使命,而智能化与网联化融合的中国方案智能网联汽车将会开启中国汽车行业下半场的历史新纪元。智能网联技术是汽车产业转型升级的重要突破口,将会推动汽车产业乃至相关行业领域的重塑和重构。

中国在智能汽车技术发展先期跟跑的基础上,根据国家的具体情况,提出了车路云一体化的中国方案智能网联汽车发展路径。中国方案智能网联汽车发展路径的核心是车路云一体化,即通过新一代信息与通信技术,将人、车、路、云的物理空间和信息空间融合为一体,基于系统协同感知、决策与控制,实现智能网联汽车交通系统的安全、节能、舒适及高效运行。这是一个由车辆及其他交通参与者、路侧基础设施、云控平台、相关支撑平台及通信网五个部分组成的信息物理复杂大系统,车路协同网络是这个复杂大系统中的信息沟通枢纽,也是智能网联汽车产业发展的重要环境支撑和数字赋能手段。发展智能网联汽车是中国的重点战略,车路云一体化是智能网联汽车产业化的破题关键。参照《车路云一体化参考架构》,车路协同路侧网是车路云一体化的基本组成部分,也是实现车路云一体化的基础关键技术之一。借助车路协同的高质量通信网络,以智能化、信息化新型基础设施实现信息通信、大数据融合、分布式计算、AI 等跨领域新技术的交叉融合与在汽车相关行业的深度应用,依托车路云一体化系统来推进智能汽车、智能交通、智慧城市的融合协同发展,是中国方案智能网联汽车的核心追求之一。

车路云一体化系统的应用对通信网络方案的包容度非常高。首先,通信网络方案需要具备高效、可靠、实时的传输能力,能够实现车辆与道路基础设施、车辆与车辆、车辆与云端系统之间的信息交互和数据传输。其次,通信网络方案需要具备大容量、高并发、低时延和可扩展的特点,以满足大量车辆同时进行信息交互和数据传输的需求。最后,通信网络方案需要具备安全性和隐私保护能力,以确保车辆和道路基础设施的数据安全和隐私不受侵犯。通信网络方案的优劣会对整个车路云一体化系统的应用效果产生重要影响。有的地方在车路协同网络建设过程中,因各种原因导致网络性能参差不齐,在一定程度上阻碍了智能网联汽车的进一步落地。

本书编者对车路协同网络建设方案的原理、技术实现、应用场景等方面进行了全面、深入的介绍和分析，提出了典型的车路协同网络建设方案及各方案涉及的关键技术，为读者提供了有关车路协同网络建设方案的宝贵知识和经验。鉴于本书对路侧网方案在标准化、规范化方面的重要参考作用，希望各地在车路云一体化落地实践中充分重视车路协同网络建设方案的设计和实现。此外，我相信本书有助于行业凝聚共识，推动车路协同网络建设方案的标准化和规范化，从而有力支撑车路云一体化的实现，促进智能网联汽车发展战略的落实。

中国工程院院士　李克强

专家序 3

智能网联汽车是汽车行业发展的全新阶段,加强智能网联汽车(智能汽车、自动驾驶、车路协同)研发是重点战略方向。车联网先导区试点和智慧城市"双智"试点建设可以有效地促进我国车联网和车路协同领域的发展。我国大力支持和引导的 C-V2X 技术已经成为国际领先的技术。

通信网络是连接和传输的技术,是实现各类智慧城市、智慧交通业务的重要基础设施。车路协同网络是各类网络技术综合、集成的产物,是大型网络体系,涉及方方面面的网络技术。任何网络技术的"短板"都会严重影响车路协同网络的功能和性能。车路协同网络是城市网络建设中对性能要求最高的网络。在"木桶效应"中,木桶短板是决定木桶性能的,车路协同网络也如此。车路协同网络目前还存在技术短板,这是当前网络建设需要面临的挑战。要指出的是:当前,在建设实践中,缺乏对网络技术的全面研究,而以局域技术替代全局技术;缺乏网络系统顶层设计、规划和评估;缺乏规范且体系化的标准;缺乏对网络运维和安全的深入研究等,这些都是短板。要解决这些短板,需要通信领域专家结合理论与新技术趋势并深入网络建设一线,在实践中不断总结,持续完善,逐步凝聚行业共识,最终形成智慧城市网络技术工程标准。

本书主编宋军博士从事网络技术研究和运营商网络建设 30 余年,理论基础扎实,知识面广,实践经验丰富。20 多年前,他已作为技术专家和我共同参与了 CNGI 的建设。此后多年,我们在多方面的网络技术上有合作和交流,特别是在数据网技术方面,从中体现出他深厚的技术功底。近年来,他深耕车路协同网络领域,亲历了该领域的发展变化。车路协同是跨专业、跨行业的交叉学科领域。本书由宋军博士组织各领域具有实践经验的专家共同编写,是对智慧城市车路协同网络建设方案的有益探索和总结。

本书是业界系统介绍智慧城市车路协同网络方案和关键技术的专著。本书基于各地的车路协同网络建设实践,提炼出了智慧城市车路协同网络架构和整体方案,包括基于数据通信技术、5G 技术和 PON 技术的具体网络方案,同时介绍了实践中容易被忽略的网络运维方案、网络安全方案、QoS 方案和网络可靠性方案。本书的出版将为我国的智慧城市网络和车路协同网络建设提供有益的技术参考，为进一步促成相关技术标准和规范，支撑并引导下一阶段车路协同网络建设，保持我国在车路云网和 5G 通信领域的领先地位发挥积极作用。

工信部科技委主任　蒋林涛

专家序 4

新一代信息与通信技术正在赋能各行各业的数字化转型，汽车产业迎来了电动化、智能化、网联化与共享化的百年大变革，也带来了智慧交通、智慧城市发展的新契机。我国提出了数字中国战略、交通强国战略、智能汽车创新发展战略等，《中华人民共和国国民经济和社会发展第十四个五年规划和 2035 年远景目标纲要》提出"积极稳妥发展工业互联网和车联网"。

本人 2013 年在国际上首次提出 LTE-V2X 车联网，为 C-V2X 的技术路线奠定了基础。C-V2X 是融合了直通通信和蜂窝通信的车联网技术，既能实现车车（V2V）、车路（V2I）、车人（V2P）间低时延、高可靠性的近程信息交互，又可实现车云（V2N）大范围、大带宽的远程信息服务。中国信息通信科技集团有限公司（简称中国信科集团）/大唐电信科技股份有限公司（简称大唐电信）的本人团队联合友商自 2015 年起，在 3GPP 组织制定了 C-V2X 国际标准。2018 年起，我国产业界开展了一系列 C-V2X 测试验证与产业实践活动。目前，C-V2X 在我国 7 个国家级车联网先导区、17 个智能网联汽车测试示范区及 16 个"双智"试点城市得到了广泛部署，在智慧高速、智能交通、智慧园区等场景落地应用。

C-V2X 车联网提供车、人、路、云间的基础通信连接能力，是将车、路、云连接为一个协同整体的基石。依托 C-V2X 来发展车路云协同，通过车路云协同赋能智能网联汽车和智慧交通等相关产业的发展，这已成为业界共识。通过多年努力，我国围绕 C-V2X 已经形成完整的产业生态，产业推动也处于国际领先地位。美国也从 DSRC 技术转向 C-V2X 技术。我们有理由相信，采用 C-V2X 技术路线来建设车路协同网络将成为全球业界的共识。

我国在 5G 领域具有领先优势，并且已建成了全球规模最大的 5G 网络。我国正在大力推进 5G 行业应用，5G+车联网将是 5G 单体规模最大的行业应用。尽管车路协同网络建设在新时期的作用举足轻重，且我国在技术标准层面和产业推广层面已占据先发优势，但在各地实践中仍面临诸多问题，例如缺乏系统性和整体性的网络规划和建设，缺少对网络运维的考虑等。此外，需要考虑如何将 C-V2X 车联网建设与运营商现有的 5G 网络和城市基础设施融合，实现资源的共享和优化配置。

本书作为国内第一本聚焦智慧城市车路协同网络方案的技术专著,正好回应了当前实践中面临的部分问题,对智慧城市车路协同的骨干网、接入网,以及路由、切片和安全等关键技术进行了深入的研究和探讨。本人非常期待本书的出版,因其将为我国车路协同网络建设提供重要参考。希望业内同人在参考、借鉴本书内容的基础上,一同丰富和完善网络方案,形成我国的车路协同网络建设标准和规范,助力智慧城市网络建设。同时,本人期待更多的专家、学者能在车路协同这一交叉学科领域进行深入的研究和探索,共同推进车路云协同发展,实现安全、高效、绿色的智慧出行愿景。

中国信科集团总工　陈山枝

专家序 5

数字信息技术的进步推动道路交通领域进入新的发展阶段。交通领域与大数据、AI、通信网络、超级计算等新技术日益融合。智慧交通作为智慧城市的重要组成部分，已成为提升交通安全水平和交通运行效率的新兴技术手段。开展智慧道路的技术研究是推进智慧交通应用的基础保障。随着出行服务要求的提升和交通工具的变革，道路建设的内涵不断延伸，从传统的交通流物理承载，拓展至城市和交通信息流的交互空间。道路建设也在传统土建工程和交通工程的基础上，不断向路端感知、AI计算、通信网络和云平台等技术方向拓展。

目前，智慧道路建设尚处于发展初期，仍面临许多有待深入研究和突破的难题。例如，在智慧道路建设的系统设计方面，因为不同专业的对接界面尚无明确的规范和引导，影响了总体方案的系统性，所以加强各专业间的互相理解和认识对推进智慧道路建设至关重要。

车路协同网络作为智慧交通信息传递的承载系统，在智慧道路建设中具有重要作用。在道路建设要求愈加综合、多元的背景下，道路交通研究者和技术人员除了要掌握传统土建和交通工程的相关知识，了解通信与网络的相关知识和技术要求也十分必要。

本书是目前为数不多的系统介绍车路协同网络技术与方案的专业著作，在主要内容方面，涵盖了车路协同网络建设的政策和实践背景；在应用方面，分析了网络建设的需求和前端设备的布设方法；总结并提炼了国内车路协同建设的网络方案和实践案例，以及网络建设各环节的关键技术等。本书对广大道路交通技术人员学习车路协同网络知识，以及完善智慧道路工作的知识储备，具有较强的参考价值。本书的出版也有助于推进车路协同网络的标准化建设。

全国工程勘察设计大师　王士林

主编序

随着数字中国战略的推进和落地，一个万物互联的智能世界正在我们面前展开，城市本身及其中的千行万业都在经历数字化、网络化和智慧化升级。

车路协同是支撑智慧交通和智能网联汽车的关键技术。车路协同网络集成了边缘计算网络、物联网、5G网络等多种网络。它对时延、带宽、可靠性的要求及所传输数据的重要性均比电信级网络高。车路协同网络是智慧城市网络建设中最复杂且对性能要求最高的网络。因此，传统市政网络的设计原则不再适合它，亟须探索更适宜的车路协同网络设计原则和方案，以支撑智慧城市、智慧交通及智能网联汽车的进一步发展。

我有幸深度参与了若干智慧城市车路协同网络项目、高速公路车路协同网络项目及智慧港口车路协同网络项目。通过实践和反思，我发现当前车路协同网络建设中仍面临诸多挑战。例如，车路协同业务的网络需求尚未被充分梳理和分析，缺乏面向智慧城市的网络顶层设计；智慧城市车路协同网络方案不系统、不全面，并且大多缺乏网络安全和网络运维系统的建设规划等。总而言之，虽然当下车路协同网络建设实践积累了大量经验，但缺少对已有经验的总结、提炼和优化。我希望能完成这一工作，把车路协同网络这条未尽之路的路基垫得更高一些，帮助各位同人走得更远。

要完成这一工作并不简单，智慧城市车路协同网络建设涉及多个专业和领域，需要市政道路、智慧交通、智能汽车等行业领域的专家与有线网络通信、5G通信、IT等信息与通信技术领域的专家精诚合作。为此，我邀请并组织了来自各相关领域的专家，通过分享与研讨，最终合作完成了市面上第一本有关智慧城市车路协同网络方案的技术专著，为形成智慧城市（车路协同）网络建设的共识做出了积极的探索。

本书只是阶段性总结，旨在抛砖引玉。我希望以此为起点，与更多相关领域的专家一起深入合作，通过不断实践、提炼、迭代、演进，实现"最佳方案"，最终形成智慧城市网络建设的中国规范和标准，并使其作为城市道路建设和相关基础设施建设的有效输入，支撑和推进智慧城市和数字中国建设。

在此感谢这些年的合作伙伴和所有给予我帮助的良师益友，特别是一起合作编写本书的专家们。大家一起研讨、编写此书不仅使我在技术上受益颇多，也是我人生中一段很愉快的经历。

西部科学城智能网联汽车创新中心（重庆）有限公司网络中心首席科学家　宋　军

前　言

当前，新一轮科技革命和产业变革蓬勃兴起，数字技术快速发展。自党的十九大以来，以习近平同志为核心的党中央着眼时代发展大势和国内国际发展大局，做出了一系列战略部署，以加快推进数字中国建设。

智慧城市建设是推进数字中国建设的重要途径，而智慧城市基础设施与智能网联汽车协同发展试点（简称"双智"试点）是智慧城市建设的新突破。"双智"试点城市要以加强智慧城市基础设施建设、实现不同等级智能网联汽车在特定场景下的示范应用为目标，坚持需求引领、市场主导、政府引导、循序建设、车路协同的原则，不断提升城市基础设施智能化水平，加快智能网联汽车产业发展。

发展车路协同既是对"双智"试点城市要求的回应，也是智慧城市建设的重要抓手。车路协同是汽车行业、交通行业与信息通信行业融合发展的产物，其广泛部署不仅能加速智能网联汽车落地，还能显著提升城市交通运行管理的智慧化水平。车路协同网络是智慧城市的基础设施，是连接路侧设备、边缘计算平台、区域计算中心、市级云控平台等的"信息高速公路"，是将各领域感知信息接入、承载、汇聚、分发的信息传递载体，是支撑车路协同系统演进全过程的中枢神经系统。相比传统的市政网络，车路协同网络必须具有低时延、大带宽、高可靠性和广覆盖等新特点，应积极采用新技术和新方案，以应对新型智慧城市网络对可扩展性、网络安全和网络运维的挑战。

为推动车路协同网络建设及其相关产业的发展，支持国家的"双智"试点建设，推动数字中国战略进程，本书编者基于各地"双智"试点的车路协同实践经验，通过深入研究城市车路协同业务场景，分析车路协同网络需求，归纳车路协同业务场景的流量模型，总结车路协同部署方案，提炼智慧城市车路协同的业务模型和网络架构，最终提出了智慧城市车路协同网络总体方案。

本书提出的智慧城市车路协同网络总体方案包括骨干网方案、接入网方案、网络安全方案及网络运维方案。接入网方案是车路协同网络方案的核心部分，共有三类，分别是数通接入网方案、PON 路侧接入网方案和 5G 接入回传网方案。此外，本书深入介绍了各个智慧城市车路协同网络方案涉及的关键技术，如 SRv6、EVPN、IP 网络切片、5G 专网、5G 切片和安全认证等。最后，本书介绍了三个智慧城市车路协同网络建设的实践案例。

本书是各位编者探讨与合作的结晶。成嘉琪编写了第1章，王碧云编写了第2章，石冰编写了第3章，宋军编写了第4章和第5章，周云冲和宋军合作编写了第6章，王学强编写了第7章，陈晓和宋军合作编写了第8章，刘献伦编写了第9章，傅耘编写了第10章，第11章的三个实践案例分别由周云冲、石冰和王学强编写。

本书的成稿还有赖于众多专家的指导和建议，在此特别感谢吴彦君、敖日格勒、王晶、赖晓、马崇启、沈旭、黄莉、林晓伯、余冰雁、黄岩等专家的指导；挂一漏万，也感谢其他对本书做出贡献或提供帮助的众多专家和朋友们。

本书的研究成果受到上海"科技创新行动计划"扬帆计划（编号：21YF1444200）基金和西部科学城智能网联汽车创新中心（重庆）有限公司的资助，感谢上海市科学技术委员会和西部科学城智能网联汽车创新中心（重庆）有限公司的支持。

目 录

第1章 智慧城市之车路协同网络 1
  1.1 国家战略和政策 2
    1.1.1 数字中国战略 2
    1.1.2 智慧城市发展战略 3
    1.1.3 车路协同政策 4
  1.2 国内"双智"试点建设和车路协同项目建设等概况 7
    1.2.1 "双智"试点建设概况 7
    1.2.2 车路协同项目建设概况 14
    1.2.3 城市道路市政管线资源及5G网络资源概况 16
  1.3 车路协同网络建设面临的挑战 19
    1.3.1 网络规划面临的挑战 19
    1.3.2 网络建设面临的挑战 20
    1.3.3 网络运维面临的挑战 20

第2章 智慧城市车路协同业务场景与体系结构 22
  2.1 智慧城市车路协同业务场景简介 23
    2.1.1 基于PC5通信方式的业务场景 27
    2.1.2 基于Uu通信方式的业务场景 28
  2.2 智慧城市车路协同业务场景的流量模型 28
    2.2.1 PC5通信方式下的流量模型 29
    2.2.2 Uu通信方式下的流量模型 35
  2.3 智慧城市车路协同业务体系架构 41
    2.3.1 业务接口 43
    2.3.2 业务流向 44

第3章 智慧城市车路协同路侧系统部署方案 47
  3.1 融合感知系统部署方案 48

3.1.1　城市场景的部署原则 48
　　3.1.2　典型场景的部署方案 50
3.2　RSU 部署方案与典型场景的部署方案 55
　　3.2.1　RSU 部署方案 55
　　3.2.2　典型场景的部署方案 56
3.3　网络带宽需求分析 60

第 4 章　智慧城市车路协同网络的架构、需求与方案　62

4.1　智慧城市车路协同网络架构 63
4.2　智慧城市车路协同骨干网的需求分析 64
　　4.2.1　骨干网的需求概述 64
　　4.2.2　骨干网的功能需求 64
　　4.2.3　骨干网的性能需求 66
4.3　智慧城市车路协同接入网的需求分析 67
　　4.3.1　接入网的需求概述 67
　　4.3.2　接入网的功能需求 68
　　4.3.3　接入网的性能需求 70
4.4　智慧城市车路协同网络方案概述 71
　　4.4.1　智慧城市车路协同网络总体方案 71
　　4.4.2　智慧城市车路协同网络方案设计原则 73
　　4.4.3　骨干网方案概述 73
　　4.4.4　接入网方案概述 74
　　4.4.5　网络安全方案概述 75
　　4.4.6　网络运维方案概述 75

第 5 章　智慧城市车路协同骨干网方案　77

5.1　骨干网方案架构和设计原则 78
5.2　骨干网方案设计 79
　　5.2.1　骨干网协议部署方案设计 79
　　5.2.2　骨干网 QoS 方案设计 80
　　5.2.3　骨干网可靠性方案设计 80
　　5.2.4　骨干网可扩展性方案设计 81
5.3　骨干网方案的关键技术 82
　　5.3.1　SR 协议 82

　　　　5.3.2　EVPN 87

第 6 章　智慧城市车路协同数通接入网方案 93

6.1　路由型数通接入网方案 94
　　6.1.1　方案架构和设计原则 94
　　6.1.2　场景部署方案 95
　　6.1.3　方案设计 100
6.2　交换型数通接入网方案 104
　　6.2.1　方案架构和设计原则 104
　　6.2.2　方案设计 106
6.3　数通接入网方案的关键技术 110
　　6.3.1　IP 网络切片技术 110
　　6.3.2　以太环网协议 116

第 7 章　智慧城市车路协同 PON 路侧接入网方案 119

7.1　方案架构和设计原则 120
7.2　场景部署方案 121
　　7.2.1　路口场景 PON 路侧接入网部署方案 121
　　7.2.2　直道场景 PON 路侧接入网部署方案 122
　　7.2.3　其他场景 PON 路侧接入网部署方案 123
7.3　方案设计 124
　　7.3.1　协议部署方案设计 124
　　7.3.2　QoS 方案设计 125
　　7.3.3　网络可靠性方案设计 127
　　7.3.4　时间同步方案设计 128
　　7.3.5　可扩展性方案设计 131
7.4　方案的关键技术 132
　　7.4.1　分光器 133
　　7.4.2　DBA 机制 134
　　7.4.3　PON 保护机制 135
　　7.4.4　PON 硬隔离切片技术 136

第 8 章　5G 接入回传网方案 138

8.1　方案架构和设计原则 139

8.2 场景部署方案 140
 8.2.1 通用部署方案 140
 8.2.2 特殊部署方案（隧道场景）... 142

8.3 方案设计 142
 8.3.1 协议部署方案设计 142
 8.3.2 QoS 方案设计 143
 8.3.3 网络可靠性方案设计 144
 8.3.4 时间同步方案设计 145
 8.3.5 可扩展性方案设计 146

8.4 方案的关键技术 147
 8.4.1 5G 专网技术 147
 8.4.2 5G 网络切片技术 151
 8.4.3 5G 高性能无线通信技术 159
 8.4.4 5G MEC 技术 161

第 9 章 智慧城市车路协同网络安全方案 165

9.1 智慧城市车路协同网络安全需求分析 166
 9.1.1 骨干网安全需求 166
 9.1.2 接入网安全需求 166
 9.1.3 计算中心网络安全需求 167

9.2 智慧城市车路协同网络安全架构 167

9.3 智慧城市车路协同网络安全方案详解 169
 9.3.1 骨干网安全方案 169
 9.3.2 接入网安全方案 171
 9.3.3 计算中心网络安全方案 175

9.4 智慧城市车路协同网络安全方案的关键技术 179
 9.4.1 终端网络接入的二层认证技术 179
 9.4.2 路由设备三面隔离防护技术 186
 9.4.3 PON 防护技术 186

第 10 章 智慧城市车路协同网络运维方案 189

10.1 智慧城市车路协同网络运维需求分析 190
 10.1.1 网络运维的工作对象 190
 10.1.2 骨干网和接入网的运维需求 191

10.1.3 运营商专线的运维需求 192
10.2 智慧城市车路协同网络运维体系架构与方案 193
10.2.1 网络运维平台的总体架构 193
10.2.2 骨干网和接入网的运维方案 194
10.2.3 运营商网络协同运维方案 198
10.3 智慧城市车路协同网络运维管理体系及建议 201
10.3.1 网络运维管理体系 201
10.3.2 网络运维管理建议 202
10.4 智慧城市车路协同网络运维方案的关键技术 202
10.4.1 SDN 技术 202
10.4.2 NetConf 协议 204
10.4.3 IFIT 技术 207
10.4.4 Telemetry 协议 210
10.4.5 智能运维技术 212

第 11 章 智慧城市车路协同网络建设实践 215
11.1 国家"双智"试点——上海智慧城市车路协同网络建设实践 216
11.1.1 背景概要 216
11.1.2 网络方案 218
11.1.3 网络建设实践总结 236
11.2 国家"双智"试点——某自动驾驶示范区车路协同网络建设实践 237
11.2.1 背景概要 237
11.2.2 网络方案 238
11.2.3 网络建设实践总结 239
11.3 某新城区车路协同网络建设实践 239
11.3.1 背景概要 239
11.3.2 网络方案 241
11.3.3 网络建设实践总结 243

附录 A 车路协同业务场景 245
A.1 安全类应用场景 245
A.2 效率类应用场景 268

附录 B 缩略语表 282

结束语 294

致 谢

本书的研究成果受到上海"科技创新行动计划"扬帆计划（编号：21YF1444200）基金和西部科学城智能网联汽车创新中心（重庆）有限公司的资助，感谢上海市科学技术委员会和西部科学城智能网联汽车创新中心（重庆）有限公司的大力支持。

第 1 章

智慧城市之车路协同网络

在国家战略和政策的引导下,各地在车路协同网络建设方面已具有丰富的实践经验,同时在建设和运营过程中也遇到很多挑战。本书基于实践经验,提炼、优化智慧城市车路协同网络方案,以回应当前建设、运营过程中所面临的问题。本章首先介绍数字中国战略、智慧城市发展战略和车路协同政策;其次,基于典型城市和项目,介绍"双智"试点建设概况和车路协同项目建设概况;再次,从基础设施层面介绍建设车路协同网络所必需的城市道路市政管线资源及 5G 网络资源概况;最后,从车路协同网络的规划、建设和运维角度提出车路协同网络建设当前面临的挑战。

1.1 国家战略和政策

1.1.1 数字中国战略

2015年12月,习近平主席在第二届世界互联网大会上表示"中国正在实施'互联网+'行动计划,推进'数字中国'建设,发展分享经济,支持基于互联网的各类创新,提高发展质量和效益",首次提出推进"数字中国"建设的倡议。此后,我国数字基础设施建设获得长足发展。截至2022年底,我国累计建成开通5G基站231.2万个,5G用户达5.61亿人,全球占比均超过60%。全国110个城市达到千兆城市建设标准,千兆光网具备覆盖超过5亿户家庭的能力,移动物联网终端用户达到18.45亿人,成为全球主要经济体中首个实现"物超人"的国家。

2021年发布的《中华人民共和国国民经济和社会发展第十四个五年规划和2035年远景目标纲要》首次在五年规划中正式提出数字中国并阐释其内涵。同年,国务院印发的《"十四五"数字经济发展规划》中明确指出,发展数字经济需要优化升级数字基础设施,包括"加快建设信息网络基础设施"、"推进云网协同和算网融合发展"和"有序推进基础设施智能升级"。

2022年,党的二十大报告指出:"坚持把发展经济的着力点放在实体经济上,推进新型工业化,加快建设制造强国、质量强国、航天强国、交通强国、网络强国、数字中国。"

2023年2月,中共中央、国务院印发了《数字中国建设整体布局规划》。该规划指出,建设数字中国是数字时代推进中国式现代化的重要引擎,是构筑国家竞争新优势的有力支撑。加快数字中国建设,对全面建设社会主义现代化国家、全面推进中华民族伟大复兴具有重要意义和深远影响。《数字中国建设整体布局规划》框架如图1.1-1所示。接连发布重磅文件意味着数字中国已上升为国家战略。

图1.1-1 《数字中国建设整体布局规划》框架

2023 年是全面贯彻落实党的二十大精神的开局之年，也是全面推进《数字中国建设整体布局规划》实施的起步之年。业界应深入挖掘数字技术创新潜能，提升数字化发展的系统性、整体性、协同性，逐步落实数字中国战略。

发展智慧城市是推进数字中国建设的重要举措。发展新型智慧城市意在提升各级政府治理能力、改善城市运行管理方式、发展数字经济，以新方式重构公共服务体系，这些也是数字中国建设的必然趋势。

1.1.2 智慧城市发展战略

2008 年，智慧城市概念开始兴起；2009 年，时任国务院总理温家宝发表了题为《让科技引领中国可持续发展》的讲话，开启了智慧城市建设浪潮；2013 年，住房和城乡建设部公布了首批国家智慧城市试点名单；2016 年，《"十三五"国家信息化规划》中提出，到 2018 年，分级分类建设 100 个新型示范性智慧城市；2018 年，GB/T 36333—2018《智慧城市 顶层设计指南》对智慧城市顶层设计的总体原则、基本过程及需求分析、总体设计、架构设计、实施路径规划给出了具体建议；2020 年，住房和城乡建设部与工业和信息化部（简称工信部）共同印发了《关于组织开展智慧城市基础设施与智能网联汽车协同发展试点工作的通知》，"双智"试点城市应运而生，并成为我国发展高级别自动驾驶技术的最佳实践平台。在此过程中，我国智慧城市建设从点状试探的 1.0 阶段，到大系统集成的 2.0 阶段，再到当前以新型基础设施建设（简称新基建）为基底的网状辐射的 3.0 阶段，历经探索期、调整期、突破期和融合期，逐步形成了众治、共治和智治相补充、相协调的数字治理生态。

"双智"试点的提出为智慧城市建设提供了新路径。从城市发展角度看，城市基础设施和数字化平台不仅可以提升城市治理能力，还可以服务于汽车产业的发展。反过来，汽车可以为智慧城市建设提供出行和感知数据。从汽车发展角度看，汽车的网联化和智能化与城市的数字化相互支撑。智能网联汽车运行安全的长尾问题仍未解决，这导致在安全性和成本的限制下设计运行范围有限。车路协同通过信息交互协同、协同感知与协同决策控制，能有效拓展智能网联汽车的感知范围并提升其感知能力，从而加速智能网联汽车产业的落地。因此，"双智"试点建设明确要求以车路协同为原则，将智能网联汽车的发展作为智慧城市发展的切入点，通过合理规划和优化建设城市基础设施、城市道路、城市建筑等，并形成相互融合的感知系统，支撑智慧城市的进一步转型、升级。随着"双智"试点工作的不断推进，车路协同逐渐成为智慧城市建设的重要抓手。

1.1.3 车路协同政策

车路协同不仅在"双智"试点建设中具有核心作用，也符合国家交通、汽车发展战略，同时被各部委的政策支持和引导。

1. 中共中央、国务院的车路协同政策

2019年9月，中共中央、国务院印发了《交通强国建设纲要》。该纲要提出，要"加强智能网联汽车（智能汽车、自动驾驶、车路协同）研发，形成自主可控完整的产业链""大力发展智慧交通。推动大数据、互联网、人工智能、区块链、超级计算等新技术与交通行业深度融合。推进数据资源赋能交通发展，加速交通基础设施网、运输服务网、能源网与信息网络融合发展，构建泛在先进的交通信息基础设施。构建综合交通大数据中心体系，深化交通公共服务和电子政务发展。推进北斗卫星导航系统应用"。

2021年3月，中共中央、国务院印发了《国家综合立体交通网规划纲要》。该纲要指出，要"推进交通基础设施网与信息网融合发展。加强交通基础设施与信息基础设施统筹布局、协同建设，推动车联网部署和应用，强化与新型基础设施建设统筹，加强载运工具、通信、智能交通、交通管理相关标准跨行业协同""提升智慧发展水平。加快提升交通运输科技创新能力，推进交通基础设施数字化、网联化""推动智能网联汽车与智慧城市协同发展，建设城市道路、建筑、公共设施融合感知体系，打造基于城市信息模型平台、集城市动态静态数据于一体的智慧出行平台"。

2. 国家发展和改革委员会的车路协同政策

2020年2月，国家发展和改革委员会等十一部委联合发布了《智能汽车创新发展战略》，该战略提出了以下几点。

（1）到2025年，智能交通系统和智慧城市相关设施建设取得积极进展，车用无线通信网络（LTE-V2X等）实现区域覆盖，新一代车用无线通信网络（5G-V2X）在部分城市、高速公路逐步开展应用，高精度时空基准服务网络实现全覆盖。

（2）推进智能化道路基础设施规划建设。制定智能交通发展规划，建设智慧道路及新一代国家交通控制网。分阶段、分区域推进道路基础设施的信息化、智能化和标准化建设。结合 5G 商用部署,推动 5G 与车联网协同建设。统一通信接口和协议,推动道路基础设施、智能汽车、运营服务、交通安全管理系统、交通管理指挥系统等信息互联互通。

(3)建设广泛覆盖的车用无线通信网络。开展车用无线通信专用频谱使用许可研究,快速推进车用无线通信网络建设。统筹公众移动通信网部署,在重点地区、重点路段建立新一代车用无线通信网络,提供超低时延、超高可靠、超大带宽的无线通信和边缘计算服务。在桥梁、隧道、停车场等交通设施部署窄带物联网,建立信息数据库和多维监控设施。

2021 年 3 月,《中华人民共和国国民经济和社会发展第十四个五年规划和 2035 年远景目标纲要》中提出,要"积极稳妥发展工业互联网和车联网"。

3. 工信部的车路协同政策

2018 年底,工信部发布了《车联网(智能网联汽车)产业发展行动计划》,提出"2020 年后,通过持续努力,推动车联网产业实现跨越发展,技术创新、标准体系、基础设施、应用服务和安全保障体系将全面建成,高级别自动驾驶功能的智能网联汽车和 5G-V2X 逐步实现规模化商业应用,'人-车-路-云'实现高度协同,人民群众日益增长的美好生活需求得到更好满足""实现 LTE-V2X 在部分高速公路和城市主要道路的覆盖,开展 5G-V2X 示范应用,建设窄带物联网(NB-IoT)网络,构建车路协同环境,提升车用高精度时空服务的规模化应用水平,为车联网、自动驾驶等新技术应用提供必要条件"。

2020 年 3 月,工信部发布了《工业和信息化部关于推动 5G 加快发展的通知》。该通知提出"促进'5G+车联网'协同发展。推动将车联网纳入国家新型信息基础设施建设工程,促进 LTE-V2X 规模部署,建设国家级车联网先导区,丰富应用场景,探索完善商业模式。结合 5G 商用部署,引导重点地区提前规划,加强跨部门协同,推动 5G、LTE-V2X 纳入智慧城市、智能交通建设的重要通信标准和协议。开展 5G-V2X 标准研制及研发验证"。

自 2019 年 5 月到 2021 年 1 月,工信部陆续批复了第一批 4 个国家级车联网先导区,包括江苏(无锡)车联网先导区、天津(西青)车联网先导区、湖南(长沙)车联网先导区和重庆(两江新区)车联网先导区。2023 年 5 月 14 日,工信部分别复函湖北省人民政府、浙江省人民政府、广西壮族自治区人民政府,支持湖北(襄阳)、广西（柳州）、浙江（德清）创建国家级车联网先导区。由此，我国国家级车联网先导区的数量增加到7个。工信部对7个车联网先导区制定的任务目标基本一致，即鼓励先导区先行先试，探索应用场景，培育产业链条，形成可复制、可推广的经验。具体来讲，江苏（无锡）车联网先导区主要在路端建设方面进行探索，天津（西青）车联网先导区主要在标准认证、评价体系建设方面进行探索，湖南（长沙）车联网先导区主要在场景创新、运营模式方面进行探索，重庆（两江新区）车联网先导区主要实现低成本、广域覆盖，以分阶段推进先导区的建设；湖北（襄阳）车联网先导区的发展要结合襄阳汽车产业发展实际；广西（柳州）车联网先导区探索我国典型中小城市环境中车联网发展的针对性和个性化的解决方案；浙江（德清）车联网先导区探索智能网联汽车和地理信息产业融合发展创新模式。

车联网先导区的示范建设有助于丰富车联网应用场景，完善与车联网密切相关的政府部门间的联络协调机制，明确车联网运营主体及其职责，建立车联网测试验证、安全管理、通信认证鉴权体系，以及信息开放、互联互通的云端服务平台，实现良好的规模应用效果。积极开展相关标准、规范和管理规定的探索，构建开放融合、创新发展的产业生态，有助于形成可复制、可推广的经验和做法。

4. 交通运输部的车路协同政策

2019年7月，交通运输部为贯彻落实党中央、国务院关于推进数字经济发展的决策部署，促进先进信息技术与交通运输深度融合，有力支撑交通强国建设，印发了《数字交通发展规划纲要》。该纲要提出，要"推动自动驾驶与车路协同技术研发，开展专用测试场地建设"。

2021年8月，交通运输部为贯彻党中央、国务院决策部署，落实《交通强国建设纲要》《国家综合立体交通网规划纲要》总体要求，推动交通运输领域新型基础设施建设，根据《交通运输部关于推动交通运输领域新型基础设施建设的指导意见》和"十四五"时期数字交通发展有关要求，制定了《交通运输领域新型基础设施建设行动方案（2021—2025年）》，其中要求"以习近平新时代中国特色社会主义思想为指导，全面贯彻党的十九大和十九届二中、三中、四中、五中全会精神，立足新发展阶段，贯彻新发展理念，构建新发展格局，以推动交通运输高质量发展为主题，以加快建设交通强国为总目标，坚持创新驱动、智慧发展，以数字化、网络化、智能化为主线，组织推动一批交通新基建重点工程，打造有影响力的交通新基建样板，营造创新发展环境，以点带面推动新基建发展，促进交通运输提效能、扩功能、增动能，不断增强人民群众获得感、幸福感、安全感""助力通信信息基础设施建设。开展5G等技术在重要交通基础设施的融合应用研究""统筹利用5G、高速公路信息通信系统等社会和行业资源，整合建设天地一体的行业综合信息通信网络"。

综上所述，国家战略和政策要求大力推进智能网联汽车的发展及智慧城市建设，实现基础设施数字化建设，协同建设智慧城市及智慧交通。车路协同网络是推动国家战略和响应关键政策的重要支撑。

1.2 国内"双智"试点建设和车路协同项目建设等概况

1.2.1 "双智"试点建设概况

我国是世界上首个系统性地开展智慧城市基础设施与智能网联汽车协同发展工作的国家。2021年5月，由住房和城乡建设部、工信部共同发布了第一批"双智"试点城市，包括北京、上海、广州、武汉、长沙、无锡6个城市，标志着"双智"试点建设正式启动。2021年12月，住房和城乡建设部、工信部共同发布了第二批"双智"试点城市，包括重庆、深圳、厦门、南京、济南、成都、合肥、沧州、芜湖、淄博10个城市。"双智"试点的规划期为3~5年，重点项目的建设期为2年。经过实践，我国已具备丰富的"双智"试点建设经验。

1. "双智"试点业务总体建设概况

截至2023年3月，各地"双智"试点城市项目建设已取得阶段性成果，16个试点城市在2000多个重点路口布设了摄像头、毫米波雷达、激光雷达等感知设备和RSU等智能化基础设施，布局了24万个5G基站，投放了1700余辆L4级自动驾驶车辆来开展应用场景测试，累计测试里程达到2730万千米，累计服务380万人次。

综合各地的建设成果，可总结为4个方面：①建立了新型城市感知系统，为城市管理、交通监管、自动驾驶提供更加精准和智慧化的信息服务奠定了基础；②夯实了城市一体化数字底座，建立了车城网平台，通过在CIM平台基础上使城市道路设施、市政设施、通信设施、感知设施、车辆等要素数字化，支撑了城市实时动态感知和车城互联；③开展了多场景示范应用，包括自主代客泊车、智能交通、无人配送、智能出租车等应用场景，有效提升了交通服务水平；④探索了多主体协作模式，示范城市通过整合行业资源，搭建了创新平台，推动了政、产、学、研、用多方协作，构建了良好的产业发展生态。

2. "双智"试点城市建设速览

1）北京

北京建立了"2+5+N"的政策管理体系：依托"2"大顶层设计文件《北京市智能网联汽车政策先行区总体实施方案》《北京市智能网联汽车政策先行区智能网联汽车管理办法》，形成"5"大类应用场景及相应管理体系（乘用车、客运车、货运车、特种作业车、多功能无人车）和"N"项基础支撑设施。全面促进车、路、云、网、图5大体系的协同发展。

截至2023年3月，北京建成了329个智能网联标准路口，部署了4400余个摄像头、1200余个雷达感知设备设施、350余个RSU通信设施、480余个边缘计算单元，建设了超高速无线通信专网，实现了经济技术开发区60km²范围内车路云一体化的功能覆盖，实现了交通目标检测、信控优化及交管执法等功能的应用，以及早晚高峰拥堵里程缩短、绿波干线、全天停车次数减少等实际效果。

2）上海

上海以自动驾驶测试为核心，大力推广城市数字化转型，并实行智慧城市、智能交通、智能网联汽车与智慧能源深度融合一体化的战略，构建了"1+1+N+1"的"双智"协同发展"中国样板"整体架构，即建成"1"个集端感知、网连接、智计算、全数据于一体的高质量智能化基础设施，构建"1"个以城市统一数据为基底的车城网实体数字孪生平台，打造"N"个彰显嘉定特色的智能网联汽车与智慧交通融合创新应用，建成"1"个面向智慧城市深度融合的智能网联汽车标准体系。

上海取得了诸多具有领先优势的成果，其牌照发放数量、活跃测试车辆数量、测试里程和测试数据的采集量等方面均位居全国前列，还建成了全国首个IPv6+智慧交通多业务承载网。截至2022年12月，上海建成了近300个智慧路口，其中全息路口有60个；累计建设了230.6km的智能网联示范区车路协同环境，部署了4370个5G基站、15个北斗定位基站，北斗定位基站的覆盖范围为464km²，实现了7cm精度的定位。此外，上海还实现了国内首个大流量、高动态、高复杂高速公路场景的重大突破。

3）广州

广州主要聚焦车路一体化发展，推进智能化基础设施建设与车城融合示范应用，重点建设了"一网、一平台、N 应用"的琶洲车城网、黄埔智慧交通新基建、番禺车联网等示范项目。广州通过车城网平台，推进整合现有的 CIM 数据、交管感知设施、城管感知设施、智慧灯杆、5G 网络等资源，接入了琶洲全域 51 个停车场的实时车位信息，实现了智慧公交、停车信息服务、道路智能监测、无人城市环卫等应用。此外，广州的自动驾驶出行服务正式开始收费运营，采用广州出租车统一定价标准。

截至 2022 年 6 月，广州全市共发布开放测试道路 202 条，双向里程 789km。黄埔区完成了 133km 城市开放道路的 102 个路口和路段的智能化改造，规模化部署了 1318 个 AI 感知设备、89 个 V2X 路侧通信单元，在知识城部署了 19 个隧道积水传感器、视频监控器，在琶洲完成了 11 个路口的一体化路侧设备的部署、安装和调试。

4）武汉

武汉依托武汉国家智能网联汽车测试示范区，逐步建成了基于开放标准的车路协同体系、基于联合创新实验室群的科研体系、支撑商业运营的应用体系，初步实现了车路协同和车城融合发展。

截至 2023 年 3 月，武汉建设了全国首个车城网平台，建立了 160km^2 的高精度城市三维空间模型，打通了交管、停车、公交、政务等已有的信息系统，通过车城网平台汇聚了各类系统和数据，以赋能各种智慧应用；完成了 106km 道路、97 个路口的智能化改造，部署了 1800 个路侧智能设备，完成了 5G、北斗高精度定位信号及高精地图的全面覆盖；实现了开放道路监控全覆盖、交通流和交通事件感知、道路湿滑预警、大雾预警等车路协同应用，具备了 L4 级自动驾驶测试运行条件，且已经向智能网联汽车开放。

5）长沙

长沙发布了"长沙城市超级大脑 1.0"，还发布了智能中枢能力清单 187 项，数据中台归集汇聚数据总量达 339 亿多条，形成了人口、法人、地理信息、城市部件、房产房屋等基础数据库。此外，长沙率先打造了"一主多辅、多云融合、自主创新"的政务云新体系，成立了鲲鹏政务云标杆实验室。

长沙先于其他省会城市建成了政务 BSN，其电子政务外网形成了"纵向到底、横向到边"的覆盖体系，城市网络安全运营中心实现了对全市重点行业的 2300 多个应用系统的网络安全监测。

长沙还建立起规模化的智慧公交、智慧环卫、智慧物流、无人零售、自动驾驶出租车等示范应用场景，拥有全国最大的智慧公交应用场景，智慧公交覆盖70余条公交线路，全市2000多辆公交车完成了智能化改造升级。长沙推出了全国首创的基于信号优先和专享路权的智慧定制公交。

在设施改造方面，截至2023年3月，长沙完成了主城区200km²范围内286个交叉口的城市道路和三环线、长益复线100km高速公路的智能化改造，安装、部署了419台LTE-V2X RSU。

6）无锡

无锡打造了"四网一中心三平台"体系，用于支撑城市级应用示范项目建设，围绕车联网串联起停车、餐饮等交通目的地服务，以及保险、汽修等市场，实现了车联网建设运营从政府支持到市场化运营的可持续发展。

截至2023年3月，无锡全市实现了450km²范围内856个点段的车路协同基础设施覆盖，在核心区域部署了7个北斗定位基站，这7个北斗定位基站能够实现动态水平5cm、垂直8cm或静态水平5mm、垂直10mm的定位精度。此外，无锡车联网小镇是国内首个以车联网产业为主要发展定位的特色小镇，它以车联网示范应用场景建设及展示、交通大数据处理、数据安全、智慧交通应用场景研发和测试等为主要方向，目前小镇中45km²的地域已经实现了智能网联路侧设施的全覆盖。

7）重庆

重庆以车城网+智慧公交助力旅游产业发展，于2021年11月率先开启了L4级自动驾驶公交车收费运营；2022年8月，在永川区正式开启了车内无安全员的自动驾驶付费出行服务。

截至2023年3月，重庆两江新区已拥有直联通信车辆258辆，累计完成网联化道路升级超200km，安装RSU、摄像头、激光雷达、毫米波雷达、雷视一体机等设备240余套；搭建了1个车联网综合云控平台和2个区域性应用平台，形成了智慧公交、网约车两大应用；实现了3大类32小类车联网场景（涉及自动驾驶公交车、智能网联微循环小巴等12种车辆），打通了政务、城管、运管、交管、社区、停车运营6大类数据交换通道，降低了城区交通拥堵程度。

8）深圳

深圳重点聚焦政策、法规先行先试，围绕标准体系、政策环境、基础设施、平台体系、差异化示范区建设五大方面开展试点工作。2022年，深圳颁布了国内首部智能网联汽车管理法规《深圳经济特区智能网联汽车管理条例》（该条例填补了自动驾驶相关立法的空白），印发了《深圳市推进智能网联汽车高质量发展实施方案》等政策文件，发布了 T/CITSA 27—2022《智慧道路边缘计算网关通信接口规范》《低速无人车城市商业运营安全管理规范》等规范，这些政策文件和规范从智慧城市基础设施、产业发展、智能网联汽车示范应用等方面有效支撑了深圳的"双智"试点建设。

在设施建设方面，截至 2022 年 12 月，深圳全市已建设 5.9GHz 车联网台站 99 个，累计开放智能网联汽车测试道路里程约 201km，开放测试道路 187 条，建设北斗定位基站 11 个，实现亚米级或厘米级的定位精度，建成多功能智能杆 1.8 万根，上线试运行全市多功能智能杆综合管理平台（一期）；深圳市政府管理服务指挥中心接入全市 82 套系统，汇集各部门 100 类业务数据，38 万多路视频数据，构建了 200 多项城市生命体征监测一级指标。

在示范应用方面，深圳持续推动智慧出行、智慧交通和运输管理等场景的示范应用，多家自动驾驶企业开展自动驾驶出租车示范运行。2023 年 6 月，深圳坪山新区开放了首个 L4 级自动驾驶商业收费常态化运营项目。

9）厦门

截至 2023 年 3 月，厦门聚焦 BRT 公交应用广域覆盖，为 3500 余辆公交车装上了 5G 安全节能智慧诱导系统，实现了 5G 智慧公交规模化运营；在全市 150 辆 BRT 车辆及部分常规公交车上开展了 5G+人机共驾应用。

厦门还打造了全国首个基于 5G+车路协同、北斗高精度定位的智慧机坪，首次将车路协同技术应用于飞机与车辆之间的防撞避碰预警，推动了机场智能驾驶辅助应用示范场景的落地。此外，厦门在海润码头开展了全国首个传统集装箱码头全流程智能化改造。

10）南京

南京主打向市民提供"美好出行+美好生活"的服务，完成了江心洲生态科技岛全岛 75 个路口、49.5km 道路的智能网联化改造，实现了 5G C-V2X 车联网全覆盖；结合江心洲地域环境和产业特征，搭建了新型公交都市（江心洲）应用场景，部署了自动驾驶公交车、自动驾驶出租车、自动驾驶接驳（观光）车、无人零售车、无人驾驶清扫作业车和无人驾驶配送车等，实现了无人驾驶智能养护设备（无人驾驶清扫车）在国内过江隧道中的首次应用。江心洲生态科技岛已成为南京覆盖范围最大、道路里程最长、自动驾驶车辆最多、示范应用场景最丰富的智能网联先行区。

11）济南

济南重点围绕"城乡公交与农资物流"主题，采取"智慧公交+智能物流"模式，完成了近 50 辆进村公交车的智能化升级工作，包括公交车上智能网联系统、车辆辅助驾驶系统及疲劳驾驶预警系统的安装/升级。

到 2025 年，济南将建设 5 万个 5G 基站、8 万个智能网联充电设施，加快智慧城市基础设施建设，推进停车场智慧化改造，构建支持车路协同示范的多种应用场景。

12）成都

成都重点推广车载用户端商业化应用，提出了"2+N+3"工作思路，即以"2"个先行示范区为载体，"N"个项目同步开展市、区两级先行示范，同时确定"3"个专项特色。

截至 2023 年 3 月，成都已开放智能网联测试道路总里程达 300km，改造了 35 个路口，安装了激光雷达、RSU、边缘计算单元、高清摄像头等各类路侧设备，用于支持无人出租车的运营，还上线了无人环卫车、无人售卖车、无人观光车等专用作业车。此外，成都正在实施"智能网联·绿色交通"体系专项建设，横向打通 ITS 等系统，统筹规划、建设市级层面统一运行管理的车城网平台。

13）合肥

合肥结合产业需求对工业园区进行智慧化改造，依托合肥包河区智慧城市基础设施及智能网联汽车协同发展试点项目（一期）、合肥港智能网联信息化改造及自动驾驶场景应用项目、合肥南站智能网联功能型无人车及智能化应用项目、合肥智能网联汽车大数据中心项目等，初步构建起车、场景、数据资源的系统链条。

截至 2023 年 3 月，合肥已开放智能网联汽车测试道路双向总里程约 464 km，开通安徽省首条基于公开道路常态化运营的自动驾驶汽车 5G C-V2X 公共交通体验线，建成安徽省首个 5G 场景应用的智慧工业园区，建成合肥滨湖国家森林公园"C-V2X 智慧公园"。合肥南站已投入数十辆自动驾驶清扫车、自动驾驶洗地车和自动驾驶消杀车，用于清洁地面、开展防疫消杀工作。合肥港码头投入了自动驾驶集装箱搬运车，用于自动完成接货、码垛等操作。

14）沧州

沧州以场景应用全域开发为特色，将重点突出"全城域开放、商业化应用、全民共享"的专项特色，融合大运河、港口等丰富场景。

沧州依托经济开发区智能网联产业，累计开放了 636.9km 的智能网联汽车测试道路及 215 个运营站点，1800 余个公共停车泊位和 10 处公共停车场信息全部接入了智慧泊车系统。沧州开通了我国北方首条 L4 级自动驾驶公交体验线路，进一步催化了自动驾驶公交在市区内环线的常态化运营。

2023 年 6 月，沧州出台了《沧州市数字经济发展 2023 年工作要点》，提出"在市、县两级通信、供热、供水、排水、排污、电力、照明、环保、水利、新能源等领域统筹开展智能化改造，强化新型智慧城市基础设施建设"。沧州还将互联网租赁电动自行车综合监管、全域信息灯智能网联等纳入"双智"重点建设范畴，以服务市政和交通管理。

15）芜湖

芜湖重点开展区港联动智能网联建设。2022 年 6 月，芜湖经济技术开发区江北智能网联汽车产业园项目正式宣布开工，项目总投资额达 210 亿元，该项目建成后，将进一步提升芜湖智能网联汽车产业的竞争力。

16）淄博

淄博重点探索危化品运输车辆监管模式，通过构建"N"种智能网联车载终端及路侧设备、"1"个云控平台、"N"项"双智"协同应用和"1"系列标准规范的"N+1+N+1"总体架构体系，对齐鲁化工区的车辆进出出入口、车辆在道路上通行、车辆停放及装卸全过程进行监管与追溯。

截至 2022 年底，淄博已于 9 个区县及国省重点道路上部署智能交通控制设施 1364 个、交通运行感知与检测设施 1545 个、交通信息诱导设施 29 个，累计建成 5G 基站 5398 个，这些设施已覆盖大多数重要路口、路段，可实现通车路段地面道路绿波带、交通监控和可变车道诱导等应用。

3. 机制建设概况

"双智"试点建设不仅是应用和产业创新，也是重大的制度创新。由于"双智"试点由多部门、多产业、多主体协同建设，因此组织运营模式和部门协同机制也亟须变革。根据当前"双智"试点的建设经验，可将"双智"试点建设模式归纳为 4 种：①政府投资、运营，企业参与建设；②政府与企业合资建设与管理；③政府统筹规划，企业投资建设；④企业建设、运营，政府、公众购买服务。

当前，智慧城市的投资、建设主体仍然是政府，但现实情况是政府的财政压力较大。由于智慧城市的开发、建设、运营模式不成熟，难以吸引更多的社会力量参与智慧城市的建设、运营，因此客观上影响了智慧城市的发展速度。多个城市对这一问题提出了解决方案。例如，无锡以车联网建设运营平台公司为主体，在全国率先发行车联网新基建专项债；广州探索"财政+社会投资"模式，鼓励多主体参与建设和运营，加速自动驾驶技术成果的商业化落地，开展城市级智能网联与车路协同的数据应用商业合作。

"双智"试点项目的前期投资主体多是政府，大多数项目建成后的运营管理主体由国有资产控股或参股的公司（以下简称运营实体）承担。为保持规划、投资、建设、运营、评价的连续性，运营实体多数会参与前期的规划、投资、建设等阶段性工作，"建管一体化"可以提高效率，减少信息不对称带来的麻烦。

1.2.2 车路协同项目建设概况

1. 车路协同项目建设内容

2020 年以来，车路协同项目已逐渐从封闭测试场向开放道路拓展，封闭测试场的车路协同项目从第三方测试场向汽车厂商自建场地拓展。在方案上，开始从狭义的 V2X 车路协同运营服务演进到融合"人-车-路-云"的泛在车路协同运营服务。

当前，车路协同项目大致包括五项内容，即新型网络基础设施建设、智慧交通基础设施建设、智能网联云控平台建设、创新场景示范应用，以及智慧城市基础设施和智能网联汽车标准、法规建设。封闭测试场项目主要包括前三项内容，开放道路项目则包含全部五项内容。

第一，新型网络基础设施建设。新型网络基础设施建设包括推进 C-V2X 建设，构建 5G 车联网切片应用核心网环境，以及构建 MEC 平台环境示范试点。基于"新四跨"及智慧城市产业生态圈的安全技术及信息安全产品，重点部署C-V2X通信安全机制，建立安全可靠的V2X规模化应用环境。值得一提的是，由我国提出并主导的C-V2X技术已在全球技术产业的竞争中胜出。2020年，欧盟委员会由原来仅支持专用短程通信（DSRC）转变为技术中立；而美国已于2021年正式放弃DSRC并全面转向C-V2X。这表明，C-V2X已成为车联网无线通信唯一的事实国际标准。

第二，智慧交通基础设施建设。智能交通基础设施建设包括：道路智能化改造，实现智能感知与通信单元区域性覆盖；推动多杆合一、全息路口等基础设施建设；满足V2X RSU、5G微基站、信号机、交通监控等智能化设备的安装条件，在具有潜在部署需求的道路预留管线资源和槽位，为电源、通信所需的电缆和光纤提供空间。

第三，智能网联云控平台（对应"双智"试点的车城网平台）建设。该平台是智慧城市的信息中心，感知体系获取的信息经由新型网络汇聚至该平台。该平台融合了智慧城市管理与智能网联汽车信息收集功能。

第四，创新场景示范应用。创新场景主要基于上述三个基础设施，这些示范应用包括智慧公交、智慧环卫、智慧停车、智慧物流、自动驾驶出租车智慧共享出行等，服务于交通出行、物流运输、城市管理等。

第五，智慧城市基础设施及智能网联汽车标准、法规建设。针对智慧城市基础设施及智能网联汽车，各地均基于自身的车路协同方案和特点开展具有地方特色的标准、法规的制定工作。

2. 车路协同项目类型

根据本书编者对国内部分典型车路协同项目的掌握情况，从资金来源、建设管理模式、部署场景及接入网方案这几个角度对车路协同项目类型进行简要介绍。

从资金来源角度看，当前车路协同项目的主要资金来源依然是政府，也可由政府搭建平台，企业深度参与建设；从建设管理模式角度看，主要的项目管理模式是国有全资平台建设并运营；从部署场景角度看，当前车路协同项目已基本覆盖城市的主要道路场景，如快速路，主、次干道，支路，隧道，高架桥上下区域，公交专用车道，以及封闭测试区。

车路协同接入网方案大致可以分为三类：数通接入网方案、PON路侧接入网方案及 5G 接入回传网方案。其中，实施数通接入网方案的典型代表是上海、北京经济技术开发区和浙江省德清县，实施 PON 路侧接入网方案的典型代表地区是雄安新区，实施 5G 接入回传网方案的典型代表城市为上海。

数通接入网方案即采用数通设备（路由器或交换机）构建一个端到端的车路协同网络，该方案依据采用的数通设备类型和通信协议，可以分为路由型数通接入网方案和交换型数通接入网方案。

在 5G 接入回传网方案中，车路协同业务流量通过运营商的 5G 专网从路侧传回车路协同业务中心。PON 路侧接入网方案是指用 PON 技术来搭建路侧网。PON 路侧接入网方案要结合数通接入网方案或 5G 接入回传网方案来构建一个完整的接入网方案；5G 接入回传网方案要结合有线路侧网方案（数通接入网方案或 PON 路侧接入网方案）来构建一个完整的接入网方案。

1.2.3　城市道路市政管线资源及 5G 网络资源概况

车路协同网络设施主要沿城市道路布设，依赖光纤资源和无线网络，而光纤布设又依赖路端管线资源。本节将介绍城市道路市政管线资源及 5G 网络资源概况。

1. 城市道路市政管线资源概况

1）城市道路市政管线建设概况

我国城市在道路交叉口横向预埋过路管道大致有三个阶段。

第一阶段，早期建设的城市道路，一般不考虑预埋管线，如需使用管线，要自行掘路铺设。此类道路的车路协同网络建设成本较高且工程周期长、难度较大。

第二阶段，为确保道路建成后，强、弱电线缆横向穿越道路交叉口时不开挖机动车道，较新的道路在建设时考虑了在道路交叉口预埋横向过路钢管，钢管直径一般为 100～160mm，钢管数量为 2～4 根。这类道路可减少掘路工程，但管道内是否还有空间穿入车路协同专网建设所需光纤存在不确定性，如无空间，可考虑租赁运营商的管线资源。

第三阶段，多杆合一、多管合一阶段。近年来，为应对今后的智慧城市建设要求、避免开挖道路，相关单位已充分考虑在道路交叉口预留、预埋管道资源。图 1.2-1 所示为上海某道路交叉口的管线布设示意图。

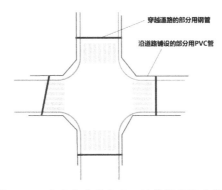

图 1.2-1　上海某道路交叉口的管线布设示意图

上海新建区域管道埋设规格示意图及各管道功能示例如图 1.2-2 所示（图中高度、长度等数据的单位为 mm）。其中，管道埋设规格示意图如图 1.2-2（a）所示，包括 10 根排管；各管道功能示例如图 1.2-2（b）所示，包括监控网线、监控光纤、综合箱电缆、路灯电缆、信号灯电缆等，还要考虑预留管道。

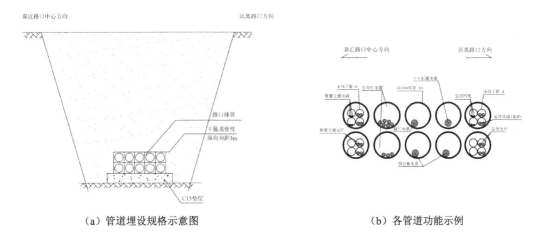

（a）管道埋设规格示意图　　　　　　　　（b）各管道功能示例

图 1.2-2　上海新建区域管道埋设规格示意图及各管道功能示例

目前，新建道路会考虑未来智慧化提升的拓展性，因此均会预埋管道。同时，车路协同网络需要在路口铺设环网，必须有过路管道。全国关于横向过路预埋管道的数量和规格尚无统一规范或标准，而横向过路预埋管道一般只供交通和交警部门使用，因此需要预先协调管线资源。

2）管线资源设施主管单位概况

城市中的信息管道资源为城市信息提供保障，主要分公网和专网两类。前者指城市信息化服务所需网络，为城市生产生活提供有线电视广播、通信、信息运营商等服务；后者主要指城市运管及交通运行管理所需网络。

公网（含手井等）在城市道路规划和建设过程中会同步规划和建设，随着信息、互联网等在城市生产生活中的普及，对信息管道孔数的需求不断增加，这类管道的建设方和运营方一般为城市的信息管道公司、铁塔公司或信息网络运营商。根据城市信息服务需要，所需敷设的光缆需穿行这些管道（采用租赁或者划拨的方式），光缆的建设则由信息服务方自行投资。

专网是公安交警和交通部门为了城市和交通（交管及公交）运行管理，在道路两侧及交叉口敷设的直埋管道。它为专用光缆提供通道。在过河桥梁、高架桥、地道等构筑物处，一般专门预留通道供专用光缆通过。管道一般与道路土建结合做预留，光缆敷设则根据运管部门的需要另行立项。

对于弱电设备、设施的用电，一般通过向城市供电部门申请接入供电外线。城市和交通运行管理部门在实施相关项目时，如供电负荷量不大，为节省投资，会利用路灯或者信号灯的变电箱（非常规操作，需与相关部门协调）来解决电源问题，部分地区还会考虑使用太阳能发电，但是供电稳定性较难保障。

目前，很多大城市都在推进多杆合一建设，将城市公安、交警、交通、城运和城管部门所需的各类道路路侧静态及动态设备设施所需的强弱电管道、杆件、箱体等统一考虑。其中，杆件主要与路灯杆进行整合，箱体主要是变电箱、弱电箱等。应确保路上的四类设施设置有序，避免城市道路"开拉链"现象反复发生。车路协同网络需求逐渐收敛、方案逐渐规范，将为市政管线的正式预留提供支撑和依据。

2．5G网络资源概况

5G网络具备全域覆盖、大带宽、大流量的特点，可为车、路、城搭建网联化的基础环境提供良好的通信能力保障。

目前，我国的5G网络是世界技术领先的、规模最大的5G网络。截至2022年底，我国累计建成并开通5G基站231.2万个，占移动基站总数的21.3%。基本实现全国市县城区及重点乡镇、农村连续覆盖，5G网络覆盖人口达10亿，重点区域、部分发达农村良好覆盖，部分高价值、高流量等的重点场所良好覆盖。

1.3 车路协同网络建设面临的挑战

随着车路协同项目的快速开展,各地建设了大量车路协同网络。根据部分车路协同项目建设方、运营方的经验,车路协同网络建设面临以下诸多挑战,本书将在后续章节提出相应的解决方案,抛砖引玉。

1.3.1 网络规划面临的挑战

1)顶层设计不足

首先,全国范围内多数智慧城市车路协同网络方案缺少独立而完善的顶层设计,仅面向项目的具体业务需求。这导致很多车路协同网络建设未考虑多业务承载需求,从而无法向未来智慧城市网络拓展和演进。因此,未来智慧城市车路协同网络难以复用已建网络。

其次,当前网络建设与具体业务要求强耦合,可能导致网络无法满足或适应未来业务端的变化,灵活性存在严重不足。

最后,各地网络建设采取的建设标准不尽相同,尽管相关部门正在加紧制定、完善标准,但无法在短时间内精准覆盖到车路协同各细分领域,导致重复建设现象严重。

2)基于车路协同业务的网络需求分析缺失

由于缺少车路协同业务场景的流量模型,也缺少从车路协同业务场景出发的网络需求分析,因此无法为智慧城市车路协同网络方案提供可靠依据,也未形成智慧城市车路协同网络方案的规范、标准,不利于各类场景的复制、推广和大范围应用。

3)智慧城市信息与通信技术基础设施无明确设计依据

因智慧城市车路协同网络方案尚未规范,管线预留、多杆合一及智能设备设计无明确依据,导致在新建或改建道路时,管线预留可能无法满足未来车路协同网络建设的需要。此外,不同道路在管线资源条件各异,这也在一定程度上限制了智慧城市车路协同网络的方案选择和建设成本。通过梳理网络需求并提炼网络方案,可对管线资源提出明确需求。

4)车路协同设备部署无明确规范

设备部署位置等对系统的最终性能有重要的影响。目前,相关部门尚不重视设备布设方法，实践中仅依据工程人员的经验部署，并根据情况不断调试，网络系统部署效率低，整体网络性能无法保障。

由于城市区域场景复杂，直道、弯道、立交桥、隧道、匝道等不同场景的通信特征各异，因此对设备部署的要求不同；另外，针对城市道路交叉口，由于不同路口交通设备的配置不同，树木、灯杆等环境因素也不同，因此施工条件差异大，需要考虑对比多种工程建设方案。当前，并未对特定场景的最佳实践方案进行归纳，缺少对部署原则的总结和规范。

1.3.2 网络建设面临的挑战

1）缺少智慧城市车路协同网络方案的提炼

已有网络实践仅考虑具体项目要求和功能需要，未完善考虑智慧城市车路协同网络方案的整体性和系统性。

2）网络设计无法向后兼容需求变化和技术要求

第一，高等级自动驾驶（L3级以上）在高速场景下对车路协同网络的传输时延要求严苛（小于10ms）；第二，全息路口感知数据量要求更大的接入网传输带宽（每杆1Gbit/s，路口10Gbit/s）；第三，对承载网的可靠性（全年可用时长占比不低于99.999%、保护倒换的时延小于50ms）和拓扑灵活性要求更高；第四，网络越发复杂、参与方越发多，网络管理难度也越大。因此，智慧城市车路协同网络方案的扩展性和演进能力就尤为重要。

1.3.3 网络运维面临的挑战

1）网络运营模式有待建立

目前，车路协同网络主要由政府投资建设或政府引导企业自建，然而用户并不明确，且用户对车路协同网络的使用意愿和付费意愿更不明确，若运维期间的支出还需依赖政府补贴，则项目不可持续。在这种情况下，如何建立车路协同网络的商业模式，哪些场景的车路协同能够实现商业闭环，从而形成"投资—建设—运营—再投资"的可持续商业闭环，是当前不可忽视的挑战。

2）网络安全设计方面的缺失

车路协同涉及车端、路侧端、云端、边缘端等。在车路协同业务的开展过程中，会产生大量的用户数据和车辆数据。考虑到数据安全，针对不同业务需采取不同类别和级别的安全保护措施。例如，骨干网、接入网、计算中心网络的安全策略和安全措施即存在较大差异。

当前，各个省市对车路协同网络安全的重视程度均较低，对网络安全投入不足，甚至部分网络几乎没有安全保护措施。例如，网元层的硬件/软件易被外部网络攻击；网络层易被非法监听，发生路由劫持、漏洞渗透等现象，导致信息泄露；计算中心网络层不符合三级等保要求等。

总而言之，当前车路协同网络在物理环境、安全通信网络、安全区域边界、安全计算环境、安全管理制度、安全管理人员和安全建设管理等层面存在不同的风险。

3）网络运维方面的缺失

首先，全国车路协同项目逐步建成，但尚未经历大规模、长时间的运营，车路协同网络运维问题尚未充分暴露，行业及管理部门对运维体系的重视不足；其次，由于顶层设计方面的缺失，设计智慧城市车路协同网络方案时未考虑运维系统，因此运营过程中难以实现多元设备的统一管理；最后，当前网络的运营主体多、设备类型复杂、运维协议不统一、数据格式不一致、系统耦合度高，导致网络运维难度高。具体而言，当前网络的运维工作主要存在以下两大困难。

第一，统一的网络运维平台缺失。目前，在全国的车路协同项目中，不同种类的设备分属各自的网络管理系统，网络运维平台分散、耦合度高，导致性能相关告警不明确来源、无效告警筛查规则缺失、故障维护问题只能被动解决，影响网络运维的效率和成本。

第二，全链路故障联动报警难。部分城市存在运营商网络和自建网络混合组网模式，导致各网络之间产生了状态孤岛，从而无法实现基础设施多层面异常、故障等问题的联动报警，也无法实现端到端流量监测和全链路故障监管。

第 2 章

智慧城市车路协同业务场景与体系结构

本章首先以行业标准为依据、以产业发展需求为导向,梳理了智慧城市车路协同业务场景;其次,针对不同的智慧城市车路协同业务场景,抽象出了流量模型,为网络需求分析提供支撑;最后,介绍了智慧城市车路协同业务体系架构,包括路侧终端、边缘端、云端、外部应用之间的业务流关系,以便为车路协同网络的搭建提供参考。

2.1 智慧城市车路协同业务场景简介

本书分析的智慧城市车路协同业务场景主要选自 T/CSAE 53—2020《合作式智能运输系统 车用通信系统应用层及应用数据交互标准(第一阶段)》、T/CSAE 157—2020《合作式智能运输系统 车用通信系统应用层及应用数据交互标准(第二阶段)》、T/CSAE 158—2020《基于车路协同的高等级自动驾驶数据交互内容》。智慧城市车路协同业务场景需求如表 2.1-1 所示。

表 2.1-1 智慧城市车路协同业务场景需求

序号	出处	场景名称	类型	场景描述
1	T/CSAE 53—2020	限速预警	安全类	主车（HV）行驶过程中，在超出限定速度的情况下，SLW 应用对主车驾驶员进行预警，提醒驾驶员减速行驶
2		闯红灯预警	安全类	主车经过有信号控制的交叉口（车道），车辆存在不按信号灯规定或指示行驶的风险时，RLVW 应用对驾驶员进行预警
3		绿波车速引导	效率类	当装载车载单元（OBU）的主车驶向信号灯控制交叉路口，收到由 RSU 发送的道路数据及信号灯实时状态数据时，GLOSA 应用将给予驾驶员一个建议车速区间，以使车辆能够经济地、舒适地（不需要停车等待）通过信号路口
4		前方拥堵提醒	效率类	主车行驶前方发生交通拥堵状况，RSU 将拥堵路段信息发送给主车，TJW 应用将对驾驶员进行提醒。由于感知设备（如摄像头）具有交通拥堵检测功能，因此不需要边缘计算单元处理，感知设备可直接将识别结果通过 RSU/平台下发给车辆，为车辆提供信息服务
5		交叉路口碰撞预警	安全类	主车驶向交叉路口，与侧向行驶的远车（RV）存在碰撞危险时，ICW 应用将对主车驾驶员进行预警
6		左转辅助	安全类	主车在交叉路口左转，与对向驶来的远车存在碰撞危险时，LTA 应用将对主车驾驶员进行预警

续表

序号	出处	场景名称	类型	场景描述
7	T/CSAE 53—2020	弱势交通参与者碰撞预警	安全类	主车在行驶中，与周边行人（P, Pedestrian。含义拓展为广义上的弱势交通参与者，包括行人、自行车、电动自行车等，以下描述以行人为例）存在碰撞危险时，VRUCW 应用将对车辆驾驶员进行预警，也可对行人进行预警
8		车内标牌	效率类	当装载 OBU 的主车收到由 RSU 发送的道路数据及交通标牌信息时，IVS 应用将给予驾驶员相应的交通标牌提示，保证车辆安全行驶
9		道路危险状况提示	安全类	主车行驶到潜在危险状况（如桥下存在较深积水、路面有深坑、道路湿滑、前方急转弯等）路段，存在发生事故风险时，HLW 应用对主车驾驶员进行预警
10		协作式优先车辆通行	效率类	智能交通系统调度交通资源针对优先车辆采取提前预留车道、封闭道路或切换信号灯等方式，为优先车辆提供安全高效到达目的地的绿色通道。优先车辆包括警车、消防车、救护车、工程抢险车、事故勘查车等，未来也可以基于该场景提供差异化行车服务
11		动态车道管理	效率类/交通管理类	针对交叉口的拥堵问题，通过交叉口处的动态划分车道功能可以实现对交叉口进口道的空间资源进行实时的合理分配
12	T/CSAE 157—2020	感知数据共享	安全类	装载通信系统的车辆（EV）及 RSU 通过自身搭载的感知设备（摄像头、雷达等传感器）探测到周围其他交通参与者（包括但不限于车辆、行人、骑行者等目标物）或道路异常状况信息，如道路交通事件（交通事故等）、车辆异常行为（超速、驶离车道、逆行、非常规行驶和异常静止等）、道路障碍物（落石、遗撒物、枯枝等）及路面状况（积水、结冰等）等信息，并将探测到的目标信息处理后，通过 V2X 发送给周围其他车辆，收到此信息的其他车辆可提前感知不在自身视野范围内的交通参与者或道路异常状况，辅助自身做出正确的驾驶决策，减少交通事故和二次伤害，提高行车安全或通行效率

续表

序号	出处	场景名称	类型	场景描述
13	T/CSAE 157—2020	协作式变道	安全类	EV 在行驶过程中需要变道时,将行驶意图发送给相关车道(本车道和目标车道)的其他相关车辆或 RSU,相关车辆收到 EV 的意图信息或 RSU 的调度信息,根据自身情况调整驾驶行为,使 EV 能够安全完成变道或延迟变道
14		协作式车辆汇入	安全类/效率类	在高速公路或快速道路入口匝道处,RSU 获取周围车辆的运行信息和行驶意图,通过发送车辆引导信息,协调匝道和主路汇入车道的车辆,辅助匝道车辆安全、高效地汇入主路
15		协作式交叉口通行	安全类/效率类	装备有 OBU 的 EV 和 RSU 协作,安全、高效地通过交叉口。EV 向 RSU 发送车辆行驶信息,RSU 根据车辆行驶信息、目标交叉口的信号灯信息、其他车辆上报的行驶信息及路侧感知信息,为 EV 生成通过交叉口的通行调度信息,并将其发送给 EV,调度 EV 安全通过交叉口
16		场站路径引导服务	信息服务类	在场站内部区域(如停车场、高速路服务站、加油站等),RSU 通过 V2I/I2V 的方式,向进入的车辆提供站点地图信息、车位信息、服务信息等,同时为车辆提供路径引导服务
17		差分数据服务	信息服务类	利用布设在区域内的基础设施(如 GNSS 基准站、地基增强系统等),监测视野内的 GNSS 卫星,通过集中数据处理、分类获得误差改正参数和完好性信息,并通过 V2X 交互的方式播发给范围内的车辆,从而提升车辆的定位精度
18		浮动车数据采集	交通管理类	RSU 通过接收通信范围内车辆发送的信息(包括行驶状态、驾驶意图及感知信息等),进行数据融合与交通状态分析,形成局部端侧或边缘侧的基于浮动车数据的交通状态评估

续表

序号	出处	场景名称	类型	场景描述
19	T/CSAE 158—2020	基于路侧感知的"僵尸车"识别	安全类	在混合交通环境下,由路侧感知设备不断感知周边道路交通信息,经过AV—ICCU—RCU处理,动态地识别出其覆盖范围内的"僵尸车",并通过RSU将感知结果发送给自动驾驶车辆,辅助车辆做出正确的决策控制。由于感知设备(如摄像头)具有"僵尸车"识别功能,因此在PC5通信中,不需要边缘计算单元处理,感知设备可直接将识别结果通过RSU进行广播,为车辆提供预警服务
20		基于协同式感知的异常驾驶行为识别	安全类	在混合交通环境下,可以通过路侧感知设备/车端感知设备不断感知周边车辆的运行状况,经过AV—ICCU—RS/AV—ICCU—OB处理,实时地识别当前范围内所存在的异常行驶的车辆,例如逆行车辆、慢行车辆(行驶速度明显低于其他车辆)、快行车辆(行驶速度明显高于其他车辆)等,并通过RSU/OBU将感知结果发送给自动驾驶车辆,辅助车辆做出正确的决策控制
21		基于路侧协同的自动驾驶车辆"脱困"	安全类	通过道路子系统(RSS)对受困车辆或周边车辆协同的方式,帮助自动驾驶车辆摆脱极端场景下自动驾驶服务停止的情况
22		基于路侧感知的交通状况识别	效率类	在混合交通环境下,由路侧感知设备不断感知周边道路交通信息,经过AV—ICCU—RS处理,实时地识别当前路段的交通流及拥堵情况,并通过RSU将感知结果发送给自动驾驶车辆,辅助车辆做出正确的决策控制
23		高精地图版本对齐及动态更新	信息服务类	通过RSS或云端能够对自动驾驶车辆的高精地图进行动态更新,保证车辆能够获取到最新、最完整的高精地图数据,以此保证车辆安全可靠地行驶

本书聚焦于车路协同网络,对业务流的分析将不涉及V2V场景,仅分析T/CSAE 53—2020、T/CSAE 157—2020和T/CSAE 158—2020中的V2I场景、V2I/V2V场景中的V2I业务场景。

每个应用场景可以通过不同的通信方式实现,主流通信方式为PC5和Uu通信方式。此外，北京高级别自动驾驶示范区也在试点 EUHT 专网方式。本书仅讨论 PC5 和 Uu 通信方式。

业务体系架构从下至上为路侧终端、边缘端、云端、外部应用。本书定义的处理终端为完成该业务场景所需的最上层的设备。不同的业务场景由于对时延要求不同，场景复杂度也不同，因此处理终端也就不同。处理终端不同，场景的业务流向就不同，各场景详细的业务流向介绍见附录 A。

2.1.1 基于 PC5 通信方式的业务场景

根据处理终端的不同，基于 PC5 通信方式的业务场景可以分为以下 4 类。

1）处理终端为路侧感知设备/RSU

当前，路侧感知设备大多具备简单的数据处理功能，当其能满足特定应用场景的需要时，即可作为此场景业务流中的处理终端。例如前方拥堵提醒场景，智能摄像头可检测道路排队长度，并将道路排队长度信息推送至 RSU，RSU 广播 RSI 消息，在车辆接收到该消息后，由车载应用结合车辆的定位和行驶信息来判断是否提示前方拥堵。

2）处理终端为路侧边缘计算平台

当业务场景对时延有严格要求且需要融合多条感知信息时，路侧边缘计算平台可作为处理终端。例如交叉路口碰撞预警场景，路侧边缘计算平台将融合信息推送至 RSU，RSU 周期性广播 RSM，在车辆接收 RSM 后，由车载应用结合车辆的定位和行驶信息来判断是否对驾驶员发出预警。

3）处理终端为区域计算平台

当业务场景对时延要求不高且需要实现较大范围内的感知与消息广播时，需要以区域计算平台为处理终端。例如基于路侧感知的交通状况识别场景，路侧感知设备获取局部交通状况信息，并将其发送至路侧边缘计算平台，区域内的路侧边缘计算平台将分布式数据发送并汇聚至区域计算平台，区域计算平台将融合、分析后的数据推送至 RSU，RSU 周期性广播 RAM，在车辆接收到该消息后，由车载应用结合车辆的定位和行驶信息来判断是否提示交通状况。

4）处理终端为市级车路协同云平台

当需要通过市级车路协同云平台下发消息以实现应用场景或需要通过 RSU 将基

本信息收集至市级车路协同云平台以支持信息服务时，处理终端为市级车路协同云平台。需要通过市级车路协同云平台下发消息的应用场景如车内标牌，市级车路协同云平台将交通标志信息下发至 RSU，RSU 广播 RSI 消息，车辆接收后，车载应用根据车辆位置和行驶信息判断是否向驾驶员提示该信息。通过 RSU 收集基本信息以支持信息服务的场景如"浮动车数据采集"，车端周期性广播 BSM，RSU 接收该消息并将其上传至市级车路协同云平台，市级车路协同云平台在汇聚数据后进行交通态势判断、交通事件检测等，为局部或区域的交通管理提供决策支持。

2.1.2 基于 Uu 通信方式的业务场景

根据处理终端的不同，基于 Uu 通信方式的业务场景可以分为以下两类。

1）处理终端为区域计算平台

在既需要车辆信息，又需要关联路侧感知信息和信号机信息时，区域计算平台作为处理终端，可快速响应需求。例如弱势交通参与者碰撞预警场景，智能网联车辆通过 Uu 空口上报 BSM，路侧感知设备将交通参与者信息上传至区域计算平台，区域计算平台将车、路两端信息融合计算，通过 Uu 空口向车辆推送 RSM，在车辆接收到该消息后，车载应用结合车辆的定位和行驶信息来判断是否对驾驶员进行预警。若存在弱势交通参与者碰撞风险，则对驾驶员进行预警。

2）处理终端为市级车路协同云平台

市级车路协同云平台作为处理终端的情形有：第一，仅需收集车辆信息，而无须关联路侧感知信息和信号机信息时；第二，市级车路协同云平台将预设的消息下发或应用场景对时延不敏感时。例如浮动车数据采集场景，车辆将 BSM 上报至市级车路协同云平台，为平台进行交通态势评估提供支持。

2.2 智慧城市车路协同业务场景的流量模型

本节首先将车路协同业务场景分类，然后提出各类业务场景的流量模型并给出相应的总时延公式。在实际应用时，可根据各子系统的实际时延具体计算。

2.2.1 PC5 通信方式下的流量模型

1. 处理终端为路侧感知设备/RSU 的流量模型

（1）流量模型（一）：无须信号机、路侧感知设备等参与，由 RSU 事先配置信息，直接将信息下发至智能网联车辆的流量模型。其业务流向图如图 2.2-1 所示。符合该模型的主要场景为限速预警和协作式优先车辆通行。

图 2.2-1　在 PC5 通信方式下处理终端为路侧感知设备/RSU 的业务流向图（一）

此业务流向模型的总时延为

$$总时延 = 传输时延_{RSU 广播} + 处理时延_{智能网联车辆}$$

（2）流量模型（二）：无须信号机、路侧感知设备等参与，由 RSU 事先配置信息，根据车辆请求信息，完成数据下发的流量模型。其业务流向图如图 2.2-2 所示。符合该模型的主要场景为高精地图版本对齐及动态更新。

图 2.2-2　在 PC5 通信方式下处理终端为路侧感知设备/RSU 的业务流向图（二）

此业务流向模型的总时延为

$$总时延 = 2\times传输时延_{A_{RSU 广播}} + 传输时延_{B_{OBU 至 RSU}} + 处理时延_{A_{RSU}} + 处理时延_{B_{智能网联车辆}}$$

（3）流量模型（三）：需要信号机将数据上传至 RSU，RSU 广播 SPAT、地图（MAP）、RSI 消息，为智能网联车辆提供相关服务的流量模型。其业务流向图如图 2.2-3 所示。

符合该模型的主要场景有闯红灯预警和绿波车速引导。

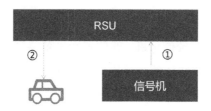

图 2.2-3 在 PC5 通信方式下处理终端为路侧感知设备/RSU 的业务流向图（三）

此业务流向模型的总时延为

总时延=传输时延 $A_{信号机至RSU}$+传输时延 $B_{RSU广播}$+处理时延 A_{RSU}+处理时延 $B_{智能网联车辆}$

在此模型中，RSU 实时读取信号机信息，因此总时延包括信号机至 RSU 的传输时延。

（4）流量模型（四）：路侧感知设备将处理后的结果发送至 RSU，RSU 进行广播，为智能网联车辆提供服务的流量模型。其业务流向图如图 2.2-4 所示。符合该模型的主要场景有基于路侧感知的"僵尸车"识别、前方拥堵提醒。

图 2.2-4 在 PC5 通信方式下处理终端为路侧感知设备/RSU 的业务流向图（四）

此业务流向模型的总时延为

总时延=传输时延 $A_{路侧感知设备至RSU}$+传输时延 $B_{RSU广播}$+处理时延 $A_{路侧感知设备}$+处理时延 B_{RSU}+处理时延 $C_{智能网联车辆}$

2. 处理终端为路侧边缘计算平台的流量模型

（1）流量模型（一）：路侧感知设备将感知信息发送至路侧边缘计算平台，路侧边缘计算平台将消息融合处理后通过 RSU 广播至智能网联车辆的流量模型。该模型涉及的主要场景如表 2.2-1 所示。

表 2.2-1　在 PC5 通信方式下处理终端为路侧边缘计算平台的主要场景（一）

序号	主要场景
1	交叉路口碰撞预警
2	左转辅助
3	弱势交通参与者碰撞预警
4	基于协同式感知的异常驾驶行为识别
5	感知数据共享

根据感知的目标物是道路车辆、交通参与者/障碍物还是弱势交通参与者，有三种流量模型，其业务流向图如图 2.2-5 所示。三种流量模型的时延构成相同。

图 2.2-5　在 PC5 通信方式下处理终端为路侧边缘计算平台的业务流向图（一）

此业务流向模型的总时延为

总时延=传输时延 $A_{路侧感知设备至路侧边缘计算平台}$+传输时延 $B_{路侧边缘计算平台至RSU}$+
传输时延 $C_{RSU广播}$+处理时延 $A_{路侧感知设备}$+处理时延 $B_{路侧边缘计算平台}$+
处理时延 C_{RSU}+处理时延 $D_{智能网联车辆}$

（2）流量模型（二）：智能网联车辆发送特定的请求信息，路侧感知设备将感知信息发送至路侧边缘计算平台，路侧边缘计算平台将信息融合处理后通过 RSU 广播至智能网联车辆的模型。该模型涉及的主要场景如表 2.2-2 所示。该模型的业务流向图如图 2.2-6 所示。

表 2.2-2 在 PC5 通信方式下处理终端为路侧边缘计算平台的主要场景（二）

序号	主要场景
1	协作式变道
2	协作式车辆汇入
3	协作式交叉口通行
4	基于路侧协同的自动驾驶车辆"脱困"
5	场站路径引导服务
6	协作式优先车辆通行

图 2.2-6 在 PC5 通信方式下处理终端为路侧边缘计算平台的业务流向图（二）

此业务流向模型的总时延为

总时延=MAX(传输时延 $A_{OBU至RSU}$+传输时延 $B_{RSU至路侧边缘计算平台}$+
处理时延 C_{RSU},传输时延 $C_{路侧感知设备至路侧边缘计算平台}$+处理时延 $A_{路侧感知设备}$)+
传输时延 $D_{路侧边缘计算平台至RSU}$+传输时延 $E_{RSU广播}$+处理时延 $B_{路侧边缘计算平台}$+
处理时延 C_{RSU}+处理时延 $D_{智能网联车辆}$

路侧边缘计算平台通过 RSU 获取智能网联车辆信息和通过路侧感知设备获取

RSI 可以同时进行，因此模型总时延取较大者。

（3）流量模型（三）：在协作式优先车辆通行场景的协作式信号灯优先通行应用中，需要路侧边缘计算平台根据优先车辆请求信息、路侧感知信息生成信控信息，并将其下发至信号机的流量模型。其业务流向图如图 2.2-7 所示。

图 2.2-7　在 PC5 通信方式下处理终端为路侧边缘计算平台的业务流向图（三）

此业务流向模型的总时延为

总时延=MAX(传输时延 $A_{OBU至RSU}$+传输时延 $B_{RSU至路侧边缘计算平台}$+处理时延 C_{RSU},传输时延 $C_{路侧感知设备至路侧边缘计算平台}$+处理时延 $A_{路侧感知设备}$)+传输时延 $D_{路侧边缘计算平台至RSU}$+传输时延 $E_{RSU广播}$+处理时延 $B_{路侧边缘计算平台}$+处理时延 $D_{智能网联车辆}$

路侧边缘计算平台通过 RSU 获取智能网联车辆信息和通过路侧感知设备获取 RSI 可以同时进行，因此模型总时延取较大者。此外，图 2.2-7 中④与⑤+⑥可以同时进行，且④的数据较小，因此模型总时延可忽略④的时延。

3. 处理终端为区域计算平台的流量模型

处理终端为区域计算平台的流量模型：路侧边缘计算平台将感知数据传送至区域计算平台，区域计算平台对感知数据进行处理、分析，分析所得的数据结果通过 RSU 传送至智能网联车辆的流量模型。其业务流向图如图 2.2-8 所示。

此业务流向模型的总时延为

总时延=传输时延 $A_{路侧感知设备至区域计算平台}$+传输时延 $B_{区域计算平台至RSU}$+传输时延 $C_{RSU广播}$+处理时延 $A_{路侧感知设备}$+处理时延 $B_{区域计算平台}$+处理时延 C_{RSU}+处理时延 $D_{智能网联车辆}$

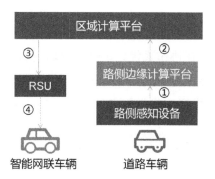

图 2.2-8　在 PC5 通信方式下处理终端为区域计算平台的业务流向图

4．处理终端为市级车路协同云平台的流量模型

该类模型主要分为以下两种。

（1）数据流由车端到平台端的流量模型。该模型涉及的主要场景为浮动车数据采集。该模型的业务流向图如图 2.2-9 所示。

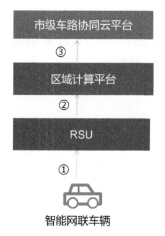

图 2.2-9　在 PC5 通信方式下处理终端为市级车路协同云平台的业务流向图（一）

此业务流向模型的总时延为

总时延=传输时延 $A_{OBU至RSU}$+传输时延 $B_{RSU至区域计算平台}$+传输时延 $C_{区域计算平台至市级车路协同云平台}$+处理时延 A_{RSU}+处理时延 $B_{区域计算平台}$

（2）数据流由平台端到车端的流量模型。该模型涉及的主要场景如表 2.2-3 所示。该模型的业务流向图如图 2.2-10 所示。

表 2.2-3　在 PC5 通信方式下处理终端为市级车路协同云平台的主要场景（二）

序号	主要场景
1	道路危险状况提示
2	差分数据服务
3	车内标牌

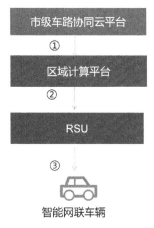

图 2.2-10　在 PC5 通信方式下处理终端为市级车路协同云平台的业务流向图（二）

此业务流向模型的总时延为

总时延=传输时延 A 市级车路协同云平台至区域计算平台+传输时延 B 区域计算平台至RSU+

传输时延 $C_{RSU广播}$+处理时延 A 区域计算平台+处理时延 B_{RSU}+处理时延 C 智能网联车辆

2.2.2　Uu 通信方式下的流量模型

1. 处理终端为区域计算平台的流量模型

（1）流量模型（一）：智能网联车辆将数据周期性上报至区域计算平台，路侧感知设备将处理后的感知信息上传至区域计算平台，区域计算平台将信息经基站下发至智能网联车辆的流量模型。因为路侧感知设备的数据处理能力满足应用场景需求，所以不需要经过路侧边缘计算平台。该模型涉及的主要场景是基于路侧感知的"僵尸车"识别、前方拥堵提醒。该模型的业务流向图如图 2.2-11 所示。

此业务流向模型的总时延为

总时延=传输时延 A 路侧感知设备至区域计算平台+传输时延 B 区域计算平台至智能网联车辆+

处理时延 A 路侧感知设备+处理时延 B 区域计算平台+处理时延 C 智能网联车辆

图 2.2-11 在 Uu 通信方式下处理终端为区域计算平台的业务流向图（一）

（2）流量模型（二）：智能网联车辆将数据周期性上报至区域计算平台，路侧感知设备将感知信息上传至路侧边缘计算平台，路侧边缘计算平台将处理后的信息通过区域计算平台、基站下发至智能网联车辆的流量模型。该模型涉及的主要场景如表 2.2-4 所示。

表 2.2-4 在 Uu 通信方式下处理终端为区域计算平台的主要场景（二）

序号	应用场景
1	交叉路口碰撞预警
2	左转辅助
3	弱势交通参与者碰撞预警
4	基于协同式感知的异常驾驶行为识别
5	感知数据共享
6	基于路侧感知的交通状况识别

根据感知的目标物是道路车辆、弱势交通参与者还是交通参与者/障碍物，有三种流量模型，其业务流向图如图 2.2-12 所示。三种流量模型的时延构成相同。

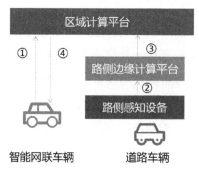

图 2.2-12 在 Uu 通信方式下处理终端为区域计算平台的业务流向图（二）

第2章 智慧城市车路协同业务场景与体系结构

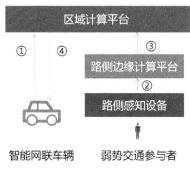

图 2.2-12 在 Uu 通信方式下处理终端为区域计算平台的业务流向图（二）（续）

此业务流向模型的总时延为

总时延=传输时延 $A_{路侧感知设备至路侧边缘计算平台}$+传输时延 $B_{路侧边缘计算平台至区域计算平台}$+

传输时延 $C_{区域计算平台至智能网联车辆}$+处理时延 $A_{路侧感知设备}$+

处理时延 $B_{路侧边缘计算平台}$+处理时延 $C_{区域计算平台}$+处理时延 $D_{智能网联车辆}$

（3）流量模型（三）：智能网联车辆将请求信息周期性上报至区域计算平台，区域计算平台将相关消息下发至路侧边缘计算平台，路侧感知设备将感知信息上传至路侧边缘计算平台，路侧边缘计算平台将车辆请求信息和路侧感知信息综合分析，分析结果由区域计算平台经运营商的 5G 基站下发至智能网联车辆的流量模型。该模型涉及的主要场景如表 2.2-5 所示。该模型的业务流向图如图 2.2-13 所示。

表 2.2-5 在 Uu 通信方式下处理终端为区域计算平台的主要场景（三）

序号	主要场景
1	协作式变道
2	协作式车辆汇入
3	协作式交叉口通行
4	基于路侧协同的自动驾驶车辆"脱困"

续表

序号	主要场景
5	协作式优先车辆通行
6	场站路径引导服务

图 2.2-13 在 Uu 通信方式下处理终端为区域计算平台的业务流向图（三）

此业务流向模型的总时延为

总时延=MAX(传输时延 $A_{\text{OBU至区域计算平台}}$+传输时延 $B_{\text{区域计算平台至路侧边缘计算平台}}$+

处理时延 $C_{\text{区域计算平台}}$,传输时延 $C_{\text{路侧感知设备至路侧边缘计算平台}}$+

处理时延 $A_{\text{路侧感知设备}}$)+传输时延 $D_{\text{路侧边缘计算平台至区域计算平台}}$+

传输时延 $E_{\text{区域计算平台至智能网联车辆}}$+处理时延 $B_{\text{路侧边缘计算平台}}$+

处理时延 $C_{\text{区域计算平台}}$+处理时延 $D_{\text{智能网联车辆}}$

路侧边缘计算平台通过区域计算平台获取智能网联车辆信息和通过路侧感知设备获取 RSI 可以同时进行，因此模型总时延取较大者。

（4）流量模型（四）：在协作式优先车辆通行场景的协作式信号灯优先通行应用中，智能网联车辆通过区域计算平台向路侧边缘计算平台发送车辆信息，路侧边缘计算平台再收集路侧感知信息生成信控信息，并将其下发至信号机，最后通过区域计算平台经基站向智能网联车辆发送引导信息的流量模型。该模型的应用场景还有协作式车辆汇入、协作式交叉口通行、动态车道管理。该模型的业务流向图如图 2.2-14 所示。

此业务流向模型的总时延为

总时延=MAX(传输时延 $A_{\text{OBU至区域计算平台}}$+传输时延 $B_{\text{区域计算平台至路侧边缘计算平台}}$+

处理时延 $C_{\text{区域计算平台}}$,传输时延 $C_{\text{路侧感知设备至路侧边缘计算平台}}$+

处理时延 $A_{\text{路侧感知设备}}$)+传输时延 $D_{\text{路侧边缘计算平台至区域计算平台}}$+

传输时延 $E_{区域计算平台至智能网联车辆}$+处理时延 $B_{路侧边缘计算平台}$+

处理时延 $C_{区域计算平台}$+处理时延 $D_{智能网联车辆}$

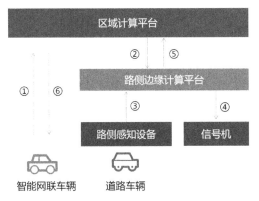

图 2.2-14 在 Uu 通信方式下处理终端为区域计算平台的业务流向图（四）

路侧边缘计算平台通过区域计算平台获取智能网联车辆信息和通过路侧感知设备获取 RSI 可以同时进行，因此模型总时延取较大者。④的时延小于⑤+⑥，因此将⑤+⑥的时延计入总时延。

2. 处理终端为区域计算平台/市级车路协同云平台的流量模型

（1）流量模型（一）：数据流由车端到平台端的流量模型。该模型涉及的主要场景为浮动车数据采集。该模型的业务流向图如图 2.2-15 所示。

智能网联车辆

图 2.2-15 在 Uu 通信方式下处理终端为区域计算平台/市级车路协同云平台的业务流向图（一）

此业务流向模型的总时延为

总时延=传输时延 $A_{智能网联车辆至区域计算平台/市级车路协同云平台}$

（2）流量模型（二）：数据流需要在车端与平台端之间交互多次的流量模型。该模型涉及的主要场景为高精地图版本对齐及动态更新。该模型的业务流向图如图 2.2-16 所示。

图 2.2-16 在 Uu 通信方式下处理终端为区域计算平台/市级车路协同云平台的业务流向图（二）

此业务流向模型的总时延为

总时延=2×传输时延 A 区域计算平台/市级车路协同云平台至车端＋

传输时延 B 车端至区域计算平台/市级车路协同云平台＋处理时延 A 区域计算平台/市级车路协同云平台＋

处理时延 B 智能网联车辆

（3）流量模型（三）：数据流由平台端到车端的流量模型。该模型涉及的主要场景如表 2.2-6 所示。该模型的业务流向图如图 2.2-17 所示。

表 2.2-6 在 Uu 通信方式下处理终端为区域计算平台/市级车路协同云平台的主要场景（三）

序号	主要场景
1	差分数据服务
2	车内标牌
3	闯红灯预警
4	绿波车速引导
5	限速预警
6	道路危险状况提示
7	协作式优先车辆通行

图 2.2-17 在 Uu 通信方式下处理终端为区域计算平台/市级车路协同云平台的业务流向图（三）

此业务流向模型的总时延为

总时延=传输时延 $A_{\text{区域计算平台/市级车路协同云平台至车端}}$

2.2 节按 PC5 通信和 Uu 通信两种方式对所有车路协同业务场景的流量模型进行了总结归纳，并给出了总时延计算公式。车路协同网络需要支持所有车路协同业务场景的流量模型，满足车路协同业务的时延需求。在 PC5 通信方式下，业务流基本上在路侧网中传输，有很严格的低时延需求，这是网络设计的一个要点。在 Uu 通信方式下，业务流在车路协同网络和运营商 5G 网络中传输，时延需求不严格，也比较难保障。

2.3 智慧城市车路协同业务体系架构

智慧城市车路协同业务体系架构主要由路侧终端、边缘端、云端、外部应用组成，如图 2.3-1 所示。其中，一个路侧边缘计算平台会连接多组路侧感知设备，一个区域计算平台会连接多个路侧边缘计算平台，一个市级车路协同云平台会连接多个区域计算平台。

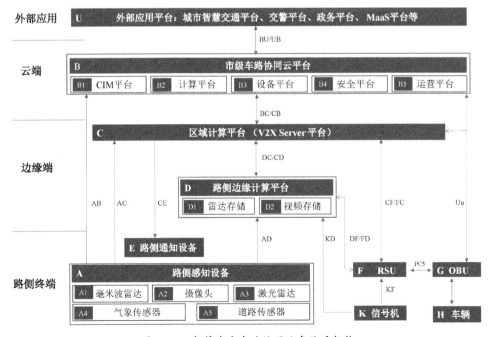

图 2.3-1 智慧城市车路协同业务体系架构

1）路侧边缘计算平台

路侧边缘计算平台实时获取路侧感知设备的数据，并对这些数据进行融合计算，以高性能计算能力提供更高精度、更可靠和低时延的融合感知结果，具有对目标进行识别、分类、追踪和轨迹拼接等功能，还能对车辆进行车牌识别、移动属性预测等，从而为交通参与者提供准确的数据服务。路侧边缘计算平台的感知缓存主要存储路侧感知设备的短时历史数据，同时对路侧海量、多元、异构的数据进行清洗、过滤，抽取业务所需数据并将其发送给区域计算平台。路侧边缘计算平台根据需要，融合区域计算平台和RSU的数据，进行综合计算，将计算结果按照T/CSAE 53—2020和T/CSAE 157—2020的要求发送给RSU。

2）区域计算平台

区域计算平台具有设备管理、模型管理、算法管理、应用管理和路侧边缘计算平台节点管理等功能，同时融合分析路侧感知设备、车辆及路侧边缘计算平台上传的结构化数据。区域计算平台在将多个路侧边缘计算平台的数据汇总、融合后，将应用数据输送给市级车路协同云平台，同时可以通过Uu空口与车端通信。

3）市级车路协同云平台

市级车路协同云平台根据需求可包含应用服务、数据服务、设备服务、安全服务和运营服务等，有选择地从路侧感知设备处获取所需的实时数据，或从路侧边缘计算平台的感知缓存处获取短时历史数据。

（1）应用服务为智能网联车辆提供高精地图、智能导航、交通引导等服务支持，为交通指挥调度提供高精度交通态势认知、信号控制策略优化等服务支持。

（2）数据服务对全域数据挖掘分析，以支撑路侧智能网联车辆的宏观运行环境。

（3）设备服务可统一管理终端设备和全域设备，提供针对所有路侧、边缘和区域设备（或平台）的"接入-监控-管理"服务，包括设备查询、修改和升级配置、删除节点等，同时收集路侧单元设备的基本信息和状态性能信息，监控设备的运行情况，及时诊断设备故障，并基于终端管理协议远程管理路侧单元设备。

（4）安全服务对区域内的设备接入安全、平台运营安全、数据应用与存储安全、数通网络安全和运维安全等全域安全进行管控。

（5）运营服务将应用服务和数据服务的数据提供给政府或个人。

2.3.1 业务接口

业务接口主要有以下几种。

（1）AD 接口：路侧感知设备与路侧边缘计算平台间的接口。其主要作用是将路侧感知设备的原始数据根据业务需求上传至路侧边缘计算平台。

（2）AB 接口：路侧感知设备与市级车路协同云平台间的接口。其主要作用是根据业务需求将路侧感知设备的实时数据或处理后的结构化数据上传至市级车路协同云平台。

（3）AC 接口：路侧感知设备与区域计算平台间的接口。其主要作用是根据业务需求将路侧感知设备的实时数据或处理后的结构化数据上传至区域计算平台。

（4）DC/CD 接口：路侧边缘计算平台与区域计算平台间的接口。其主要作用是将路侧边缘计算平台的结构化数据上传至区域计算平台，以及将市级车路协同云平台的业务数据下发至路侧边缘计算平台。

（5）BC/CB 接口：区域计算平台与市级车路协同云平台间的接口。其主要作用是将区域计算平台的标准消息帧传递给市级车路协同云平台，以及根据业务需求将路侧感知设备的历史数据上传至市级车路协同云平台或市级车路协同云平台根据请求下发相应的事件数据。

（6）CE 接口：区域计算平台与路侧通知设备间的接口。区域计算平台通过该接口把交通事件信息下发给路侧通知设备，下发的信息包括道路危险状况提醒、限速提醒、道路施工提醒、弯道提醒、前方拥堵提醒等。

（7）DF/FD 接口：路侧边缘计算平台与 RSU 间的接口。该接口主要负责在路侧边缘计算平台融合路侧感知设备的数据后，按照 T/CSAE 53—2020 和 T/CASE 157—2020 对应用层的要求，把数据打包为规定的消息帧格式，发送给 RSU，然后 RSU 会把接收到的 OBU 数据发送给路侧边缘计算平台，丰富其数据，提高其算法的准确度。目前，RSU 是协议栈的主体，但随着应用消息种类的扩增，RSU 应只负责消息转发，而路侧边缘计算平台负责消息栈的实现，这种结构更符合发展趋势。

（8）CF/FC 接口：区域计算平台与 RSU 间的接口。区域计算平台接收市级车路协同云平台下发的数据，根据需要将这些数据处理后下发给区域内的 RSU；RSU 会把相关信息发送给区域计算平台，通过这种方式与其他区域的 RSU 进行数据交互。

例如，前方事故预警场景即可通过此接口实现跨区域预警信息播报。

（9）KF 接口：信号机与 RSU 间的接口。信号机将信号灯数据发送至 RSU，RSU 将信号灯数据转发至车辆，实现绿波引导等应用场景。

（10）KD 接口：信号机与路侧边缘计算平台间的接口。信号机把信号灯数据发送到路侧边缘计算平台，路侧边缘计算平台在使用信号灯数据的同时，可将数据逐层传递至上层应用平台。

（11）Uu 空口：OBU 与区域计算平台和市级车路协同云平台之间的双向接口。OBU 根据需求通过 Uu 空口与区域计算平台或市级车路协同云平台互通数据。

（12）BU/UB 接口：市级车路协同云平台与外部应用平台的接口。市级车路协同云平台通过挖掘、分析全域数据，输出城市级宏观交通信息，把相应结果推送给相关的政府城市级应用平台，同时可根据需求来请求外部应用平台的数据及应用，实现数据共享。

2.3.2 业务流向

车路协同业务流向表如表 2.3-1 所示。

（1）路侧感知设备（A）将采集的数据根据数据类型和业务需求的不同分别输入市级车路协同云平台（B）、区域计算平台（C）、路侧边缘计算平台（D）。

（2）路侧边缘计算平台（D）连接多组路侧感知设备（A），进行区内数据融合计算，并使结果形成标准的消息帧，把相应的消息帧传输给区域计算平台（C）、RSU（F）。

（3）区域计算平台（C）进行区域数据与市级车路协同云平台（B）数据的整合，以及 OBU（G）上报车辆自身状态信息的融合结果，把相应的消息传输给 RSU（F）和路侧通知设备（E），同时把相应的业务数据传输给市级车路协同云平台（B），实现区域内和区域间的数据共享。

（4）市级车路协同云平台（B）融合多个区域计算平台（C）的结构化数据、OBU（G）上报的车辆自身状态信息，将业务数据传输给外部应用平台（U）中的城市大脑、交警平台、城管平台、MaaS 平台、车企 TSP 平台，进行数据交互共享。同时，如有需要，市级车路协同云平台（B）可以直接获取路侧感知设备（A）中的实时路侧数据。

（5）RSU（F）通过 PC5 空口将标准应用数据输送给 OBU（G），RSU 的数据来源于路侧边缘计算平台（D）和区域计算平台（C）。

（6）信号机（K）将红绿灯信号消息输送给 RSU（F），RSU 对接收到的信息进行整合并广播 V2X 消息，如果 RSU 没有信息整合的能力，则可以通过路侧边缘计算平台（D）按需求把红绿灯信号消息发送给 RSU。

此外，考虑到某些路侧感知设备的智能化水平较高，对分析结果加以处理则可满足业务应用场景需求，因此存在路侧感知设备直接将数据传输给 RSU 的场景。

表 2.3-1　车路协同业务流向表

业务流	业务流向	数据描述	接口
上行业务	路侧感知设备→市级车路协同云平台（A→B）	①激光雷达点云原始数据，包括雷达 ID、物体三维位置数据等；②摄像头视频数据；③毫米波雷达轨迹数据	AB
	路侧感知设备→路侧边缘计算平台（A→D）	①激光雷达点云原始数据，包括雷达 ID、物体三维位置数据等；②摄像头视频数据；③毫米波雷达轨迹数据；④气象数据；⑤道路传感器数据	AD
	路侧感知设备→区域计算平台（A→C）	①毫米波雷达目标轨迹数据、交通流量统计数据，包括流量、车距、车速、排队长度等信息；②摄像头输出的结构化数据，包括车辆违规违章（超速、压线、逆行等）数据	AC
	路侧边缘计算平台→区域计算平台（D→C）	对路侧感知设备的数据进行细粒度融合感知得到的结构化数据，包括交通元素的 ID、位置、速度、航向角、形状、大小等	DC
	区域计算平台→市级车路协同云平台（C→B）	全域的融合感知结构化数据及路侧感知设备的结构化数据形成 V2X 可用的标准消息帧	CB
	OBU→RSU（G→F）	车辆实时状态数据有位姿、速度等，车辆通过实时广播将自身的实时状态告知周围车辆和 RSU	PC5
	OBU→市级车路协同云平台，OBU→区域计算平台（G→B，G→C）	OBU 根据需要把车辆的状态数据（位姿、速度等）通过 Uu 空口发送给市级车路协同云平台或区域计算平台	Uu
	RSU→区域计算平台（F→C）	RSU 把收到的 OBU 数据上传给区域计算平台，从而和区域内的其他 RSU 进行数据共享	FC
	信号机→RSU（K→F）	信号机将红绿灯信号数据发送给 RSU，形成 SPAT 标准消息，并将该消息广播给路侧交通参与者	KF

续表

业务流	业务流向	数据描述	接口
	信号机→路侧边缘计算平台（K→D）	信号机将信号灯信号数据发送给路侧边缘计算平台，路侧边缘计算平台在使用信号灯数据的同时，可以把数据传输给上层应用平台	KD
	市级车路协同云平台→外部应用平台（B→U）	市级车路协同云平台把相关应用数据输送给外部应用平台	BU
	RSU→路侧边缘计算平台（F→D）	RSU把收到的OBU数据发送给路侧边缘计算平台，丰富其数据，提高路侧边缘计算平台的数据融合精准度	FD
下行业务	市级车路协同云平台→OBU（B→G）	OBU通过Uu空口向市级车路协同云平台发出数据请求，包括软件更新和下载、地图服务等，市级车路协同云平台根据OBU的请求，提供相应的服务数据	Uu
	区域计算平台→RSU（C→F）	区域计算平台将区域内数据或市级车路协同云平台数据下发给RSU,实现区域内或区域间的数据共享	CF
	区域计算平台→路侧通知设备（C→E）	区域计算平台将文字显示指令、声音播报指令等下发至路侧通知设备	CE
	RSU→OBU（F→G）	RSU通过PC5空口向周围的交通参与者广播从区域计算平台得到的数据，OBU可以选择性地接收数据，辅助车辆驾驶	PC5
	市级车路协同云平台→区域计算平台（B→C）	市级车路协同云平台把其他区域内的RSU上报的消息下发，实现不同区域RSU的数据共享	BC
	路侧边缘计算平台→RSU（D→F）	路侧边缘计算平台将标准V2X消息发给RSU,RSU将其广播给周边的车辆或相邻的RSU	DF
	外部应用平台→市级车路协同云平台（U→B）	市级车路协同云平台根据需要对外部应用平台发出数据请求，进行数据的共享及应用	UB
	区域计算平台→路侧边缘计算平台（C→D）	区域计算平台把与计算相关的业务数据和设备管控数据下发给路侧边缘计算平台，形成闭环	CD

第 3 章

智慧城市车路协同路侧系统部署方案

城市道路交通场景具有环境复杂、参与者多及问题状况频繁发生的特点。本章主要介绍在不同的城市道路场景下，路侧系统中视频采集设备、毫米波雷达、激光雷达、路侧边缘计算平台、RSU 等的部署建议，包括典型场景的部署方案、网络带宽需求分析等内容，为智慧城市车路协同路侧系统部署提供参考。

3.1 融合感知系统部署方案

在融合感知系统的部署过程中，应满足以下要求。

（1）能够提供可持续服务：设施可升级，边缘计算平台等设施能够提供多算法部署及规模化部署等可持续服务。

（2）具备可扩展性：融合感知系统向车企等行业参与方提供冗余算力，供测试和运营业务使用。

（3）具备原始数据融合感知能力：融合感知系统具备处理各个前端传感器原始数据的能力，这些数据包括但不限于标准视频流、雷达原始数据和激光雷达点云数据等。

（4）功能独立：各台设备能够独立工作、实现数据交换，不依赖于特定的硬件，任意硬件更新后，都应维持系统原有的感知性能。

（5）可以资源复用：融合感知系统能够复用摄像设备等资源，使复用的设备具备与新增设备同样的融合感知能力。

（6）具备远程升级功能：设备应具备远程升级功能。

（7）具备全天候感知能力：融合感知系统在城市道路以外的区域应适配低照度环境。

3.1.1 城市场景的部署原则

由于每类城市场景具有不同的车道数量、中央隔离带、路口转弯半径等属性，设备的具体数量也有很大差异，因此本节仅说明各城市场景的部署原则，详细的设备规格、数量需要根据实际情况设计具体的部署方案。

摄像头负责对进入感知区域的车辆等目标进行属性识别，雷达负责感知区域的高性能目标识别。

所有摄像头、雷达都向系统贡献自己的感知数据，用于感知范围内的高精度融合感知 AI 计算。

1. 长直道路的部署原则

长直道路的交通状况相对简单，在遵守交通规则的前提下，行人、非机动车和机动车都能够各行其道。对道路进行感知以视频摄像头为主，视频摄像头需要具备对机动车进行轨迹跟踪的能力。

2. 道路交叉口的部署原则

道路交叉口（十字路口、丁字路口等路口形态）是道路交通系统中的重要节点，是机动车、非机动车与行人汇集和转向的区域。在整个道路网中，道路交叉口是所有交通冲突的集中点，也是影响交通运行效率的重要因素。

根据城市和乡村道路现况，对道路交叉口进行归纳和分类，针对不同类型的道路交叉口，在道路交叉口范围内适当位置配置不同类型和数量的感知设备，感知设备以视频摄像头和雷达为主。

3. 特定点位和区域的部署原则

特定点位和区域的部署原则如下。

（1）医院、学校、商圈等交通环境复杂、交通流量密集的区域：需在路段配置的基础上增加雷达以提高路侧系统的感知能力。

（2）环岛：道路交叉口的一种特殊形式。环岛主要集中在城市主干路上，路中绿化带宽度大，环岛直径长，常规道路交叉口的设备配置无法完全覆盖环岛范围内的道路交通状况。需要在环岛的进口车道和出口车道上均配置视频摄像头和雷达，以实现环岛范围内全覆盖。

（3）隧道出入口：隧道作为城市道路网中的特殊构造物，其内部照度偏低、入口光环境变化过度剧烈、空间封闭且驾驶环境不良。车辆在行驶到隧道路段时，车速、车道等状态较正常路段会发生变化，这些因素对隧道交通安全影响巨大。在隧道出入口配置视频摄像头、雷达，对进入和驶出隧道范围的车辆进行轨迹跟踪和身份识别。

（4）乡村道路（含山区弯道、视野盲区等）：环境复杂，多数时间的交通情况较简单，路段可采用视频采集设备、RSU、路侧边缘计算平台进行覆盖，在道路交叉口、急弯、盲区等环境剧烈变化区域增设雷达。

（5）匝道：作为车辆汇入和驶出的路段，具有车流量大、车速慢、车辆连续变道等行车安全隐患。在匝道处可同时配置卡口视频摄像头和雷达，实现车辆定位和准确跟踪功能。

3.1.2 典型场景的部署方案

1. 长直道路的部署方案

优先选择复用电警杆来部署感知设备,当电警杆不可用时,才考虑使用信号灯杆或者新立杆;摄像头是推荐必选项,对于一般的长直道路,根据部署间隔及部署点位,每个点位(包括对向车道的 2 个独立点位)推荐至少部署 2 个摄像头;毫米波雷达和激光雷达是可选项,如果可以选择性部署,则考虑将雷达与摄像头共点部署;设备安装应避免被树木等遮挡,以免影响摄像头、雷达的感知效果。

长直道路感知覆盖示意图如图 3.1-1 所示。

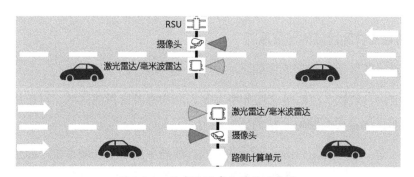

图 3.1-1 长直道路感知覆盖示意图

2. 道路交叉口的部署方案

优先选择复用电警杆或监控杆来部署感知设备,当电警杆或监控杆不可用时,考虑使用信号灯杆或新立杆;摄像头是推荐必选项,对于一般的十字路口,推荐至少部署 4 个摄像头;毫米波雷达和激光雷达是可选项,如果可以选择性部署,则优先考虑将雷达与摄像头共点部署;根据算力需求,在落地机箱内部署 1~2 台路侧边缘计算设备。具体来说,感知单元安装在路口的电警杆、监控杆或者信号灯杆的横臂上,高 6~8m,安装位置尽量靠近道路中央位置,以便正对监控路段。设备安装应避免被树木等遮挡,以免影响摄像头、雷达的感知效果。

道路交叉口感知覆盖示意图如图 3.1-2 所示。

在监控杆上安装摄像头可以更好地预防逆光、强光,可以部分复用已有的监控设备。选择电警杆或监控杆来部署感知设备的方案尤其适用于交管部门不允许使用信号灯杆挂载设备的地区。丁字路口的部署方案可仿照十字路口的部署方案来调整。

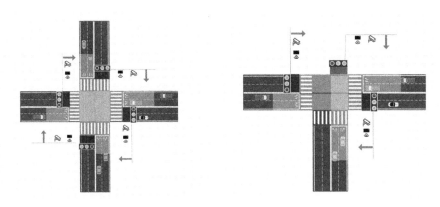

图 3.1-2　道路交叉口感知覆盖示意图

3．特定区域的部署方案

1）环岛的部署方案

对于环岛，根据实际遮挡和安装条件情况来调整摄像头的数量和安装位置，确保 RSU 的 GNSS 信号和覆盖信号不被遮挡。每个路口使用 1 个摄像头，4 个路口则使用 4 个摄像头。可选配毫米波雷达/激光雷达，并配置路侧边缘计算单元、抱杆箱。图 3.1-3 所示为环岛部署示意图。

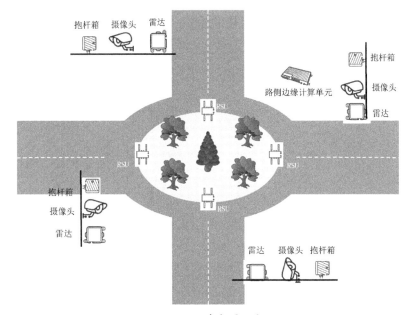

图 3.1-3　环岛部署示意图

2）公共场所的部署方案

公共场所部署示意图如图 3.1-4 所示,布设雷达、摄像头、抱杆箱,并配置路侧边缘计算单元。

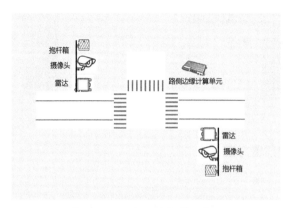

图 3.1-4 公共场所部署示意图

3）急弯盲区的部署方案

在道路急弯处,可以通过 2 个摄像头对交通参与者、交通事件、车流量等进行检测,可选配毫米波雷达/激光雷达,优先考虑将雷达与摄像头共点部署。根据曲率,感知设备的覆盖范围要保证连续（包括杆下盲区）和无遮挡。感知单元安装在道路上的监控杆上,高 6～8m,安装位置尽量靠近道路中央位置,以便正对监控路段。设备安装应避免被标识牌、树木等遮挡,以免影响摄像头、雷达的感知效果,并配置路侧边缘计算单元。图 3.1-5 所示为急弯盲区部署示意图。

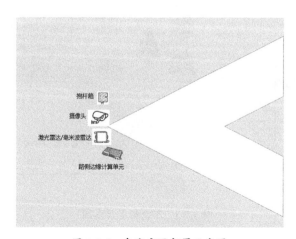

图 3.1-5 急弯盲区部署示意图

4)过村段的部署方案

在进入和驶离村庄的位置,分别布设摄像头、抱杆箱和雷达,并配置路侧边缘计算单元。图 3.1-6 所示为过村段部署示意图。

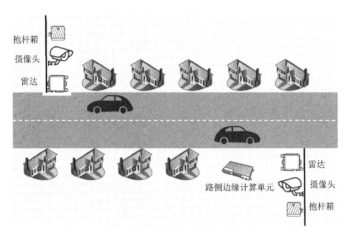

图 3.1-6　过村段部署示意图

5)乡村交叉口的部署方案

在每个进口方向布设摄像头、雷达、抱杆箱,并配置路侧边缘计算单元。图 3.1-7 所示为乡村交叉口部署示意图。

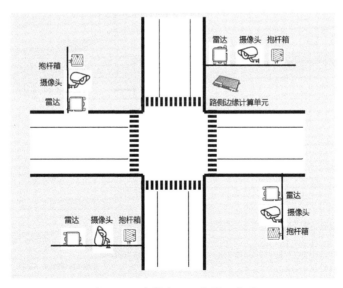

图 3.1-7　乡村交叉口部署示意图

6）山区盲陡易滑坡区域的部署方案

在山区盲陡易滑坡区域布设雷达和摄像头、抱杆箱，并配置路侧边缘计算单元。图 3.1-8 所示为山区盲陡易滑坡区域部署示意图。

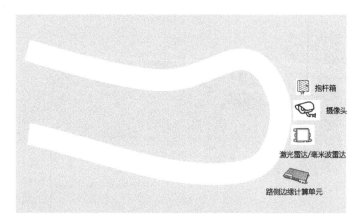

图 3.1-8　山区盲陡易滑坡区域部署示意图

7）匝道的部署方案

主道默认已部署感知设备。选择 1 个摄像头，用于覆盖匝道汇入车辆。主道传感器按照主道部署间距连续覆盖。可选配毫米波雷达/激光雷达，并配置抱杆箱、路侧边缘计算单元。图 3.1-9 所示为匝道部署示意图。

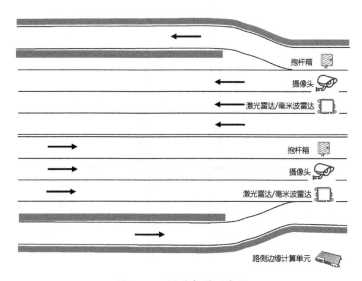

图 3.1-9　匝道部署示意图

8）隧道出入口的部署方案

在隧道出入口处分别布设雷达、摄像头和抱杆箱，推荐摄像头和 RSU 必选部署方式，可选配毫米波雷达/激光雷达，优先考虑将雷达与摄像头共点部署，并配置路侧边缘计算单元。图 3.1-10 所示为隧道出入口部署示意图。

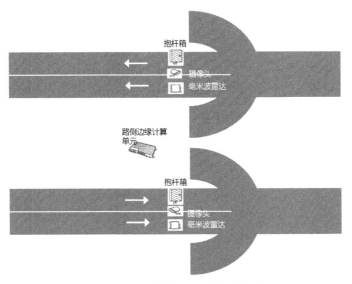

图 3.1-10　隧道出入口部署示意图

3.2　RSU 部署方案与典型场景的部署方案

RSU 是 C-V2X 技术的路侧无线通信单元，与 OBU 通信，可接收信号机的实时消息、应用服务器下发的路况信息和检测器检测到的实时交通信息，并将这些动态播报给相关车辆，是车路协同系统中的关键单元。所以，RSU 部署是需要重点关注的问题。

3.2.1　RSU 部署方案

除了要考虑传统规划设计中对目标覆盖物的确定、对数据流量的统计和对交通车辆密集程度的统计，还要考虑 RSU 对 V2V 的正面影响能力，即需要判断是否可以通过将 RSU 作为网络中继为车与车之间创造额外通信的机会，将更多孤立的车辆组织进这个车路协同体系中。

1. 基于交通流量和业务流量热点的 RSU 部署方案

基于交通流量热点和业务流量热点的 RSU 部署原则是 RSU 网络规划的切入点和核心原则。交通流量热点和业务流量热点通常可以从交管部门或运营商的网优系统中获取，热点区域行驶的车辆和行人多、交通流量大，RSU 服务的业务量也大。在热点区域进行 RSU 的重点部署、额外规划部署可以作为车路协同组网规划的突破口，从大热点到小热点逐步组织网络，这样可以有效解决 RSU 负载失衡的问题，同时解决资源竞争的问题。

2. 基于需求程度的 RSU 部署方案

此方案旨在最大限度地减少网络资源的浪费，例如目前存在联系的两个区域 A1 和 A2，两个区域在合理站距内，但经过 A1 区域的车辆通常会在短时间内行驶过 A2 区域，而 A1、A2 区域都不是交通热点。如果在 A1 区域已部署了 RSU，车辆行驶过 A1 区域就会收到相应的服务信息，而直到车辆驶离 A2 区域也不会有内容更新，则完全没有必要在 A2 区域再部署一台 RSU。因为车辆是沿道路行驶的，而车路协同广播信息的复杂度较低，所以 V2X 网络规划完全没有必要像传统蜂窝网络一样实现无缝覆盖，反而应该最大限度地避免过度覆盖造成无线资源与投资的浪费甚至无线通信干扰。

3.2.2 典型场景的部署方案

在城市场景规划中，RSU 应优先规划安装在道路交叉口（如交通道路交叉口，以及学校、企事业单位等汇入交通主干道路的路口），再规划安装在道路交叉口之间的路段。

1. 长直道路的部署方案

根据 RSU 的实际覆盖半径来确定 RSU 的部署间隔及部署点位，优先选择复用电警杆和监控杆来部署 RSU，当电警杆、监控杆不可用时，考虑使用信号灯杆或者新立杆，尽量与感知系统共杆部署。针对道路两侧、道路中间无绿化带，或者绿化带内灌木的密度不会导致遮挡 RSU 信号的情况，RSU 可沿道路两侧交叉部署。针对道路中间存在茂密树木绿化带、树木高度遮挡 RSU 信号的直线传播路径的情况，可在同一点位的道路两侧分别部署 RSU。图 3.2-1 所示为长直道路部署示意图。

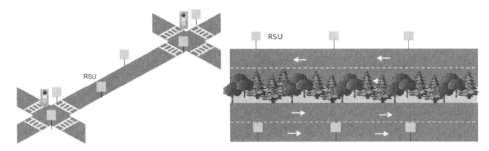

图 3.2-1 长直道路部署示意图

2. 道路交叉口的部署方案

1）丁字路口的部署方案

在常规丁字路口，优先选择复用电警杆或监控杆来部署至少 1 台 RSU，当电警杆或监控杆不可用时，考虑使用信号灯杆或新立杆，根据现场实际环境（如树木/建筑遮挡、交通流密度等），弹性选择增加 1~2 台 RSU，尽量将 RSU 与感知系统共杆部署，提高杆体复用率。图 3.2-2 所示为丁字路口部署示意图。

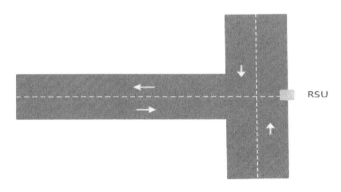

图 3.2-2 丁字路口部署示意图

2）十字路口的部署方案

优先选择复用电警杆或监控杆来部署感知设备，当电警杆或监控杆不可用时，考虑使用信号灯杆或新立杆。对于普通的十字路口（中间区域无遮挡物），可采用与感知系统共杆部署的方式在对角部署 2 台 RSU；对于复杂的十字路口（路口区域较为开阔、交通流密度大），可在路口 4 个转角点位处与感知系统共杆部署 4 台 RSU。图 3.2-3 所示为十字路口部署示意图。

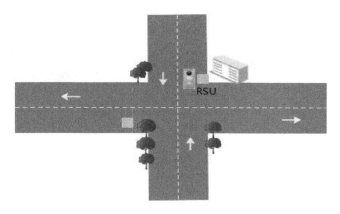

图 3.2-3　十字路口部署示意图

3. 特定场景的部署方案

1）环岛场景的部署方案

根据环岛区域的遮挡情况来确定 RSU 的数量。其他环境复杂的环岛,如高架下环岛、6 个路口等的多路口环岛,根据实际遮挡和安装条件情况来调整 RSU 的数量和安装位置,确保 RSU 的 GNSS 信号和覆盖信号不被遮挡。图 3.2-4 所示为环岛场景部署示意图。

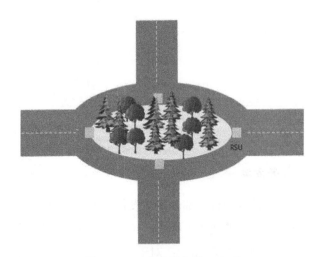

图 3.2-4　环岛场景部署示意图

2）乡村场景的部署方案

乡村场景（通常不超过 4 条车道）可单侧部署 RSU,将 RSU 优先部署在高风险区域（如急弯盲区、沿路村落、道路交叉口等），乡村场景的路口布设方案可参考城市十字路口场景，当遮挡严重时，应具体情况具体分析。RSU 的部署点位应兼顾感知设备的部署点位，同位置部署。

3）山区场景的部署方案

山区场景（通常不超过 2 条车道）的 RSU 布设方案与乡村场景类似，应优先在急弯处布设 RSU，在部署了感知设备的情况下，同位置部署 RSU；应避免在易发生山体滑坡等的危险区域布设 RSU。

4）匝道场景的部署方案

在匝道合流区/分流区和服务区的出入口处部署摄像设备和雷达，有效监视匝道出入口和主线路段的车辆信息，若发现影响行车安全的事件，应及时通过 RSU 通报过路车辆。

在每个匝道的出入口/服务区的出入口处部署 1 个 RSU，用于传输由融合感知设备上报的影响行车安全的事件信息。图 3.2-5 所示为 RSU 和雷达同位置部署示意图。

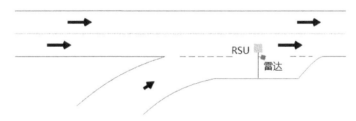

图 3.2-5　RSU 和雷达同位置部署示意图

5）隧道场景的部署方案

V2X 设备 RSU 和 OBU 之间的正常通信需要设备保持时间同步。当前，RSU 和 OBU 主要是通过 GNSS 信号来保持时间同步的。但隧道场景内无 GNSS 信号，不能通过 GNSS 信号实现时间同步。为了实现 V2X 设备 RSU 和 OBU 之间的正常通信，网络需要为 RSU 和 OBU 提供时间同步功能。

（1）V2X 设备时间同步需求和场景。

隧道场景部署示意图如图 3.2-6 所示。车 A 接收 RSU-A 通过 PC5 空口发送的时间同步信号，从而实现与 RSU-A 的信号同步；车 B 接收 RSU-B 通过 PC5 空口发送的时间同步信号，从而实现与 RSU-B 的信号同步。为了实现车 A 与车 B 之间的正常通信，需要实现 RSU-A 与 RSU-B 之间的信号同步。

网络需要为 RSU-A 和 RSU-B 提供时间同步功能，不仅需要保障 RSU 和 OBU 之间的通信，还需要保障 OBU 之间通信的正常。

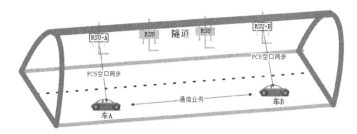

图 3.2-6　隧道场景部署示意图

（2）网络时间同步的精度需求。

网络时间同步的精度需求是在满足 OBU 之间正常通信需求的前提下，进一步考虑多径时延、信号传播时延、RSU 自身时间误差和 OBU 从 RSU 处获得同步时钟的误差等因素的影响，因此会高于 LTE-V2X 通信自身的同步精度需求（作为参考，LTE-TDD 的时间同步的精度需求是±1.5μs），但具体的经验数值有待在实践中提出并予以验证。

3.3　网络带宽需求分析

根据现有的项目经验，车路协同主要路侧设备的带宽需求如表 3.3-1 所示。

表 3.3-1　车路协同主要路侧设备的带宽需求

序号	设备名称（个数）	带宽需求
1	900 万像素的摄像头（a_1）	30Mbit/s
2	300 万像素的摄像头（a_2）	12Mbit/s
3	毫米波雷达（b）	4Mbit/s
4	激光雷达（c）	30～135Mbit/s（单回波） 60～270Mbit/s（双回波）
5	RSU（d）	35Mbit/s
6	道路环境感知设备（e）	4Mbit/s

各厂家设备的带宽需求会有所不同，表 3.3-1 中所列数据仅供参考。

每个部署节点的接入侧带宽需求的计算公式为

$$B = 30a_1 + 12a_2 + 4b + 15c + 35d + 4e$$

路侧网的带宽需求为 $\sum_{i=1}^{n} B_i$，i 为杆站数。

道路交叉口部署场景案例如图 3.3-1 所示，该道路交叉口共有 4 根立杆、4 个 900 万像素的摄像头、4 台毫米波雷达、1 台 RSU，则路侧网的带宽需求为 30×4+4×4+35×1=171Mbit/s。

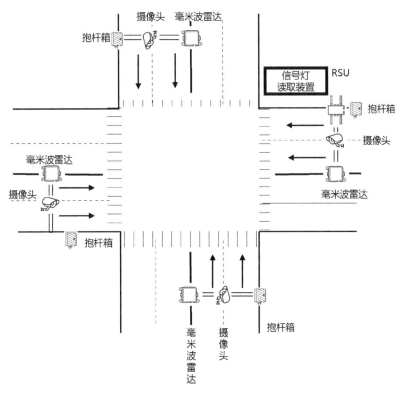

图 3.3-1　道路交叉口部署场景案例

第 4 章

智慧城市车路协同网络的架构、需求与方案

　　智慧城市车路协同网络是一张覆盖整个城市的城域网，按车路协同业务体系架构和网络层次分为城域骨干网（以下简称骨干网）和城域接入网（以下简称接入网）两个部分。本章从网络功能和网络性能两个维度，对骨干网和接入网的网络需求做了归纳总结。智慧城市车路协同网络总体方案主要包括骨干网方案、接入网方案（数通接入网方案、PON 路侧接入网方案和 5G 接入回传网方案）、网络安全方案和网络运维方案等。

第 4 章　智慧城市车路协同网络的架构、需求与方案

4.1　智慧城市车路协同网络架构

智慧城市车路协同网络包括骨干网和接入网，以及计算中心内部的数据中心网络。智慧城市车路协同网络架构如图 4.1-1 所示①。

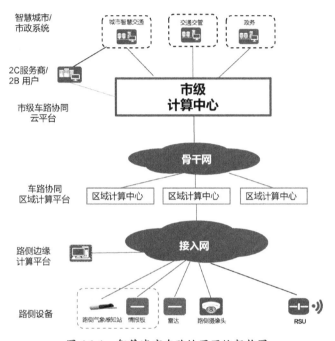

图 4.1-1　智慧城市车路协同网络架构图

接入网主要用于路侧设备、路侧边缘计算平台和车路协同区域计算平台之间的信息交互。其中，路侧设备包括 RSU、智能化路侧感知设备（路侧摄像头、激光雷达、毫米波雷达等）、情报板、路侧气象感知站和信号灯等。路侧边缘计算平台可以通过对路侧设备输出的原始数据信息进行融合 AI 计算，提取结构化的道路及目标物状态信息，实现数据的分析和处理，支持车路协同的多场景业务应用，并且很多车路协同业务是在接入网的路侧网中完成实时业务流程的，因此对接入网的实时性和带宽要求很高。接入网的网络架构有多种模型，以支持路侧边缘计算平台的多种部署模式，如路侧边缘计算平台的全分布部署模式和相对集中部署模式。

骨干网的主要功能是使区域计算中心和市级计算中心互联，并且通过接入网使

---

① 宋军. 智慧城市车路协同系统的边缘计算网络架构和方案. 自动化博览，2022，39（2）：38-41.

路侧设备和市级计算中心的市级车路协同云平台互联,完成车路协同业务信息的汇总和备份、设备的统一网络管理,支持多个区域计算中心的互联互通。其中,区域计算中心的车路协同系统负责区域内 V2X 业务和信息的实时处理,市级计算中心的市级车路协同云平台负责全市交通数据的汇聚、管理、分析,以及市级的策略管理和配置下发。

需要说明的是,智慧城市车路协同业务架构中的区域计算平台在网络架构中对应部署于区域计算中心,市级车路协同云平台在网络架构中对应部署于市级计算中心,外部应用平台在网络架构中对应部署于智慧城市/市政系统。

计算中心的内部网络是标准的云中心网络架构,市级计算中心的外联网络是各类 2B 专线网络,这两种类型网络的需求明确,都已经大量部署,本书不进行深入描述。后续章节会直接介绍相关的智慧城市车路协同网络方案。本书的重点是由接入网和骨干网构成的智慧城市车路协同网络的方案和应用实践。

4.2 智慧城市车路协同骨干网的需求分析

4.2.1 骨干网的需求概述

智慧城市车路协同骨干网架构图如图 4.2-1 所示。

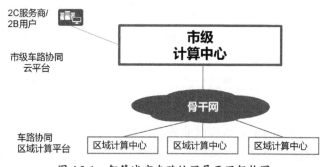

图 4.2-1 智慧城市车路协同骨干网架构图

4.2.2 骨干网的功能需求

(1)骨干网应满足区域计算中心的部署需求,具有良好的扩展性,支持分区域、分步骤逐步建设。

城市车路协同业务一般要统一规划、分区域逐步建设，按需建设区域计算中心。

（2）骨干网应满足市级计算中心和区域计算中心、路侧设备之间各种通信模式的需求，具备灵活通信能力。

市级计算中心和区域计算中心之间，区域计算中心之间，以及市级计算中心和车路协同系统的路侧设备、路侧计算平台等之间有比较复杂的通信模式和交互流程，而且业务场景和业务实现的变迁演进也会导致通信流向和通信模式的变化。骨干网需要按业务需求，灵活、快速地支持任何设备之间的通信模式，建立各种业务逻辑子网，进而满足网络等保规范和网络管理需求。

（3）骨干网需要具备多业务承载和多业务隔离能力。

车路协同系统中的感知流、车路协同消息、设备管理信息和对外发布信息等业务流在通信方面对实时性、可靠性和安全性有不同的需求，骨干网需要按各业务需求，具备多业务承载和多业务隔离能力。骨干网能同时满足各业务流不同的优先级需求是其具备多业务承载能力的关键。骨干网中主要业务流的优先级需求如表 4.2-1 所示。骨干网要有能力保障高优先级业务流的 SLA 需求，并且使高优先级业务流不受低优先级业务流的冲击。

表 4.2-1　骨干网中主要业务流的优先级需求

优先级	业务流	补充说明
高优先级 1	设备管理信息	市级车路协同云平台管理路侧设备和网络设备的数据流
高优先级 2	车路协同消息	区域计算平台之间传输的车路协同消息，以及从区域计算平台上传到市级车路协同云平台的车路协同消息
高优先级 3	2B 业务	为其他企业和市政部门提供的网络服务，可能包括实时业务
中优先级	电子信号板信息	向驾驶员和行人发布的实时信息
低优先级（BE）	备份的融合感知流（大流量）	上传到市级计算中心并备份的视频流和雷达数据流等

（4）骨干网需要具备冗余保护能力，支持链路级和设备级保护。

骨干网是高可靠性的关键通信基础设施，需要在链路和设备等方面保证高可靠性。骨干网需要有应对线路故障的通信保护能力，可以通过多种网络通信技术来保障网络的可靠性；需要有通信设备的单点故障保护能力，可以考虑通过设备部件的冗余和通信设备的冗余等技术来拥有这项能力。

（5）骨干网应支持IPv6部署，并具备向IPv6单栈（IPv6-Only）网络演进的能力。

IPv4地址已经"枯竭"，网络向IPv6方向演进是必然方向，也是国家发展战略。交通行业是国家推进IPv6战略的17个重点行业之一。根据2021年7月中央网络安全和信息化委员会办公室、国家发展和改革委员会、工信部联合发布的《关于加快推进互联网协议第六版（IPv6）规模部署和应用工作的通知》，计划到2025年末，全国网络要大规模实现IPv6-Only；2030年，全网演进至IPv6-Only网络。骨干网需要支持IPv6设备和业务，并具备全网平滑演进到IPv6-Only网络的能力。骨干网IPv6化相对比较容易，而且相关设备和技术已经成熟，为了避免未来的升级代价，建议新建的骨干网尽量按IPv6-Only网络来规划。

4.2.3 骨干网的性能需求

（1）骨干网应满足市级计算中心和区域计算中心之间、市级计算中心和路侧设备之间、区域计算中心之间的通信带宽需求。

将视频流等路侧设备感知流上传市级计算中心并备份会带来很大的带宽需求。骨干网在保护倒换时要保证关键业务的带宽需求。

（2）骨干网应具备基于优先级的低时延业务保障能力。

骨干网要保证高优先级的车路协同业务信息的实时传输，满足业务的时延需求。

（3）骨干网应满足车路协同业务的高可靠性需求。

建议单链路故障和任意单点设备故障的业务中断时间小于200ms，网络可靠性指标满足不低于99.999%的需求。

（4）骨干网应具备城域覆盖能力。

骨干网连接全市的区域计算中心和接入网，需要按城域网规模来规划设计，并满足车路协同业务全市覆盖的发展需求。

4.3 智慧城市车路协同接入网的需求分析

4.3.1 接入网的需求概述

接入网承担的主要任务是使车路协同系统的路侧设备、路侧边缘计算平台和区域计算中心（部署了 V2X Server 平台）互联。智慧城市车路协同接入网架构图如图 4.3-1 所示。（有些项目会将边缘计算平台相对集中部署，极端情况是将边缘计算平台和区域计算中心部署在一起）。

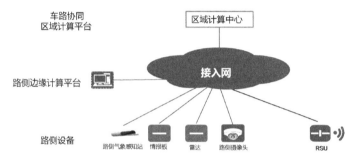

图 4.3-1　智慧城市车路协同接入网架构图

接入网可以细分为路侧网和接入回传网。在边缘计算平台部署在区域计算中心的场景里，路侧网和接入回传网是融合在一起的，整个接入网的网络时延等 QoS 需求向路侧网的 QoS 需求看齐，拉高了整个接入网的 QoS 需求。

路侧网架构图如图 4.3-2 所示。路侧网承担的主要任务是使路侧摄像头、雷达、路侧边缘计算平台等互联。很多车路协同业务是在路侧网中完成业务流程的，因此对网络实时性和带宽的要求很高。

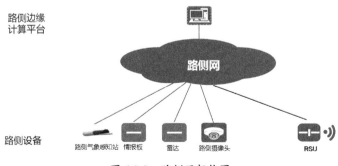

图 4.3-2　路侧网架构图

接入回传网架构图如图 4.3-3 所示。接入回传网承担的主要任务是使区域计算中心和路侧边缘计算平台互联，同时和路侧网一起，承担区域计算中心和路侧设备之间的通信任务。接入回传网有实时通信要求，但没有路侧网的要求高。

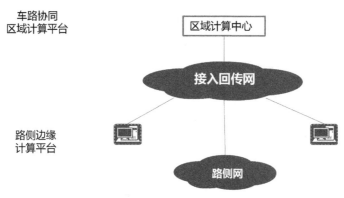

图 4.3-3　接入回传网架构图

4.3.2　接入网的功能需求

（1）接入网需要支持边缘计算平台的各种部署模式。

边缘计算平台有多种部署模式，有分布部署到各路口和杆站的，有相对集中部署到接入机房（机柜）的，也有集中部署到区域计算中心的。有些项目会要求部署备份边缘计算平台。接入网需要保证各种部署模式的边缘计算平台的通信带宽、通信时延、网络安全和流量无绕行等通信要求。

（2）接入网需要具备良好的扩展性，支持分区域、分步骤逐步建设。

城市车路协同业务一般要统一规划、分区域逐步建设。接入网需要满足扩展性建设需求，同时新建接入网不能影响原有网络，并能与原有网络融合为一个整体的网络系统。

（3）接入网需要满足所有车路协同设备之间的各种通信要求，具备灵活通信能力。

车路协同系统中的各种路侧设备和边缘计算平台之间有比较复杂的业务通信模型（详见第 2 章的业务场景流量模型），而且业务场景和业务实现的变化也会导致通信模式的变化，因此要求接入网按业务需求，灵活、快速地支持任何设备之间和新增设备业务的通信需求。

(4) 接入网需要具备多业务承载和多业务隔离能力。

车路协同系统中的融合感知流、车路协同消息和设备管理信息等业务流有不同的网络通信需求和安全隔离需求，接入网需要按各业务需求，具备多业务承载和多业务隔离能力。接入网中主要业务流的优先级需求如表 4.3-1 所示。接入网要有能力保障高优先级业务流的 SLA 需求，并且使高先级业务流不受低优先级业务流的冲击。

表 4.3-1　接入网中主要业务流的优先级需求

优先级	业务流	补充说明
高优先级 1	设备管理信息	车路协同管理平台管理路侧设备和网络设备的业务流
高优先级 2	车路协同消息	经过路侧边缘计算平台处理的结构化数据
高优先级 3	传送到边缘计算平台的融合感知流（大流量）	在路侧网中，摄像头、雷达、传感器、信号灯等传送到边缘计算平台上，待其处理的数据流
高优先级 4	2B 业务	为其他企业和市政部门提供的网络服务，可能包括实时业务
中优先级	电子信号板信息	向驾驶员和行人发布的实时信息
低优先级（BE）	备份的融合感知流（大流量）	上传到区域计算中心或市级计算中心并备份的视频流和雷达数据流等

(5) 接入网需要具备冗余保护能力，支持链路级和设备级保护。

车路协同业务需要高可靠性传输，接入网需要有单次或多次断纤通信保护能力（断纤是接入网中的一个主要故障，因此断纤通信保护能力是接入网可靠性的一个主要指标）、通信设备的单点故障保护能力。

(6) 接入网设备应支持车路协同设备的各种网络接入端口。

路侧网通信设备直接连接车路协同路侧设备，需要支持 GE 电口、GE 光口、RS485 接口、RS422 接口、RJ45 接口等，并按需支持 POE；接入网按需支持 10GE、25GE、50GE、100GE 等接口，参与网络设备互联组网。

车路协同路侧设备接入端口的多样化导致了路侧网的复杂性。路侧设备接入端口的标准化和以太网化是发展趋势，应该推动路侧设备接入端口的标准化和以太网化。

(7) 接入网设备在某些场景下，需要满足终端设备的高精度时间同步需求，并支持部署 PTP。

融合感知计算和 RSU 通信都需要满足高精度时间同步需求,当前方案是通过设备的 GNSS 或接入网来实现高精度时间同步。在隧道等没有 GNSS 信号的场景中,高精度时间同步只能通过接入网来实现。有些车路协同项目完全通过接入网来实现高精度时间同步,这样所有车路协同路侧设备都不用安装 GNSS 模块。

(8)接入网应支持 IPv6 部署,并具备向 IPv6-Only 网络演进的能力。

接入网连接的终端设备多,而且路侧设备的 IPv6 化也是一个演进过程,因此接入网的 IPv6-Only 网络方案和演进策略比骨干网复杂得多,需要更好的整体网络规划。

4.3.3 接入网的性能需求

(1)路侧网应满足路侧摄像头、雷达、传感器和路侧边缘计算平台之间的通信带宽要求。

在网络设计过程中,按各设备的带宽需求和网络结构来计算总带宽需求,并且在保护倒换时应保证关键业务的带宽需求。

路侧网的带宽需求应基于各部署场景的所有设备的带宽需求来计算,详细内容请参考 3.3 节。

(2)接入回传网应满足路侧摄像头、雷达、传感器、路侧边缘计算平台等与区域计算中心之间的通信带宽要求。

路侧边缘计算平台如果只上传 AI 融合感知计算后的车路协同业务结构化数据,那么接入回传网的带宽需求就很低。在当前大部分车路协同项目中,都要求对回传感知设备的业务流做备份,以供后续大数据应用,其中摄像头的视频流是最大的业务流量,那么接入回传网通信带宽需求就很高。

(3)接入网需要满足车路协同业务的时延需求。

在路侧网中,摄像头、雷达把数据传输给路侧边缘计算平台,路侧边缘计算平台把车路协同消息通过 RSU 发送给车辆,这些过程需要网络提供严格的时延保证,以满足车路协同业务的时延需求,具体的时延计算公式详见第 2 章。

(4)接入网需要满足车路协同业务的高可靠性需求。

车路协同业务涉及交通安全和自动驾驶安全等重大公共安全,对网络的可靠性要求高于传统电信业务。建议单链路故障和任意单点设备故障的业务中断时间小于

50ms，网络可靠性指标满足不低于 99.999%的需求。

（5）接入网应具备万级节点部署和网络管理能力。

预计全城接入网设备的规模会在万级以上，接入网需要按大规模城域物联网来规划设计。

（6）路侧网设备应支持室外部署，工作温度范围为-40～65℃。

路侧网设备基本部署在室外，需要按室外的安装、运维需求来设计。

4.4 智慧城市车路协同网络方案概述

4.4.1 智慧城市车路协同网络总体方案

智慧城市车路协同网络和运营商城域网的架构类似，但智慧城市车路协同网络的接入网是一个覆盖面很广的城域物联网和城域边缘计算网络，最终要覆盖城市的所有路口和道路，连接的路侧设备数量巨大[1][2]。

智慧城市车路协同网络总体方案图如图 4.4-1 所示，该网络方案主要包括骨干网方案、接入网方案和计算中心内部网络方案三个部分。

智慧城市车路协同网络的骨干网和接入网构成了一个上下联通的城域网，需要保证市级计算中心和所有路侧设备之间都可以相互通信，并不是相互不通的两个独立的网络。

智慧城市车路协同网络拥有强大而灵活的 VPN 方案，因此可以在杆上通信设备（路由器、交换机等）、区域计算中心的内部 VPN 路由器和市级计算中心的内部 VPN 路由器之间按需组建 VPN 业务子网，以满足所有业务和设备的安全通信和业务管理要求。

---

[1] 宋军. 边缘计算系统的网络架构和网络特性研究. 中国计算机学会通信, 2022（10）：54-61.
[2] 雷波, 宋军, 曹畅, 等. 边缘计算 2.0：网络架构与技术体系. 北京：电子工业出版社, 2021.

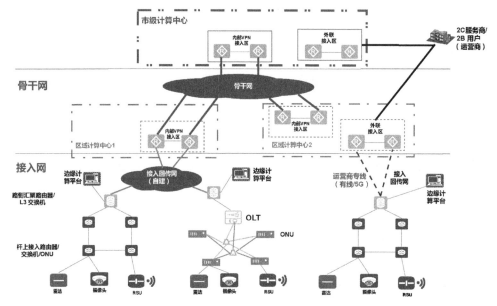

图 4.4-1 智慧城市车路协同网络总体方案图

计算中心网络一般都是和数据中心一起建设的,数据中心网络方案已经标准化,本书因为篇幅问题,重点描述和智慧城市车路协同网络相关的方案,主要是和网络安全相关的方案。在区域计算中心和市级计算中心,按数据中心三级等保要求,设置不同的网络接入区来进行网络安全互联。将自建的车路协同接入网连接到区域计算中心的内部 VPN 接入区,区域计算中心和市级计算中心通过内部 VPN 接入区进行网络互联。区域计算中心和市级计算中心的外联接入区通过 VPN 专线连接 2C 服务商/2B 用户,包括连接运营商网络来提供 5G Uu 通信模型的 V2N 服务和建设 5G 接入回传网。

车路协同业务有两种通信模型:PC5 和 Uu 通信模型。PC5 通信模型的主要流程是,视频流和雷达流等经过杆上通信设备(路由器、交换机或 ONU)和路侧汇聚路由器传输到边缘计算平台,在边缘计算平台对其进行 AI 计算,计算结果通过路侧网传输给 RSU,RSU 再将其发送给路上的汽车,车路协同核心业务流只在路侧网中进行通信传输。Uu 通信模型的主要流程是,视频流和雷达流等经过杆上通信设备(路由器、交换机或 ONU)和路侧汇聚路由器传输到边缘计算平台,在边缘计算平台对其进行 AI 计算,计算结果通过接入回传网传输到区域计算中心(或再通过骨干网传输到市级计算中心),再经过计算中心的外联接入区路由器发送给运营商,运营商通过 5G 网络将计算结果发送给路上的汽车,车路协同核心业务流在整个车路协同网络和运营商网络中进行通信传输。

海量的通信设备和车路协同设备被部署在路边和公共区域，这是智慧城市车路协同网络面临的重要挑战。智慧城市车路协同网络在网络安全和网络运维方面提出了很高的要求，尤其是在网络安全方面，比电信网络的要求高很多。

4.4.2 智慧城市车路协同网络方案设计原则

本书后续介绍的智慧城市车路协同网络方案都基于以下设计原则。

（1）智慧城市车路协同网络方案要满足所有的车路协同业务通信要求，还要满足业务流量模型和业务部署方案的通信要求。

（2）顶层设计原则：智慧城市车路协同网络方案按智慧城域网规模来整体设计，可以分阶段部署建设。（不按试点项目的临时小网络来设计）

（3）采用已大规模成功部署的先进网络技术，如 SR 协议、EVPN、网络切片等，不采用已经被业界淘汰的网络技术。

（4）智慧城市车路协同网络方案都按 IPv6-Only 网络或按网络可以平滑演进到 IPv6-Only 网络来设计。网络在业务层面同时支持 IPv4 业务流和 IPv6 业务流，并支持业务终端和业务系统从 IPv4 向 IPv6 的升级演进。

（5）智慧城市车路协同网络方案都来源于"双智"试点的网络实践，在系统性和完备性方面进行技术提升。智慧城市车路协同网络方案设计包括协议设计、可靠性设计、QoS 设计、网络安全设计和可扩展性设计等方面。

（6）按照国家等保规范来设计网络安全方案，主要参考三级等保要求。

（7）网络运维方案采用按照智慧城市车路协同网络架构设计的分层运维模型方案。

（8）可以根据智慧城市车路协同网络总体方案架构，把各接入网方案按场景需求来混合部署。

4.4.3 骨干网方案概述

骨干网使所有区域计算中心和市级计算中心互联，由区域计算中心和市级计算中心的内部 VPN 路由器组建口字型网络，路由器和链路都是双份，以保证高可靠性。建议对网络链路采用直连链路，以降低时延和成本。直连链路可以选择的方案有直连光纤（自有或租赁），租赁运营商的光网络专线，以及租赁运营商的 L2 或 L3 专线等。区域计算中心之间的车路协同业务流量不大且对时延要求不高，它们之间的流量可以通过市级计算中心转发；骨干网的星型网络架构可以满足当前车路协同业务的流量模型要求。

智慧城市车路协同骨干网可以作为城市政务外网的一个部分来统一规划建设。如果区域计算中心之间还有其他业务需要大量数据互通，可以考虑增加区域计算中心之间的直连链路。

4.4.4 接入网方案概述

接入网方案是整个智慧城市车路协同网络方案中最复杂、最关键，也是建设量最大的部分。接入网的升级、扩展和重建的工作量很大，需要顶层整体规划、分阶段部署，支持业务升级扩展。接入网可以细分为两个网络部分：路侧网和接入回传网。

路侧网负责路侧摄像头、雷达、RSU 和路侧边缘计算平台等路侧设备之间的通信，很多车路协同业务在路侧网完成核心业务流程，对网络实时性要求最高。边缘计算平台通过路侧汇聚路由器接入路侧网，接收路侧设备的 IP 业务流，进行实时融合感知计算。

接入回传网负责区域计算中心和路侧边缘计算平台之间的通信，同时和路侧网一起，承担区域计算中心和路侧设备之间的通信。当前有自建接入回传网和租赁运营商专线建接入回传网两种网络建设模式。

自建接入回传网模式是指车路协同系统的业主采用自有光纤或租赁光纤来构建一个覆盖整个区域的车路协同接入回传网，将路侧网和区域计算中心连接起来。它的网络架构和构建模式与运营商的 5G 承载网类似，一般采用一到多层环网架构，上联到区域计算中心路由器一般采用口字型双归连接。

对于深度覆盖的网络，自建接入回传网模式会是未来的主流模式，可以租赁光纤，请运营商或第三方专业公司来代建代维。接入网和骨干网是一个整体，应该用一套网络管理系统来统一运维，最终的网络运维由业主或业主委托的一个单位来统一进行。

租赁运营商专线建接入回传网模式是指车路协同系统的业主租赁运营商专线，把各路口的路侧网连接到区域计算中心。运营商可以提供有线专线和 5G 专网两类接入回传网方案。

运营商的有线专线主要有 OTN 专线、L2/L3 VPN 专线（如 SPN 专线和 IP RAN 专线）等。为了保证网络的高可靠性，经常会租赁两条不同物理路径的专线来将路侧网上联到区域计算中心。

在 5G 接入回传网方案中，车路协同业务流量先通过运营商的 5G 专网传输到运营商机房，再通过运营商的有线专线传输到业主的区域计算中心（或市级计算中心）。很多项目都要求把视频和雷达信息回传、备份，提供给相关单位进行路口数字孪生和大数据分析，这样专线的带宽需求比较大，对于 5G 接入回传网方案是一个比较大的挑战。

数通接入网方案是完整的接入网方案；PON 路侧接入网方案要结合数通接入网方案或 5G 接入回传网方案来构建一个完整的接入网方案；5G 接入回传网方案要结合有线路侧网方案（数通接入网或 PON 路侧接入网方案）来构建一个完整的接入网方案。

4.4.5 网络安全方案概述

网络安全方案包括骨干网安全方案、接入网安全方案和计算中心网络安全方案。虽然安全等保等级还没有明确，但业界共识倾向于参考三级等保要求。

骨干网安全防护主要包括网元安全防护、网络安全防护及运维安全防护。接入网安全防护主要包括物联终端的准入控制及异常识别，以及应对私接、仿冒等安全风险。计算中心是车路协同网络的数据处理区域，依据连接的网络类型和用户风险等级划分为不同的区域。计算中心安全防护包括云平台安全防护、安全管理中心安全防护及边界安全防护。计算中心与第三方机构在互联网应用方面有交互需求，需要具备外联网接入防护、互联网接入防护等能力。

4.4.6 网络运维方案概述

为实现车路协同网络运维的流程化、规范化、标准化，应对运维工作的全过程进行体系化建设。网络运维方案构建了骨干网和接入网全量数据管理和运维功能，打通了各网络层级之间的状态孤岛，实现了基础网络设施多层面异常、故障等问题的联动报警，还实现了故障的全流程管理，使能智慧城市车路协同业务商业闭环和持续运营。

网络运维方案明确了车路协同网络运维的对象和需求，提出了城市、区域两层架构的运维平台建设方案，并阐述了接入网、骨干网、租赁（运营商）网络的运维要求，提炼了车路协同网络运维的关键技术，探讨了智能运维在车路协同网络中的应用前景，在此基础上构建了运维管理体系的建设指南，为其他城市的一体化运维提供了参考。

第 5 章

智慧城市车路协同骨干网方案

智慧城市车路协同骨干网连接各区域计算中心和市级计算中心。本章介绍的骨干网方案采用最新的 IPv6+技术（SRv6 + EVPN），是当前具备最强多业务承载能力的 IPv6-Only 网络方案。本章分别从协议部署、QoS、可靠性和可扩展性等方面对骨干网方案做了系统描述，同时深入介绍了 SR 协议和 EVPN。

5.1 骨干网方案架构和设计原则

由于当前区域计算中心之间的流量不大，因此骨干网方案架构可以采用星型网络模型，如图 5.1-1 所示。

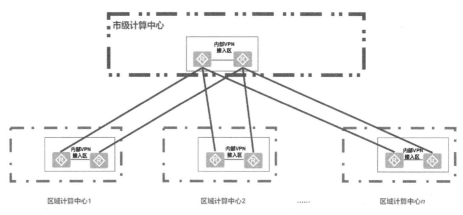

图 5.1-1　骨干网方案架构

骨干网在区域计算中心和市级计算中心部署通信节点，在市级计算中心的内部 VPN 接入区部署两台路由器，这两台路由器作为核心节点，用于汇聚各个区域计算中心去往市级计算中心的业务流量，同时实现各个区域计算中心之间流量的交换转发；各个区域计算中心的内部 VPN 接入区部署两台路由器，这两台路由器作为区域核心节点，是各个区域计算中心的流量去往市级计算中心和其他区域计算中心的出口设备，也是接入网的流量到骨干网的转接点。

市级计算中心的内部 VPN 路由器和各区域计算中心的内部 VPN 路由器之间可以按业务需求建立多个 VPN。接入网和骨干网是互通的，因此也可以由接入网中的路由器和市级计算中心的内部 VPN 路由器直接建立 VPN，来满足路侧设备和市级计算中心间的通信需求。骨干网中的所有内部 VPN 路由器都可以和接入网中的所有路由器（包括杆上接入路由器）任意组合建立 VPN，满足全网所有设备之间的业务通信需求。

骨干网方案的设计原则和要点如下。

（1）采用新一代的 IPv6+技术（SRv6 + EVPN），顺应网络技术的发展趋势。

（2）采用 EVPN L3VPN/L2VPN 协议实现不同业务间的隔离，并采用网络切片+DiffServ 模型的 QoS 网络方案。

(3)为满足向 IPv6-Only 网络演进的要求,采用 SRv6 隧道技术。网络层面优先演进到 IPv6-Only 网络;业务层面可以采用 IPv4 或者双栈方式,逐步向 IPv6-Only 网络演进。

(4)采用 SDN 方式部署业务,提升业务开通效率,使骨干网具备电信级网络的运维管理能力。

5.2 骨干网方案设计

5.2.1 骨干网协议部署方案设计

骨干网采用以 SRv6 与 EVPN 为核心的协议部署方案,如图 5.2-1 所示。

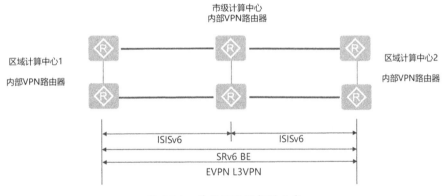

图 5.2-1 骨干网协议部署方案

骨干网详细的网络协议和业务部署方案如下。

(1)IGP:在所有骨干网路由器上部署 ISISv6 作为 IGP,用于发布公网 IPv6 路由信息。

(2)BGP:骨干网使用一个 AS 域,无公网 BGP 对接,私网 BGP 平面共享默认分片,无须新增额外配置。

(3)业务承载:时延要求高的实时业务(如车路协同业务等)及重要的 2B 业务由网络切片承载。网络切片内支持 EVPN L3VPN,隧道采用 SRv6 BE 技术。单播业务通过 EVPN L3VPN over SRv6 承载。

（4）保护：SRv6 BE 隧道支持 TI-LFA 保护，EVRN L3VPN 使用 VPN FRR 保护手段，实现节点级和链路级保护。

5.2.2 骨干网 QoS 方案设计

根据 4.2 节的骨干网优先级需求分析，骨干网 QoS 方案的设计原则如下。

（1）将设备管理信息和车路协同消息放到一个独立的网络切片中，各 2B 业务都由单独的网络切片承载，以保证它们不受其他业务流的影响。在网络切片内部采用 DiffServ 模型来保障高优先级的业务流需求。

（2）其余业务由默认的网络切片承载，采用 DiffServ 模型，按照业务的重要程度来划分优先级。

（3）在骨干网入口路由器上，可以选择信任业务报文携带的 DSCP/802.1P 优先级，或者根据业务需要来指定进入对应的优先级队列。

骨干网 QoS 方案的 QoS 建议值如表 5.2-1 所示。

表 5.2-1 骨干网 QoS 方案的 QoS 建议值

切片类型	主要业务类型	802.1P 优先级值	DSCP 优先级值	服务等级	队列调度
网络切片 1	设备管理信息	6	48	CS6	PQ
	车路协同消息	5	46	EF	PQ
网络切片 2	2B 业务	5	46	EF	PQ
默认切片	电子信号板信息	3	26	AF3	WFQ
	备份的融合感知流	0	0	BE	WFQ
	其他业务	0	0	BE	WFQ

5.2.3 骨干网可靠性方案设计

骨干网可靠性方案：通过故障检测机制和保护手段，对所有设备和链路提供可靠性保护。在故障出现时，能自动进行检测和保护倒换，保护倒换的时延在 200ms 以内。骨干网可靠性方案设计如图 5.2-2 所示。骨干网可靠性的故障检测手段、保护手段和保护倒换性能如表 5.2-2 所示。

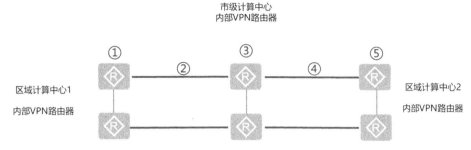

图 5.2-2 骨干网可靠性方案设计

表 5.2-2 骨干网可靠性的故障检测手段、保护手段和保护倒换性能

故障点	故障检测手段	保护手段	保护倒换性能（保护倒换的时延）
①、⑤	BFD	VPN FRR 切换	200ms 以内
②、③、④	BFD for IGP(10ms×3)	TI-LFA	50ms 以内

在区域计算中心的内部 VPN 路由器上部署快速检测机制 BFD，能快速检测出对方路由器的故障。启动 VPN 的 FRR 切换保护手段，可以在 200ms 内自动恢复通信。当链路发生故障时，启动 SR 协议的 TI-LFA 保护手段来进行本地 FRR，可以在 50ms 内自动恢复通信。

5.2.4 骨干网可扩展性方案设计

骨干网方案应该能满足车路协同业务和智慧城市业务不断扩展的需求。在做骨干网顶层规划时，应同时做好骨干网可扩展性方案，保持网络架构的稳定性，避免频繁进行网络调整。

骨干网面对的扩展性需求主要涉及 3 个场景：新增区域计算中心，增加业务数量，以及某些区域计算中心之间流量很大。骨干网可扩展性方案如下。

（1）新增区域计算中心的骨干网可扩展性方案。

将新增的区域计算中心的内部 VPN 接入区路由器通过光纤或专线，连接到市级计算中心的内部 VPN 接入区路由器上，同时完成网络切片和 IGP、BGP、VPN 等协议在相关路由器上的配置，即可实现新增区域计算中心与市级计算中心、现网区域计算中心的互通。现网中的其他路由器通过网络协议自动同步相关路由信息，基本不影响现网的运行。

(2) 增加业务数量的骨干网可扩展性方案。

新增业务时，可以在 SDN 控制器的图形化界面上完成 VPN 配置和端到端业务发放。若需要新增网络切片，则可从默认网络切片中分离出独立网络切片，用于新增业务承载。

(3) 某些区域计算中心之间流量很大的骨干网可扩展性方案。

在相互流量大的区域计算中心之间增加直连链路，完成相应的网络协议和业务配置，对网络架构和其他区域计算中心没有影响。

5.3 骨干网方案的关键技术

5.3.1 SR 协议

SR 协议可以同时应用在智慧城市车路协同系统的骨干网和接入网中。

1. SR 协议概述

SR 协议诞生在 2013 年，是基于源路由理念而设计的、在网络上转发数据包的一种协议。

SR 协议的核心思想是将网络路径分成一个个段（Segment），并且为这些段和网络中的转发节点分配 SID。对段和网络节点进行有序排列，可以得到一条转发路径。SR 协议一般利用 SDN 来进行路径计算和优化。这和我们在生活中把一段长旅程分为几段来统一安排类似，例如从南京到法国尼斯的旅程可以分为南京—北京、北京—巴黎、巴黎—尼斯三段，我们可以在南京把整个旅程规划好，买好所有的机票；同样的旅程可以有不同的路线规划，旅行社（具有类似于 SDN 的功能）可以帮我们找一条最优路线。

SR 协议将代表转发路径的路段序列在数据包头部编码，使其随数据包传输。接收端在收到数据包后，对段序列进行解析，如果段序列的顶部段标识是本节点，则弹出该标识，然后进行下一步处理；如果段序列的顶部段标识不是本节点，则将数据包转发到下一节点。

SR 协议具有如下优势。

（1）面向 SDN 架构设计，算路最优。SR 协议融合了设备自主转发和集中编程控制的优势，能够更好地实现业务驱动的网络。SDN 集中式算路具有最优性、可预见性和收敛时间快的优势。

（2）控制面简单，设备压力小，运维成本低。SR 协议使用 SDN 控制器和 IGP 来集中算路和分发段标签，不需要另外设计协议来分发段标签。并且，SR 的标签数量少，为全网节点数+本地邻接数，只与网络规模相关，与隧道数量和业务规模无关。

（3）在任意网络拓扑下都有高可靠性。在 SR 协议的基础上，结合 RLFA FRR 算法，可以形成高效的 TI-LFA FRR 算法。TI-LFA FRR 技术支持任意拓扑的节点和链路保护，能够弥补传统隧道保护技术的不足。

（4）SRv6 协议是基于源路由理念而设计的、在网络上转发数据包的一种协议。基于 IPv6 转发面的 SRv6 可以通过在 IPv6 报文中插入一个 SRH，在 SRH 中压入一个显式的 IPv6 地址栈，再通过中间节点不断地进行更新目的地址和偏移地址栈的操作来完成逐跳转发。SRv6 与 SR-MPLS 的区别是，SR-MPLS 用 MPLS 表示 SID，SRv6 用 IPv6 地址表示 SID。

SRv6 在 SR-MPLS 的基础上还具有如下优势。

（1）去 MPLS，协议简化。SRv6 实现了彻底去标签化，隧道及业务均由 SRv6 SID 统一承载。

（2）无缝部署 IPv6 业务。SRv6 是完全融入 IPv6 的，只需在入口 PE 和出口 PE 上支持 SRv6，中间设备保证 IPv6 可达即可。利用 IPv6 的路由可达性的天然优势，易于大规模、跨网络端到端部署业务。对于 MPLS 网络，如果要建立 E2E 隧道，则需要整个网络支持 MPLS。对于 SRv6 网络，只需支持 IPv6，就可以建立端到端的 SRv6 BE 隧道，而只要指定的 SRv6 SID 不包括不支持 SRv6 TE 的节点/链路，就可以建立端到端的 SRv6 TE 隧道。

（3）可编程能力强。通过 SRH List 可以实现网络路径可编程，通过 function 字段可以实现业务可编程。

随着 2019 年全球 IPv4 公网地址的全部耗尽，网络向 IPv6-Only 网络迁移，IPv6 的发展加速，基于 SRv6 的应用范围越来越广泛，SRv6 的发展势不可挡。

2. SRv6 的技术原理

SRv6 有两种工作模式：SRv6 BE 和 SRv6 TE Policy。这两种工作模式都可以承载常见的数通业务，如 BGP MPLS L3VPN、EVPN L3VPN、EVPN VPLS/VPWS、IPv4/IPv6 等。

SRv6 BE 仅使用一个业务 SID 来指引报文在 IP 网络中进行尽力而为的转发。SRv6 BE 是一种简化的 SRv6 形式，在正常情况下不包含 SRH。

SRv6 TE Policy 利用 SR 的源路由机制，通过头节点封装一个有序的指令列表来指导报文穿越网络。SRv6 TE Policy 可以实现流量工程（强于 MPLS TE），与 SDN 控制器配合可以更好地响应业务的差异化需求，做到业务驱动网络。

在 SRv6 发展早期，基于 IPv6 的路由可达性，利用 SRv6 BE 快速开通业务，具有很大的优势；在后续演进过程中，可以按需升级网络的中间节点，部署 SRv6 TE Policy，以满足高价值业务的需求。

SRv6 是基于 IPv6 转发面进行转发操作的，通过新增一个 IPv6 SRH 来存储路径信息。IPv6+SRH 报文格式如图 5.3-1 所示。其中，IPv6 Header 意为 IP 报文头。

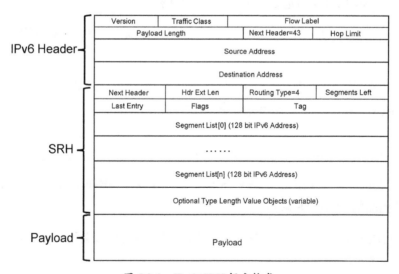

图 5.3-1　IPv6+SRH 报文格式

（1）IPv6 Header。

Next Header：使用路由报头类型 43，业界已经定义了多种类型的路由报头，SRH 是其中一种。

（2）SRH。

Next Header：标识紧跟在 SRH 之后的头的类型。

Hdr Ext Len：SRH 的长度，主要是指从 Segment List[0]到 Segment List[n]所占用的长度。

Routing Type：用于标识路由头部类型，SRH Type 是 4。

Segments Left：到达目的节点前仍然应当访问的中间节点数。在每个段执行到自身段处理时，需要启用 Segment List 中的下一跳段来做执行指令，这时 Segments Left 值减 1。

Last Entry：Segment List 中最后一个段的索引。

Flags：数据包的一些标识，当前未使用。

Tag：用于标识同组数据包。

Segment List[n]：标签段列表，IPv6 地址形式。采用对路径进行逆序排列的方式对 Segment List 进行编码，即最后一个段在 Segment List 的第一个位置（Segment List[0]），第一个段在 Segment List 的最后一个位置（Segment List[n-1]）。

Optional Type Length Value objects：可选的 TLV。

SRv6 Segment 的详细格式如图 5.3-2 所示。

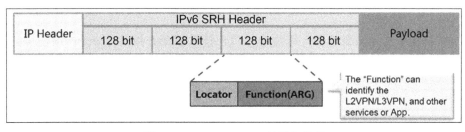

图 5.3-2　SRv6 Segment 的详细格式

SRv6 SID 是一种网络指令，由 Locator 和 Function 两部分组成。Locator 主要承担路由功能，所以要在 SR 域内唯一；Function 可以标示设备的任何功能，如某个转发行为、某种业务等。SRv6 SID 的结构更有利于对网络进行编程。

SRv6 报文的转发很简单，按 Segment List 指定的路径来转发报文，段中间的节点只需按 IPv6 报文来转发，因此中间节点可以不支持 SRv6，只支持 IPv6。

3. TI-LFA FRR

TI-LFA FRR 技术是 SR 协议独有的路径保护技术，用来提高网络对抗故障的能力，与传统技术相比，大幅地提高了网络的可靠性。TI-LFA FRR 技术用显式路径表达备份路径，对拓扑无约束，能对 SRv6 隧道进行链路及节点的保护。

TI-LFA FRR 示意图如图 5.3-3 所示。在 Device B 和 Device E 之间发生故障后，DeviceB 直接启用 TI-LFA FRR 备份表项，给数据包增加新的路径信息（DeviceC 和 DeviceD 的 SID 序列），保证数据包可以沿着备份路径转发。

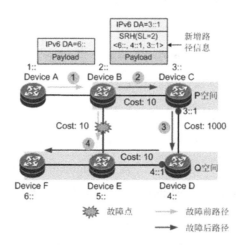

图 5.3-3　TI-LFA FRR 示意图

4．SR 协议与传统 MPLS 技术的对比

SR 协议正在用来替换和升级传统 MPLS 技术，SRv6 技术是未来网络演进的重要方向，SR 协议和传统 MPLS 技术的对比如表 5.3-1 所示。

表 5.3-1　SR 协议和传统 MPLS 技术的对比

项目	MPLSv6	SR-MPLS	SRv6
控制面	LDPv6/RSVP-TE	IPv6	IPv6
转发面	MPLS	MPLS	IPv6
大规模采用	复杂	复杂	简单
SR 标签数	NA	复杂（3 层标签:VPN/BGP/SR）	简单（IPv6 头统一表示）
传统网络互通	NA	困难（IPv6/MPLS/BGP-LU）	容易（只有 IPv6）

续表

项目	MPLSv6	SR-MPLS	SRv6
管理控制	复杂，不面向 SDN，标签转发表有 N^2 问题（N 为网络节点数）	面向 SDN	面向 SDN
可编程	弱	困难	灵活
可靠性技术	LFA、RLFA	TI-LFA	TI-LFA
ECMP	支持，基于熵标签	支持，基于熵标签，有标签层数限制	支持，基于五元组，hash 效果好

5.3.2 EVPN

1. EVPN 概述

EVPN 是新一代全业务承载的 VPN 技术，它统一了 L2VPN 和 L3VPN 的业务控制面，利用 BGP 扩展协议来传递二层和三层网络可达信息，实现了转发面和控制面的分离。EVPN 的主要优势如下。

（1）统一承载：传统的 L3VPN、VPLS、VPWS 需要分别部署 BGP、LDP 等协议，EVPN 只需部署 EVPN BGP。

（2）简化部署：利用 BGP 的 RR 特性，运营商网络的 PE 之间不再需要建立全连接，只需部署 RR 反射 EVPN 路由即可，从而减少了网络部署成本。在传统的 VPLS/VPWS 方案中，每台 PE 都需要和其他所有 PE 建立邻居关系。

（3）灵活策略控制：通过 BGP 的路由策略，匹配 BGP 路由属性，可以灵活控制业务；通过扩展 BGP 路由的团体字，可以携带 colour 属性、应用于 SR Policy，根据业务不同的 SLA 来自动迭代 SR Policy。

（4）IRB：集成路由与桥接。MP-BGP 同时发布二层 MAC 地址和三层路由信息，既可以进行二层转发，也可以进行三层路由；不仅可以保证流量采用最优路径转发，还可以减少广播流量。

（5）减少泛洪：通过 BGP 学习 MAC 地址，避免通过流量泛洪的方式学习 MAC 地址。

（6）负载分担：传统的 VPLS/VPWS 方案只支持单活转发，EVPN 则支持 E-LAN/

E-LINE 业务的多归属负载分担转发。在 CE 多归属组网中，PE2、PE3 链接同一 CE2 的链路，配置成相同的 ESI，通过以太网自动发现路由将其发布给其他 PE。PE2 在发布 MAC 路由时，携带着 ESI 信息，PE1 通过以太网自动发现路由感知到 PE3 也可以到达 CE2，即可以形成负载分担。

（7）快速收敛：PE 节点故障、PE-CE 链路故障支持快速收敛，收敛时间与 MAC 地址数量无关。

2. EVPN 的技术原理

EVPN 将 MPLS/BGP VPN（MPLS L3VPN）的 VPN 机制和技术优势引入以太网中。EVPN 通过 BGP 承载 MAC 路由信息，可以从接入侧学习本地 MAC 地址、远端 MAC 地址及 VPN 自动发现的能力。这样，EVPN 的 L2VPN 和 L3VPN 都采用和原来 L3VPN 一样的控制面机制，EVPN 重点扩展了 BGP 来支持 L2VPN 的信息发布，继承了原来 L3VPN 的路由信息机制。

EVPN 的主要扩展是 ESI 和 EVPN 路由。

（1）**ESI**：EVPN 为 PE 与某一 CE 的连接定义了唯一的标识 ESI，连接同一 CE 连接多个 PE 的 ESI 值是相同的，不同 CE 的 ESI 值是不同的。在 PE 之间进行路由传播时，路由中会携带 ESI 值，使 PE 可以感知到连接同一 CE 的其他 PE。

（2）**EVPN 路由**：为了不同站点之间可以相互学习 MAC 信息，EVPN 在 BGP 的基础上定义了一种新的 NLRI，即 EVPN NLRI。最常用的 EVPN 路由是 MAC/IP 地址通告路由，它可以携带本端 PE 上 EVPN 实例的 RD 值、ESI 值，以及 EVPN 实例对应的私网标签。EVPN NLRI 路由报文的格式如表 5.3-2 所示。该类型路由报文可以用于从本端 PE 向其他 PE 发布单播 MAC/IP 地址的可达信息。

表 5.3-2　EVPN NLRI 路由报文的格式

报文字段	长度/B
Route Distinguisher	8
Ethernet Segment Identifier	10
Ethernet Tag ID	4
MAC Address Length	1
MAC Address	6
IP Address Length	1

续表

报文字段	长度/B
IP Address	0、4 或 16
MPLS Label1	3
MPLS Label2	0 或 3

对 EVPN NLRI 路由报文字段的解释如下。

(1) Route Distinguisher：该字段为在 EVPN 实例下设置的 RD 值。

(2) Ethernet Segment Identifier：PE 与某一 CE 的连接定义的唯一标识。

(3) Ethernet Tag ID：该字段在 EVPN VPWS 场景中的取值为本端 Service ID，在 VLAN-aware 接入 BD EVPN 场景中的取值为 BD-Tag，其他场景中的取值为全 0。

(4) MAC Address Length：被该类型路由通告的 MAC 地址长度。

(5) MAC Address：被该类型路由通告的 MAC 地址。

(6) IP Address Length：被该类型路由通告的主机 IP 地址掩码长度。

(7) IP Address：被该类型路由通告的主机 IP 地址。

(8) MPLS Label1：二层业务流量转发使用的标签。

(9) MPLS Label2：三层业务流量转发使用的标签。

EVPN NLRI 路由报文在控制面中的作用如下。

(1) 主机 MAC 地址通告：如果需要使接入不同 PE 的主机之间二层业务互通，则两台 PE 地址间需要相互学习主机 MAC 地址。作为 BGP EVPN 对等体的 PE 之间通过交换 MAC/IP 地址通告路由，可以相互通告已经获取的主机 MAC 地址。

(2) 主机 ARP 通告（ARP 类型路由）：MAC/IP 地址通告路由可以同时携带主机 MAC 地址和主机 IP 地址，因此该路由可以用来在 PE 之间传递主机 ARP 表项，完成主机 ARP 通告。此时的 MAC/IP 地址通告路由也被称为 ARP 类型路由。

(3) 主机 IP 路由通告（IRB 类型路由）：如果需要使接入不同 PE 的 IPv4 主机之间三层业务互通，则两台 PE 之间需要相互学习主机 IPv4 路由。作为 BGP EVPN 对等体的 PE 之间通过交换 MAC/IP 地址通告路由，可以相互通告已经获取的主机 IPv4 地址。同时，MPLS Label2 字段必须携带三层业务流量转发使用的标签。此时的

MAC/IP 地址通告路由也被称为 IRB 类型路由。

（4）主机 ND 信息通告（ND 类型路由）：MAC/IP 地址通告路由可以同时携带主机 MAC 地址和主机 IPv6 地址，因此该路由可以用来在 PE 之间传递主机 ND 表项，完成主机 ND 信息通告。此时的 MAC/IP 地址通告路由也被称为 ND 类型路由。

（5）主机 IPv6 路由通告（IRBv6 类型路由）：如果需要使接入不同 PE 的 IPv6 主机之间三层业务互通，则两台 PE 之间需要相互学习主机 IPv6 路由。作为 BGP EVPN 对等体的 PE 之间通过交换 MAC/IP 地址通告路由，可以相互通告已经获取的主机 IPv6 路由。同时，MPLS Label2 字段必须携带三层业务流量转发使用的标签。此时的 MAC/IP 地址通告路由也被称为 IRBv6 类型路由。

所有 PE 和 RR 建立连接，通过 RR 来交换可达信息。VPN 的信息交换方式与报文转发模式和传统的 MPLS L3 VPN 是一样的。

3. EVPN 的价值

1）统一承载各类 VPN 业务

EVPN 支持当前各类 L2/L3 VPN 业务场景，并且可以运行在当前各种隧道技术上，如表 5.3-3 所示。

表 5.3-3　EVPN 支持的业务场景

业务场景	EVPN 支持的公网隧道类型	EVPN 承载的用户业务模型
EVPN VPLS	MPLS、SR-MPLS、SRv6	多点到多点的二层业务，又称 E-LAN 业务
EVPN VPWS	MPLS、SR-MPLS、SRv6	点到点的二层业务，又称 E-Line 业务
EVPN E-Tree	MPLS、SR-MPLS、SRv6	点到多点（P2MP）的二层组播业务
EVPN L3VPN	MPLS、SR-MPLS、SRv6、VXLAN	三层业务，与传统 MPLS L3VPN 承载的用户业务模型类似
EVPN VXLAN	VXLAN	数据中心网络中的二、三层业务

EVPN 统一了 L2VPN 和 L3VPN，大大降低了网络部署的复杂度，简化了网络配置。

2）对 L2VPN 方案的优化

传统的 VPLS 解决方案有诸多限制，如基于泛洪的 MAC 扩散、全互联的业务部署等。EVPN 采用了新的控制面技术，相比传统的 VPLS 技术有明显的技术优势（见表 5.3-4）。

表 5.3-4 EVPN 和 VPLS 技术方案对比表

需求		MPLS	EVPN	价值
地址学习	核心区域 MAC 地址学习	数据面	控制面	提供对每个站点和每个 MAC 地址的灵活策略控制能力
多归属与负载均衡	核心区域基于数据流的多路径负载分担	√	√	有效地利用带宽
	CE 基于业务的负载均衡（单活多归属）	√	√	
	CE 基于数据流的负载分担（多活多归属）	×	√	
业务接口	基于 VLAN 的业务接口	√	√	提供灵活的接入服务
	VLAN-aware Bundling 服务接口	×	√	
	L2&L3 接入接口	×	√	
业务开通	Core PE 自动发现	√	√	更简单地发放和维护
	多归属 CE 自动发现	×	√	
	控制面信号	BGP&LDP	BGP	
流量优化	ARP/ND 代理	×	√	缩减广播流量
	VM（MAC + IP）迁移	×	√	支持跨数据中心的 VIM 移动
	IRB 分布式任播 L3 网关	×	√	优化子网间的流量
快速收敛	CE-PE 链路故障	√	√	自动批量撤销，无特殊 PW 冗余部署
	PE 节点故障	√	√	
	PE 节点故障	√	√	

（1）EVPN 网络侧通过控制面学习（多张 MAC 地址表，控制更精细化），VPLS 通过数据面泛洪学习（一张 MAC 地址表）。

（2）EVPN 可以实现双活，VPLS 只能支持主备；EVPN 网络侧有多条路径，VPLS 网络侧路径单一。

（3）EVPN 的收敛速度比 VPLS 快。

（4）EVPN 通过扩展的 BGP 发现邻居，PE 只需和 RR 建立邻居连接；VPLS 需要所有 PE 之间采用全互联配置。

3)协议的简化和统一

随着 EVPN 和 SR 协议的成熟和广泛应用，IP 网络的协议向 EVPN+SRv6 两层协议架构的方向演进，如图 5.3-4 所示。

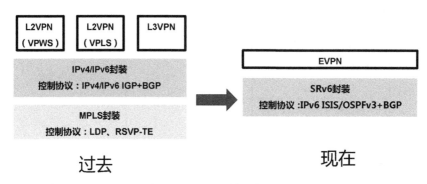

图 5.3-4　协议的简化和统一

业务层传统的 L2VPN（VPLS、VPWS）和 L3VPN 统一到 EVPN，采用统一的 BGP 扩展面。隧道协议统一到 SRv6，封装协议从原来的 IPv4/IPv6、MPLS 封装统一到 SRv6 封装。这样，协议数量大大减少，网络功能得到加强，网络复杂度下降，配置简化。

第6章

智慧城市车路协同数通接入网方案

　　智慧城市车路协同数通接入网方案分为路由型数通接入网方案和交换型数通接入网方案，两个方案除了在设备类型和协议方面不同，在其他方面大部分是类似的。路由型数通接入网方案具有最强的网络功能，采用最新的"EVPN+SRv6+网络切片"技术，具有高精度时间同步功能，可以节约海量终端设备的GNSS模块，能够平滑演进到全业务承载的智慧城市网络。本章介绍了IP网络切片技术和以太环网协议。

6.1 路由型数通接入网方案

6.1.1 方案架构和设计原则

路由型数通接入网方案为路侧网、接入回传网两层架构，如图 6.1-1 所示。

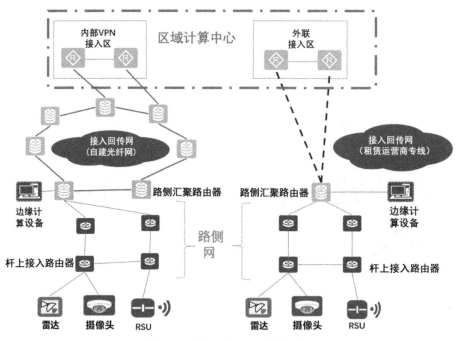

图 6.1-1 路由型数通接入网方案架构

在路侧网层，为路口的每个杆站部署接入路由器，连接路侧杆站上的各类终端设备，这些终端设备主要有感知设备（如摄像头、雷达）和 V2X 通信设备（如 RSU）等。在路口，所有杆上接入路由器通过光纤进行环形连接，并且和路侧汇聚路由器组成路口环网，再将交通信号读取器、边缘计算机连接到路侧汇聚路由器上，就构成了每个路口的路侧网。所有摄像头和雷达等把感知信息通过路口环网传输给边缘计算平台，经过 AI 融合感知计算出的结果和信号灯数据都通过路侧网发送到 RSU，RSU 将其以 V2X 消息形式实时广播给本路口行驶中的智能网联车辆。同时，RSU 直连通信 PC5 空口会把接收自车辆的 V2X 消息通过路侧网传输给边缘计算平台和区域计算平台。可以看到，主要的车路协同业务在路侧网中实时闭环完成。

接入回传网有两种建设模式：在区域全覆盖建设车路协同系统时，建议采用自建接入回传网模式；在重点路口覆盖或边远区域建设时，可以考虑采用租赁运营商专线来快速建设接入回传网。在自建接入回传网模式中，汇聚路由器通过光纤组成汇聚环，逐级汇聚、连接到区域计算中心的内部 VPN 接入区路由器上。在运营商专线模式中，路侧汇聚路由器通过运营商专线（光网专线或数通网专线）直接连接到区域计算中心的外联接入区路由器上，且为了保证网络可靠性，需要考虑为每个接入点租赁两条专线，用于主备连接。

路由型数通接入网方案的总体设计原则和要点如下。

（1）采用端到端的 EVPN L3VPN 技术，可以基于三层 IP 转发，实现边缘计算节点、云控平台节点等节点间的就近通信，避免了二层网络存在的环路、广播风暴等问题。

（2）采用 SRv6 技术，原生网络支持 IPv6，满足向 IPv6-Only 网络演进的要求。

（3）采用网络切片技术，预留车路协同关键业务网络资源，满足网络 SLA 性能需求。

（4）采用 SDN 技术，实现业务快速发放和动态调整，提升业务部署效率。

（5）对整个网络实施统一运维管控，以实现业务流量质量可视，提升整个网络的运维效率。

（6）网络提供 IEEE 1588v2 协议（简称 1588v2）高精度时间同步能力，不仅可以满足路侧终端时间同步要求，还可以节约海量终端的 GNSS 模块费用。全网提供统一的高精度时间同步能力，所有场景的时间同步部署方案统一，包括没有 GNSS 信号的场景（如隧道场景）和绿化遮盖严重的场景。

（7）杆上接入路由器需要为摄像头、雷达、RSU 等终端提供网络接入认证能力（包括配置静态 IP 地址和 MAC 地址）或 DHCP 认证能力。

6.1.2 场景部署方案

1. 长直道路场景路侧网部署方案

长直道路是常见的城市道路，需要在道路沿线部署感知终端，形成连续覆盖。长直道路场景路侧网部署方案如下。

（1）路侧接入路由器通过链式组网方式，双归接入两边路侧汇聚路由器。路侧汇聚路由器之间通过光纤连接组成一个环形网络,为路侧接入路由器提供节点级和链路级保护。

(2)不同的路侧汇聚路由器通过环形组网接入区域汇聚路由器,区域内流量经过区域汇聚路由器汇聚到接入区域核心路由器上。在实际工程设计中,需考虑对光纤管道路径进行规划,同时预留部分未来网络扩展空间,建议在每个区域汇聚路由器下所挂的路侧汇聚路由器不超过 10 个。

长直道路场景路侧网架构如图 6.1-2 所示。

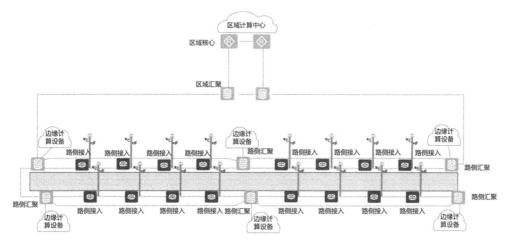

图 6.1-2　长直道路场景路侧网架构

2. 路口场景路侧网部署方案

路口场景路侧网部署方案如下。

(1)路口路侧网采用环形组网方式,由路口内的各台杆上接入路由器组成路口环网。每个杆站上的接入路由器通过双向链路接入路侧汇聚节点,以实现链路冗余保护。若要实现双归,则需要在路口间连接接入侧光纤,这会提高施工复杂度,故建议采用每个路口自组网方式。若需要提高路口网络的可靠性,可在路口部署两台路侧汇聚路由器,实现双节点保护。

(2)路侧汇聚路由器采用环形组网方式,在实际工程设计中,需考虑对光纤管道路径进行规划,多个路口尽量选择在同侧组成环网,不增加额外的道路穿管工作。

路口场景路侧网架构如图 6.1-3 所示。

第 6 章 智慧城市车路协同数通接入网方案

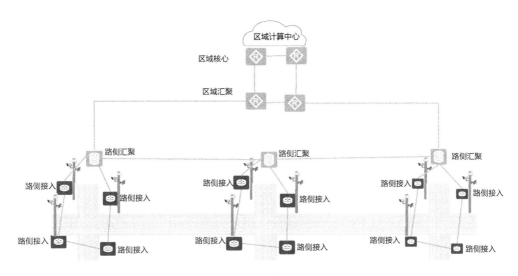

图 6.1-3　路口场景路侧网架构

3. 高架场景路侧网部署方案

高架场景路侧网部署方案类似于长直道路场景路侧网部署方案，也需要在道路沿线部署感知终端，形成连续覆盖。高架特殊的地方在于高架上没有足够的空间安装落地柜，所以边缘计算设备、路由器均需要考虑将设备抱杆安装。该方案的其他方面与长直道路场景路侧网部署方案相同，不重复描述。

高架场景路侧网架构如图 6.1-4 所示。

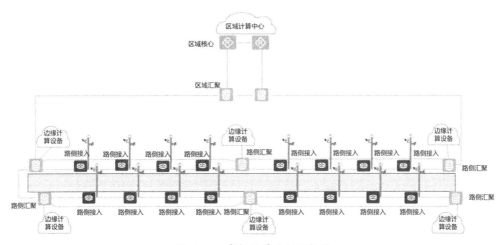

图 6.1-4　高架场景路侧网架构

4. 隧道场景路侧网部署方案

隧道场景路侧网部署方案类似于长直道路场景路侧网部署方案，也需要在道路沿线部署感知终端，形成连续覆盖。隧道特殊的地方在于隧道内无 GNSS 信号覆盖。由于本方案由网络提供高精度时间同步功能，因此它没有隧道长度的限制。

隧道场景路侧网架构如图 6.1-5 所示。

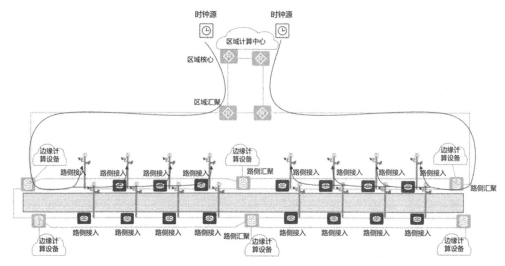

图 6.1-5　隧道场景路侧网架构

5. 环岛场景路侧网部署方案

环岛场景路侧网架构（见图 6.1-6）与普通路口场景路侧网架构类似，在环岛内的各个方向上部署杆站和感知终端，由各台杆上接入路由器组成环岛路侧环网。相比普通路口，环岛的面积更大、绿化遮挡更严重、杆站数量更多，所以路侧网中的节点数量会大于 4 个，节点达到 6~8 个便可组成路口路侧网。该方案的其他方面和普通路口场景路侧网部署方案一样，不重复描述。

6. 单站点接入场景网络部署方案

单站点接入场景网络部署方案如下。

部分偏远区域或者孤点区域的网络可采用单站点接入场景网络部署方案，这两种区域的接入网比较简单，路由器接入杆站上的各类终端和边缘计算设备。接入回传网的部署需考虑实际光纤的铺设情况。光纤资源丰富的场景可以使用光纤网回传方案，该方案与普通路口场景路侧网部署方案类似；光纤资源缺乏的场景可以考虑采用 5G

接入回传网方案。

单站点接入场景网络架构如图 6.1-7 所示。

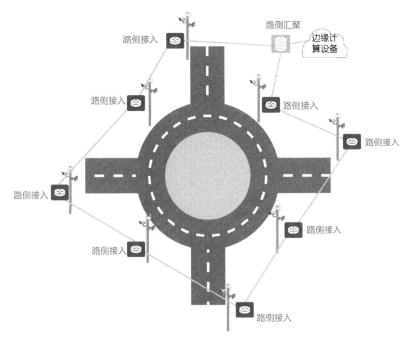

图 6.1-6 环岛场景路侧网架构

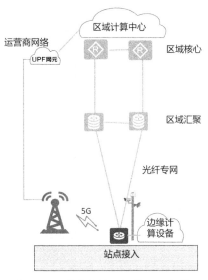

图 6.1-7 单站点接入场景网络架构

6.1.3 方案设计

1．协议部署方案设计

总体网络协议设计如图 6.1-8 所示。

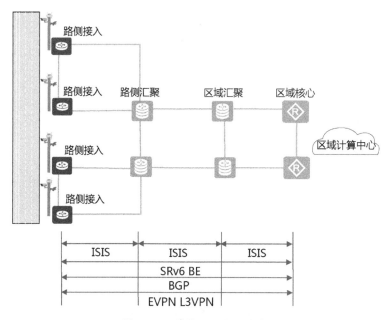

图 6.1-8　总体网络协议设计

路由型数通接入网采用网络切片技术来实现一网多平面，基于业务在时延、带宽和连接等方面对网络的要求，业务在不同网络切片上承载。该网络的协议部署方案设计要求如下。

（1）IGP：IGP 使用 ISIS，各个业务切片部署独立的 ISIS 进程，并使用自己的 ISIS 进程进行路由发布和计算。

（2）BGP：整个区域的网络使用一个 AS 域，无公网 BGP 对接，私网 BGP 平面共享默认的网络切片，无须新增额外配置。

（3）业务承载：车路协同业务、融合感知流和其他业务均由网络切片承载，网络切片内支持 EVPN L3VPN，外层隧道采用 SRv6 BE 技术。

（4）保护：SRv6 BE 隧道支持 TI-LFA 保护，EVPN L3VPN 使用 VPN FRR 保护手段；路侧网采用光纤环网实现节点级和链路级保护。

2. QoS 方案设计

路由型数通接入网 QoS 方案设计如图 6.1-9 所示。

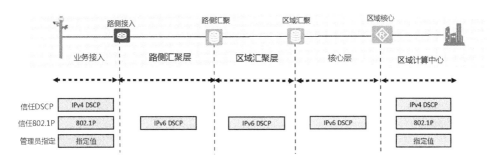

图 6.1-9　路由型数通接入网 QoS 方案设计

路由型数通接入网 QoS 方案设计原则如下。

（1）车路协同消息和第三方车企业务为接入网的关键业务，建议采用单独的网络切片来承载这些业务，并在网络切片内部采用 DiffServ 模型进行优先级划分。

（2）其余业务由默认的网络切片承载，采用 DiffServ 模型进行优先级划分。

（3）在网络入口节点处，可以选择信任业务报文携带的 DSCP/802.1P 优先级，或者根据业务需要来指定进入对应的优先级队列。

（4）路由型数通接入网 QoS 方案的 QoS 建议值如表 6.1-1 所示。

表 6.1-1　路由型数通接入网 QoS 方案的 QoS 建议值

切片类型	主要业务类型	802.1P 优先级值	DSCP 优先级值	服务等级	队列调度
网络切片 1	车路协同消息	6	48	CS6	PQ
	融合感知流	5	46	EF	PQ
网络切片 2	第三方车企业务	5	46	EF	PQ
默认切片	设备管理信息	6	48	CS6	PQ
	电子信号板信息	3	26	AF3	WFQ
	备份的融合感知流	0	0	BE	WFQ
	其他业务	0	0	BE	WFQ

3. 网络可靠性方案设计

路由型数通接入网可靠性方案设计如图 6.1-10 所示。路由型数通接入网可靠性的故障检测手段、保护手段和保护倒换性能如表 6.1-2 所示。路侧网是由杆上接入路由器和路侧汇聚路由器组成的光纤环网,当环网中的光纤链路或设备出现故障时,通过 TI-LFA 保护协议能实现 50ms 以内时延的保护倒换,迅速切换到备份光纤链路,保证业务快速恢复。

接入回传网的可靠性方案和骨干网类似。建议部署 SRv6,采用 TI-LFA 方案。

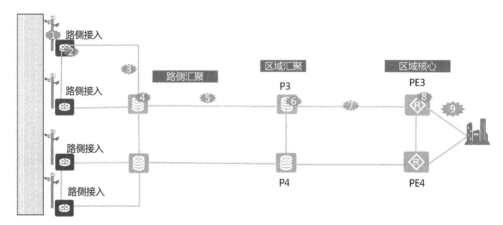

图 6.1-10　路由型数通接入网可靠性方案设计

表 6.1-2　路由型数通接入网可靠性的故障检测手段、保护手段和保护倒换性能

故障点	故障检测手段	保护手段	保护倒换性能
1、2	无	单节点部署,无保护手段	NA
3、5、6、7	U/D: BFD for IGP(10ms×3)	U/D: TI-LFA	U/D: 50ms 以内
4	(1) 路侧双节点场景。 U/D: BFD for IGP(10ms×3)。 (2) 路侧单节点场景。 无	(1) 路侧双节点场景。 U/D: TI-LFA。 (2) 路侧单节点场景。 无	(1) 路侧双节点场景。 U/D: 50ms 以内。 (2) 路侧单节点场景。 无
8	U: BFD for Locator(50ms×3)。 D: BFD for IP(10ms×3)	U: VPN FRR。 D:IP FRR	U: 200ms 以内。 D: 50ms 以内
9	U/D: BFD for IP(10ms×3)	U: VPN Mixed FRR。 D: IP FRR	U/D: 50ms 以内

注:U(Up)是路侧到区域中心方向,D(Down)是区域中心到路侧方向。

4. 时间同步方案设计

在车路协同业务中,摄像头和激光雷达的雷视拟合和事件智能分析,需要摄像头

和激光雷达数据之间实现高精度时间同步,同步误差要求不大于 100μs,当前传统方案中使用的 NTP 时间同步技术无法达到该误差要求,因此需要引入 PTP 高精度时间同步技术。

路由型数通接入网的高精度时间同步方案设计如图 6.1-11 所示。在车路协同网络的核心汇聚路由器侧部署主备时钟源设备,时钟源设备跟踪 GNSS(GPS+北斗)卫星,确保两个时钟源设备同源。时钟源设备通过以太网口连接到区域核心路由器上,通过 PTP 同时恢复频率和时间。区域核心路由器采用逐跳 PTP 同步方案,向下游路由器同步时钟信息,并在接入路由器上通过以太网口将时钟信息传递给终端设备。

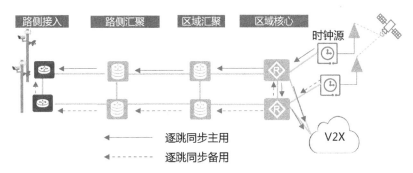

图 6.1-11 路由型数通接入网的高精度时间同步方案设计

5. 可扩展性方案设计

接入网方案应该能满足车路协同业务和智慧城市业务不断扩展的需求。在做接入网顶层规划时,应同时做好可扩展性方案,保持网络架构的稳定性,避免新业务和新接入网建设导致频繁的网络调整。

接入网面对的扩展性需求主要涉及 3 个场景:增加路侧设备,建设新的接入网段,以及增加接入网业务量和 VPN。路由型数通接入网可扩展性方案如下。

(1)增加路侧设备的路由型数通接入网可扩展性方案。

在杆上接入路由器的端口能够满足设备接入要求时,直接把设备连接到杆上接入路由器上;如果杆上接入路由器的端口不够,则将杆上接入路由器替换为端口数更多的新路由器。

在杆上接入路由器上做相应的 VPN 配置,直接把新设备配置到相应的 VPN 中。

接入网的现有业务通信和网络架构不变。

(2)建设新的接入网段的路由型数通接入网可扩展性方案。

接入网一般都是分片、分阶段建设的,新的接入网段只影响核心路由器的 VPN 配置;如果加入已有的 VPN,则新旧路侧汇聚路由器会通过协议自动学习,新接入网不影响原有接入网的业务和网络配置。

如果在已有的路口之间新增路口(道路新改建),或在路口之间增加路侧感知设备,那么对接入回传网来说,都可归结为:在现有路口之间的接入回传网中新增路侧汇聚路由器节点。此时,在需要增加路侧汇聚路由器的位置,截断原本互联的两台相邻路由器之间的光纤,接入新增路由器,同时完成网络切片、IGP、BGP、VPN、时间同步等协议的配置,形成新的环网。如果新增节点带来了较大流量,那么只需在本接入回传汇聚环上选取合适的节点,在该节点处新增一条到区域计算中心的回传光纤,该节点所在的接入回传网通过原有和新增的回传汇聚链路,共同承载所有流向区域计算中心的流量。

(3)增加接入网业务量和 VPN 的路由型数通接入网可扩展性方案。

新增业务数量时,可以在 SDN 控制器的图形化界面上完成端到端业务发放。若需要新增网络切片,则可从默认网络切片中分离出独立网络切片,并将其用于新增业务承载。通过 SDN 控制器进行相应的业务和 QoS 配置,原有业务和高优先级业务不受影响。

6.2 交换型数通接入网方案

6.2.1 方案架构和设计原则

交换型数通接入网方案架构如图 6.2-1 所示。其架构和设备部署与路由型数通接入网方案是相同的,在采用的数通设备和协议方面与路由型数通接入网方案不同。交换型数通接入网在杆上部署交换机,路侧汇聚设备采用路侧汇聚路由器或 L3 交换机。

交换型数通接入网方案的总体设计原则和要点如下。

(1)接入网采用二层网络和三层网络混合建网模式,说明如下。

①路侧网是二层网络:由路侧汇聚路由器与杆上交换机组成的路侧网采用二层组

网方式来构建以太光纤环网。采用以太环网保护技术能提供单次断纤保护。使用 VLAN 技术建立 L2VPN 来隔离不同的业务。

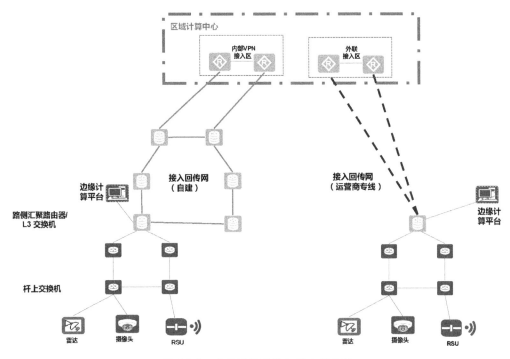

图 6.2-1 交换型数通接入网方案架构

②接入回传网是三层网络：由路侧汇聚路由器和区域计算中心的 VPN 路由器组成的接入回传网为 IP 三层网络，不论接入回传网是自建模式还是运营商专线模式，都在路侧汇聚路由器上和区域计算中心的 VPN 路由器上利用 MPLS L3VPN 或 EVPN 来为各业务提供 L3VPN。部署 IPv6 可以同时承载 IPv6 和 IPv4 的业务流。建议在接入回传网中部署 SRv6。

（2）采用 SDN 控制器或统一的网络管理来实现业务快速发放和动态调整，提升业务部署效率。

（3）在路侧网中部署以太网 QoS 方案，在接入回传网中部署 IP DiffServ QoS 方案，以保证业务的 QoS。

（4）杆上交换机需要为摄像头、雷达、RSU 等终端提供网络接入认证能力（包括配置静态 IP 地址和 MAC 地址）或 DHCP 认证能力。

（5）本方案是一个比较经济、简单的方案，能够满足车路协同业务的网络需求，但在未来支持智慧城市业务方面，其业务承载能力有比较大的局限，不如路由型数通接入网方案。

交换型数通接入网方案中的场景部署方案基本上和路由型数通接入网方案中的场景部署方案一样，在此就不再赘述。

6.2.2 方案设计

1. 协议部署方案设计

总体网络协议设计如图 6.2-2 所示。

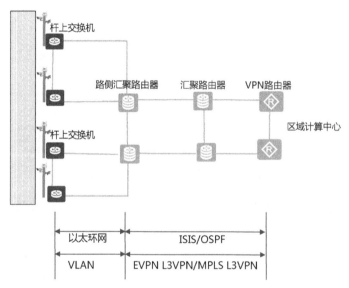

图 6.2-2　总体网络协议设计

接入网包括路侧网和接入回传网，在这两种网络中分别部署二层协议和三层协议，其协议设计要求方式如下。

（1）在杆上交换机到汇聚交换机之间的路侧网中应用以太环网技术，保证光纤环网的高可靠性，并部署 VLAN 来隔离不同的业务。

（2）对接入回传网部署 IP 路由协议（OSPF 或 ISIS），建议部署 IPv6 路由协议族（OSPFv3 或 ISISv6），按 IPv6-Only 网络来设计。

（3）对接入回传网部署 L3VPN，建议部署 EVPN L3VPN 或 MPLS L3VPN，网络

同时承载 IPv6 和 IPv4 的业务流。

（4）杆上交换机需要为摄像头、雷达、RSU 等终端提供网络接入认证能力（包括配置静态 IP 地址和 MAC 地址）或 DHCP 认证能力。

2．QoS 方案设计

按照接入网的 QoS 需求，交换型数通接入网的 QoS 方案设计如图 6.2-3 所示，具体设计要求如下。

（1）在路侧网中部署 L2 QoS 方案，即基于以太网的 802.1P 优先级进行数据转发。杆上交换机可以选择信任接入设备的以太网帧所携带的 802.1P 优先级，或者根据设备接口配置 802.1P 优先级。在交换机中，以太网帧按优先级进行调度转发。

（2）在接入回传网中部署 IP QoS 方案，路侧汇聚路由器和区域计算中心的 VPN 路由器都基于 IP 报文的 DSCP 优先级进行转发。

（3）根据业务优先级调度要求，交换型数通接入网方案的 QoS 建议值如表 6.2-1 所示。对于路侧网中最高优先级的设备管理信息和车路协同消息，赋予其最高的 VLAN 优先级值，因此 IP QoS 赋予其最高的 CS 优先级，使其进入 PQ；对于路侧网中的融合感知流，实时性要求高，因此 IP QoS 赋予其 EF 优先级来保证实时转发；对于电子信号板信息，可靠性要求高，实时性要求不高，因此 IP QoS 赋予其 AF 优先级，保证其可靠转发；对于备份的融合感知流，将其通过接入回传网传回区域计算中心，该业务流是接入回传网中最大的业务流，赋予其最低的优先级——BE，这样不会干扰其他高优先级的业务流传输。

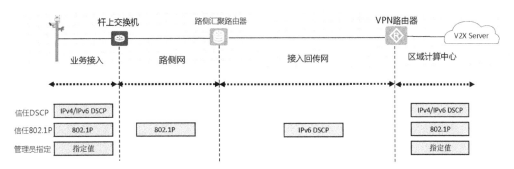

图 6.2-3　交换型数通接入网的 QoS 方案设计

表 6.2-1　交换型数通接入网方案的 QoS 建议值

主要业务类型	VLAN 优先级值	DSCP 优先级值	服务等级	队列调度
设备管理信息（业务平台管理路侧设备和网络设备的管理业务流）	6	48	CS6	PQ
车路协同消息（经过路侧边缘计算平台处理的结构化数据）	6	48	CS6	PQ
融合感知流（摄像头、雷达、传感器、信号灯等传送到边缘计算平台并由其处理的数据流）	5	46	EF	PQ
2B 业务（车路协同相关业务）	5	46	EF	PQ
电子信号板信息（信息发布）	3	26	AF3	WFQ
备份的融合感知流	0	0	BE	WFQ
其他业务	0	0	BE	WFQ

3. 网络可靠性方案设计

交换型数通接入网可靠性方案设计如图 6.2-4 所示。交换型数通接入网可靠性的故障检测手段、保护手段和保护倒换性能如表 6.2-2 所示。在路侧网中，由杆上交换机和路侧汇聚路由器组成以太环网，当环网中的光纤链路或设备出现故障时，通过环网保护协议能实现 50ms 以内时延的保护倒换，迅速切换到备份光纤链路，保证业务快速恢复。

接入回传网的可靠性方案，如果部署 SRv6，建议采用 TI-LFA 方案；如果部署 MPLS，建议采用 MPLS FRR 方案。

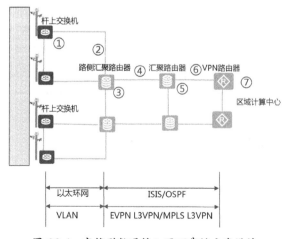

图 6.2-4　交换型数通接入网可靠性方案设计

表 6.2-2　交换型数通接入网可靠性的故障检测手段、保护手段和保护倒换性能

故障点	故障检测手段	保护手段	保护倒换性能
①	无	单节点部署，无保护手段	NA
②	以太环网检测机制	以太环网保护倒换	50ms 以内
③、⑦	BFD	VPN FRR 切换	200ms 以内
④、⑤、⑥	BFD for IGP（10ms×3）	TI-LFA/MPLS FRR	50ms 以内

4．时间同步方案设计

该方案的网络不提供高精度时间同步能力，各设备通过自己的 GNSS 来获取高精度时间同步能力。

在没有 GNSS 信号的场景，如隧道场景，当前有两个提供高精度时间同步能力的方案。一个是数通网络方案，即在隧道口部署时间同步源，隧道中的数通设备升级为支持高精度时间同步的设备，具体可以参考 6.1 节中的时间同步方案。另一个是无线时间同步方案，即采用 RSU 的无线时间同步方案（还在测试试点中），隧道口的 RSU 通过无线通道以级联方式向隧道内的 RSU 传递时间同步信息，当前在测试的方案是每 400m 级联 1 台 RSU，最多可级联 4 台（参考实际部署设备的能力），可以从 2 个隧道口向内传递时间同步信息，总共可以支持 8 台 RSU 的时间同步，隧道长度受限于 8 台 RSU 的部署距离。

5．可扩展性方案设计

接入网方案应该能满足车路协同业务和智慧城市业务不断扩展的需求。在做接入网顶层规划时，应同时做好可扩展性方案，保持网络架构的稳定性，避免新业务和新接入网建设导致频繁的网络调整。

接入网面对的扩展性需求主要涉及 3 个场景：增加路侧设备，建设新的接入网段，以及增加接入网业务量和 VPN。交换型数通接入网可扩展性方案如下。

（1）增加路侧设备的交换型数通接入网可扩展性方案。

在杆上交换机的端口能够满足设备接入要求时，直接把设备连接到交换机上；如果交换机的端口不够，则替换新的交换机。

通过交换机把新设备配置到相应的 VLAN 中，在汇聚路由器上配置到对应的 L3VPN 中。

接入网的现有业务通信和网络架构不变。

（2）建设新的接入网段的交换型数通接入网可扩展性方案。

接入网一般都是分片、分阶段建设的，新的接入网段只影响核心路由器的 VPN 配置；如果加入已有的 VPN，则新旧汇聚路由器会通过协议自动学习，新接入网不影响原有接入网的业务和网络配置。

（3）增加接入网业务量和 VPN 的交换型数通接入网可扩展性方案。

通过网管平台进行相应的业务和 QoS 配置，原有业务和高优先级业务不受影响。

6.3 数通接入网方案的关键技术

6.3.1 IP 网络切片技术

该技术主要用于数通接入网方案和骨干网方案中。

1. IP 网络切片技术产生的背景

IP 网络切片是指在同一个共享的网络基础设施上提供多个逻辑网络（切片），每个逻辑网络服务于特定的业务类型或行业用户。可以灵活定义每个网络切片的逻辑拓扑、SLA 需求、可靠性和安全等级，以满足不同业务、行业或用户的差异化需求。

随着 5G 和云时代多样化新业务的不断涌现，IP 网络面临以下新的挑战。

（1）对超低时延的挑战：5G 提供了 URLLC 业务，车路协同和工业自动化要求采用超低时延通信。

（2）对安全隔离挑战：核心行业、核心业务部门和关键业务都有业务安全需求。

（3）对极高可靠性的挑战：车路协同业务、远程控制和电力系统控制等业务系统的可靠性要求都比电信业务的 99.999% 的可靠性要求高。

（4）对灵活连接的挑战：随着 5G 和云时代业务的不断发展，单一业务向综合业务发展，流量走向由单一方向向多方向综合发展，这些导致网络的连接关系变得更加灵活、复杂和动态。

（5）对业务进行精细化和智能化管理的挑战：需要实现基于租户或业务的精细化

和智能化的管理。

当前传统的一个共享网络，无法高效地为所有业务提供 SLA 保障，更无法实现网络的隔离和独立运营。为了使同一个网络满足不同业务的差异化需求，网络切片的理念应运而生。通过网络切片，可以在一个运营商网络或一个智慧城市网络上构建多个专用的、虚拟化的、互相隔离的逻辑网络，来满足不同用户或业务对网络连接、网络资源及其他功能的差异化要求。

2．IP 网络切片技术方案

IP 网络切片技术方案采用三层体系架构，通过 FlexE 子接口、Flex-Algo 和信道化子接口等技术来保障资源的预留。

1）IP 网络切片技术方案架构

IP 网络切片技术方案架构可以分为三层，即网络切片管理层、网络切片实例层和网络基础设施层，如图 6.3-1 所示。

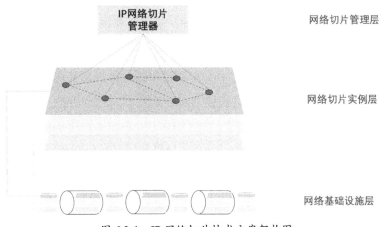

图 6.3-1　IP 网络切片技术方案架构图

（1）网络切片管理层。

网络切片管理层提供网络切片的生命周期管理功能，包括网络切片的规划、部署、运维和优化等功能。

（2）网络切片实例层。

网络切片实例层提供在物理网络中生成不同的逻辑网络切片实例的能力，支持按需定制的逻辑拓扑连接，并将切片的逻辑拓扑与为切片分配的网络资源整合在一起，构成满足特定业务需求的网络切片。

网络切片实例层由上层的 VPN 和下层的 VTN 组成。VPN 提供网络切片内业务的逻辑连接功能,以及不同网络切片之间的业务隔离功能,即传统的 VPN Overlay 功能。VTN 提供用于满足切片业务连接需求的逻辑网络拓扑,以及满足切片业务的 SLA 需求的独享或部分共享的网络资源。因此,网络切片实例是在 VPN 业务的基础上增加了与底层 VTN 之间的集成。

(3) 网络基础设施层。

网络基础设施层用于创建 IP 网络切片实例的基础网络,即物理设备网络。为了满足业务的资源隔离和 SLA 保障需求,网络基础设施层需要具备灵活的、精细化的资源预留能力,支持将物理网络中的转发资源按照需求的带宽颗粒度划分为相互隔离的多份,分别提供给不同的网络切片使用。当前常用的资源隔离技术包括 FlexE 子接口、信道化子接口和 Flex-channel 等。

2)两种 IP 网络切片技术方案

目前常见的 IP 网络切片技术方案有两种:基于亲和属性的 IP 网络切片技术方案和基于 Slice ID 的 IP 网络切片技术方案。

基于亲和属性的 IP 网络切片技术方案将亲和属性作为切片标识,每个亲和属性对应一个网络切片。亲和属性通常又被称为属性或颜色,是链路的一种控制信息属性。此方案是将亲和属性相同的链路组成一个网络切片,亲和属性用于标识不同切片的转发资源接口,每个切片基于亲和属性计算 SR-MPLS 或 SRv6 Policy 路径,用于业务承载。在数据转发面上,网络切片基于 SR-MPLS 标签栈或 SRv6 SRH 封装来逐跳转发业务报文。亲和属性信息随链路上的其他信息通过 IGP/BGP-LS 协议在网络中泛洪并上报给网络切片控制器。网络切片控制器在收集到整个网络的链路状态信息后,可以基于每种亲和属性生成独立的网络切片视图,并在每个网络切片内计算用于该网络切片业务的转发路径,例如计算生成基于亲和属性的、由 SRv6 ID List 组成的显式路由。生成的转发路径被下发到网络切片的头节点里。

基于 Slice ID 的 IP 网络切片技术方案引入了全局唯一的 Slice ID 作为网络切片标识,每个 Slice ID 对应一个网络切片。在网络中,通过网络节点 IP 地址+网络切片 ID 来唯一标识网络切片中的逻辑节点。Slice ID 可以标识网络切片中的转发资源接口,不需要为每个网络切片的接口配置独立的 IP 地址和 SR SID。在控制面上,基于 Slice ID

计算 SR-MPLS、SRv6 BE 或 TE Policy 的路径,用于业务承载;在数据转发面上,各转发节点根据数据报文中携带的 Slice ID 所匹配的网络切片资源接口来转发报文。

两种 IP 网络切片技术方案的比较如表 6.3-1 所示,推荐部署基于 Slice ID 的 IP 网络切片技术方案。

表 6.3-1 两种 IP 网络切片技术方案的比较

对比项	基于亲和属性的 IP 网络切片技术方案	基于 Slice ID 的 IP 网络切片技术方案
切片规模	最多 16 个	千级
数据转发面隔离技术	FlexE 子接口、信道化子接口	FlexE 子接口、信道化子接口/Flex-channel
SLA 保障效果	严格保障	严格保障
配置复杂度	配置复杂	配置简单
业务切片接口是否需要配置 IP 地址和三层协议	是	否
业务切片的部署方式	预部署	预部署+按需及时部署
SRv6 的工作模式	SRv6 Policy	SRv6 BE/SRv6 Policy
是否需要网络切片控制器	要	要
适用场景	需要的切片数量较少,可基于存量网络快速部署	有海量网络切片需求
演进路径	可演进到 Slice ID 的 IP 网络切片技术方案	N/A

3)IP 网络切片的资源预留技术

资源预留技术是 IP 网络切片技术方案提供差异化 SLA 保障的关键。资源预留技术将物理网络中的转发资源划分为相互隔离的多份资源,分别提供给不同的网络切片使用,保证网络切片内有满足业务需求的可用资源,同时避免或者控制不同网络切片之间的资源竞争与抢占。当前常用的资源预留技术主要是 FlexE 子接口、信道化子接口和 Flex-channel。

(1)FlexE 子接口。

FlexE 子接口技术通过在 IEEE802.3 的基础上引入 FlexE Shim(见图 6.3-2),把以太网物理接口资源时隙池化,在大带宽网络端口上通过时隙资源池来灵活划分出若干子通道端口（FlexE 接口），从而实现对接口资源的灵活化、精细化管理。每个 FlexE 接口之间的带宽资源严格隔离，等同于独立的物理接口。

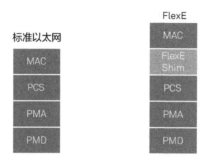

图 6.3-2　标准以太网与 FlexE 的帧结构

（2）信道化子接口。

信道化子接口采用子接口模型，结合 HQoS 机制，通过为网络切片配置独立的信道化子接口来实现带宽的灵活分配，且每个网络切片独占带宽和调度，为切片业务提供资源预留。每个信道化子接口相当于通信设备为每个网络切片分配的独立"车道"，不同网络切片的"车道"间是实线，业务流量在传输过程中不能并线变换"车道"，这样可以确保不同网络切片的业务在通信设备内是严格隔离的，有效避免了流量突发时网络切片业务间的资源抢占。同时，在每个网络切片的"车道"内还提供了虚线划分的"车道"，从而可以在同一个网络切片内基于 HQoS 机制进行差异化调度。在图 6.3-3 中，端口 1 和端口 3 表示信道化子接口，端口 2 表示物理子接口。

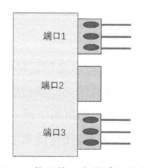

图 6.3-3　物理接口和信道化子接口

每个信道化子接口都可以配置带宽，最小可配置带宽是 2M。

（3）Flex-channel。

Flex-channel（灵活子通道）提供了一种灵活和细粒度的接口资源预留方式。与信道化子接口相比,Flex-channel 没有子接口模型,配置方面更为简单,更适合用于按需快速创建网络切片的场景。

(4)不同资源预留技术的分析比较。

不同资源预留技术的分析、比较如表 6.3-2 所示。不同的资源预留技术可以组合使用,例如用 FlexE 接口技术来提供大带宽颗粒度的网络切片,再在这个切片中采用通道化子接口或 Flex-channel 划分细粒度的网络切片资源。通过层次化的网络切片,可以实现带宽资源的灵活化和精细化管理。

表 6.3-2 不同资源预留技术的分析、比较

对比项	FlexE 接口	信道化子接口	Flex-channel
隔离度	独占流量管理(Traffic Management,TM)资源,端口隔离	TM 资源预留,端口共享	TM 资源预留,端口共享
时延保障	单跳时延 10μs	单跳时延 100μs	单跳时延 100μs
带宽粒度	1Gbit/s	2Mbit/s	1Mbit/s

3. 网络切片与传统 QoS 的技术对比

为了保证业务通信质量,传统的一种做法是为每个业务建立一个专网,随着业务的增加,会出现多个业务网络,如同多个并排的烟囱,这样的烟囱被称为烟囱式网络。运营商的早期网络建设经历过这个过程,后面统一用 IP 网络来承载所有的业务,即 VPN+HQoS 的多业务统一承载。随着 5G 和云业务时代的来临,网络切片技术提供了一种新的乐高式按需搭建逻辑网络模式,如图 6.3-4 所示。

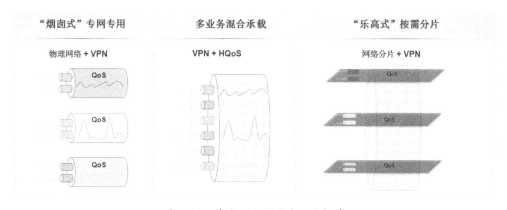

图 6.3-4 传统 QoS 网络和网络切片

网络切片技术与传统 QoS 技术的对比如表 6.3-3 所示,采用网络切片技术,可以

实现一网多平面，简化运维，有利于新业务快速上线。

表 6.3-3 网络切片技术与传统 QoS 技术的对比

	"烟囱式"专网专用	多业务混合承载	"乐高式"按需分片
CAPEX	多种流量模型，多个网络	多种流量模型，一个网络	多种流量模型，一网多平面，SLA 分片
OPEX	采用 QoS DiffServ 方案，运维简单	HQoS 多级调度，流量工程规划复杂	分片内采用 QoS DiffServ 方案，运维简单
TTM	新业务上线周期长，需新建网络，试错成本高	新业务快速上线，会使流量模型发生变化，对现网业务的影响不可控，试错成本高	新业务、新分片按需快速上线，弹性扩展，转发资源隔离，管理分权分域，试错成本低

6.3.2 以太环网协议

该协议主要用于交换型数通接入网方案中。

1. 以太环网协议概述

以太环网是由一组兼容 IEEE 802.1 协议族的以太网设备节点组成的环形网络拓扑，环网中的每个设备节点通过 MAC 地址端口与其他网络设备节点相连，所有节点之间能够直接或者间接通信，以保证每个设备节点上发送的信号可以被环上其他所有的设备都看到。

而以太环网冗余是指交换机在网络线缆连接中断或发生通信链路故障时，接收到故障信息后，能够迅速激活其后备端口，启用另外一条健全的通信链路，使网络通信恢复正常，这样做大大提高了网络通信的连续性、稳定性、可靠性。

目前常见的以太环网冗余主要分为基于生成树协议 STP/RSTP/MSTP 的环网、基于私有环网协议的环网（如华为的 RRPP）和基于 ERPS（G.8032）通用环网协议（以下简称 ERPS 协议）的环网，如表 6.3-4 所示。

表 6.3-4 以太环网协议分析表

以太环网协议	来源	优点	局限性
STP/RSTP/MSTP	IEEE	适用于所有以太网，可以实现异厂家协议互通	收敛速度慢，最快为 2s，不能满足电信级网络的可靠性要求

续表

以太环网协议	来源	优点	局限性
私有环网协议	设备厂家	在网络冗余、收敛速度和保护倒换方面做了改进，满足电信级网络的可靠性要求	厂家的私有协议，无法实现异厂家协议互通
ERPS 协议	ITU-T	收敛速度快，满足电信级网络的可靠性要求，可以实现异厂家协议互通	

以太网传统的 STP、RSTP 和 MSTP 虽然也可以应用在以太环网中，但它们并不是真正的以太环网协议，收敛速度慢（最快为 2s）一直是它们的致命问题，它们不能满足电信级网络和工业级网络的通信需求，也不能满足车路协同网络需求。

ERPS 协议是 ITU-T 组织定义的以太环网保护协议，标准号为 ITU-T G.8032/Y1344。ERPS 协议目前有 v1 和 v2 两个版本，v1 是 ITU-T 组织在 2008 年 6 月发布的版本；v2 是 ITU-T 组织在 2010 年 8 月发布的版本，并在 v1 的基础上增加了子环等功能的支持。v2 完全兼容 v1。ERPS 协议优化了环网检测机制，支持小于 50ms 的收敛时间，能满足电信级网络和车路协同网络的需求。因为 ERPS 协议是国际标准，所以它能支持异厂家互通。

以太网设备厂家的私有环网协议的功能和机制和 ERPS 协议类似，基本上能满足电信级网络的通信要求。

2．ERPS 协议的运行原理

ERPS 环是 ERPS 协议的基本单位，由一组配置了相同的控制 VLAN 且互联的网络设备构成，如图 6.3-5 所示，交换机 A、B、C、D、E 组成了一个 ERPS 环。

ERPS 协议中规定的端口角色主要有 RPL Owner 端口、RPL Neighbour 端口和普通端口三种类型。一个 ERPS 环只有一个 RPL Owner 端口，该端口由用户配置、指定。RPL Neighbour 端口指的是与 RPL Owner 端口直接相连的节点端口。在正常情况下，RPL Owner 端口和 RPL Neighbour 端口都会被阻塞，以防产生环路。在 ERPS 环中，除 RPL Owner 和 RPL Neighbour 以外的端口都是普通端口。普通端口负责监测自己直连的链路状态，并把链路状态变化及时通知给其他节点端口。

启动 ERPS 协议的端口状态只有两种。

（1）Forwarding：该状态的端口既转发数据流量，又接收、发送和转发 ERPS 协议报文。

（2）Discarding：该状态的端口仅能发送、接收 ERPS 协议报文。

每个 ERPS 环可以配置两类 VLAN：控制 VLAN，用来传递 ERPS 协议报文；数据 VLAN，用来在环网中传递数据报文。

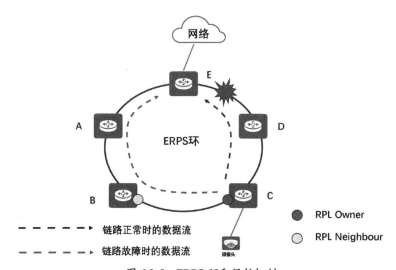

图 6.3-5　ERPS 环和保护机制

在正常情况下，交换机 C 的 RPL Owner 端口和交换机 B 的 RPL Neighbour 端口都会被阻塞，以防出现以太网环路。交换机 C 的流量通过交换机 D 上传给交换机 E。

当交换机 D 和交换机 E 之间的链路发生故障时，ERPS 协议启动保护倒换机制，通过控制 VLAN 来传递 ERPS 协议报文，将故障链路的两端端口阻塞，恢复 RPL 链路的转发能力。这样，交换机 D 和 C 的流量就通过交换机 B 和 A 上传到交换机 E。

在 ERPS 环的故障链路恢复正常后，可以通过设置 ERPS 环的回切/非回切模式，决定是否重新阻塞 RPL Owner 端口。

（1）回切模式：在回切模式下，如果故障链路恢复，则会重新阻塞 RPL Owner 端口，阻塞链路会重新切回 RPL 链路。在默认情况下，ERPS 环处于回切模式。

（2）非回切模式：在非回切模式下，如果故障链路恢复，则阻塞链路还保持在原来的故障链路上，不会重新切回 RPL 链路。

第 7 章

智慧城市车路协同 PON 路侧接入网方案

　　智慧城市车路协同 PON 路侧接入网方案基于 P2MP 的 GPON 技术，分为集中式和分布式两种框架。本章分别介绍了路口、直道等常见场景的部署方案，并从协议部署、QoS、网络可靠性和可扩展性等方面对智慧城市车路协同 PON 路侧接入网方案做了系统描述，同时深入介绍了分光器、DBA 机制、PON 保护机制和 PON 硬隔离切片技术。

7.1 方案架构和设计原则

在智慧城市车路协同场景中，PON 路侧接入网方案有以下两种。

（1）分布式 PON 路侧接入网方案：将 OLT 和路侧边缘计算平台按路口分布式部署。

（2）集中式 PON 路侧接入网方案：将路侧边缘计算平台和 OLT 集中到片区部署，利用多级分光进行流量汇聚，可减少大量街边柜的部署和维护。

两种 PON 路侧接入网方案架构如图 7.1-1 所示。

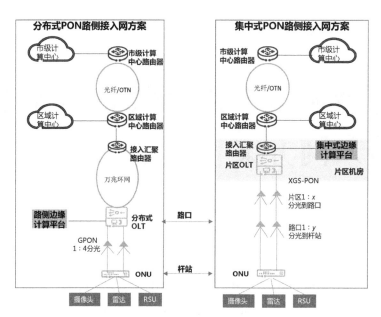

图 7.1-1　两种 PON 路侧接入网方案架构

分布式和集中式 PON 路侧接入网方案的对比如表 7.1-1 所示。

表 7.1-1　分布式和集中式 PON 路侧接入网方案的对比

对比项	分布式 PON 路侧接入网方案	集中式 PON 路侧接入网方案
OLT 的部署位置	路口	片区机房
边缘计算平台的部署位置	路口	片区机房
传输时延	毫秒级	比分布式 PON 路侧接入网方案多 0.1ms，可忽略（按片区 10km 的覆盖半径计算）

续表

对比项	分布式 PON 路侧接入网方案	集中式 PON 路侧接入网方案
路口空调柜及设备	需要	不需要
总体成本	中	低
路口到杆站的光纤要求	必须有光纤	必须有光纤
路口到片区机房的光纤要求	可采用光纤或租赁专线方式	必须有光纤

一般来说，如果路口到片区机房有光纤资源，则采用集中式 PON 路侧接入网方案可有效节省建设和维护成本；如果路口到片区机房无光纤资源，需要租赁运营商专线，则只能采用分布式 PON 路侧接入网方案。

PON 路侧接入网方案的总体设计原则和要点如下。

（1）在每个杆站处部署一个 ONU，实现摄像头、雷达、RSU 等终端的接入。为保证线路的可靠性，ONU 上行采用 Type C 双路径保护。

（2）对 OLT 按路口进行分布式部署或者按片区进行集中式部署，在下行链路上部署无源分光器进行流量和端口的汇聚。

（3）在分布式场景中，在 OLT 旁挂路侧边缘计算平台，可以通过专线方式或者接入汇聚路由器组环网方式和区域计算中心路由器连接。在集中式场景中，OLT 通过光纤上联在同一机房内部署的接入汇聚路由器，由接入汇聚路由器接入集中式边缘计算平台和连接区域计算中心路由器。

7.2 场景部署方案

7.2.1 路口场景 PON 路侧接入网部署方案

路口场景 PON 路侧接入网部署方案如图 7.2-1 所示，部署原则如下。

（1）在杆上部署 ONU，用于接入雷达、摄像头、RSU 等设备。ONU 应具备双上行能力，以实现 Type C 保护。

（2）OLT 可分布式部署在附近的路边柜中，或者集中式部署在片区机房中。在集中式场景中，OLT 的最大覆盖半径建议控制在 20km 以内。

（3）路口到杆站的分光器和光纤的使用方式有两种：不等比分光和等比分光。

①采用不等比分光方式只用到 2 根光纤，但需要每个 ONU 旁边部署主备 1∶2 不等比分光器；为避免带宽过小和多级分光后光功率不足，建议级联数不超过 8 级。

②采用等比分光方式需要用到 N 根光纤（N 等于路口杆站/ONU 的数量），只需在路口部署主备 2 个等比无源分光器。

③一般来说，当光纤资源充足时，推荐采用等比分光方式部署。此外，在集中式部署场景中，由于使用 XGS-PON 和两级分光，整体分光比较大，光功率不足，建议采用等比分光方式部署。

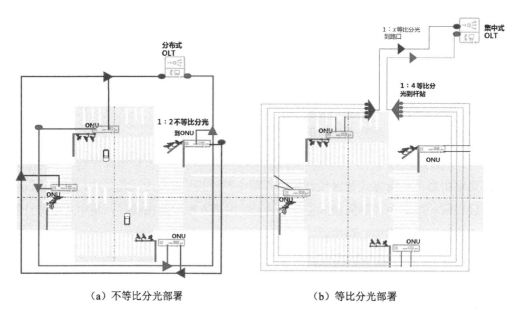

(a) 不等比分光部署　　　　　　(b) 等比分光部署

图 7.2-1　路口场景 PON 路侧接入网部署方案

7.2.2　直道场景 PON 路侧接入网部署方案

直道场景 PON 路侧接入网部署方案如图 7.2-2 所示，部署原则如下。

（1）在杆上部署 ONU，用于接入雷达、摄像头、RSU 等设备。ONU 应具备双上行能力，以实现 Type C 保护。

（2）OLT 可分布式部署在附近的路边柜中，或者集中式部署在片区机房中。在集中式场景中，OLT 的最大覆盖半径建议控制在 20km 以内。

（3）路口到杆站的分光器和光纤的使用方式有两种：不等比分光和等比分光。

①采用不等比分光方式只用到 2 根光纤，但需要每个 ONU 旁边部署主备 1∶2 不等比分光器；为避免带宽过小和多级分光后光功率不足，建议级联数不超过 8 级。

②采用等比分光方式需要用到 N 根光纤（N 等于路段杆站/ONU 的数量），只需在路口部署主备 2 个等比无源分光器。

③在分布式场景中，当路段光纤资源充足时，推荐采用等比分光方式部署。在集中式部署场景中，由于使用 XGS-PON 和两级分光，整体分光比较大，光功率不足，建议采用等比分光方式部署。

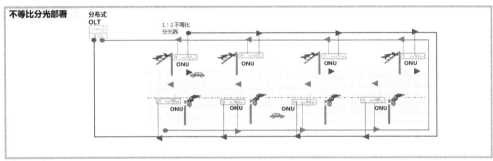

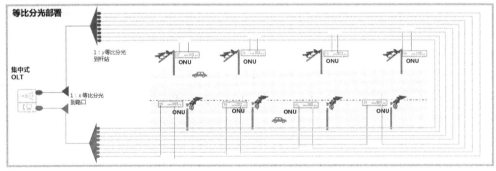

图 7.2-2　直道场景 PON 路侧接入网部署方案

7.2.3　其他场景 PON 路侧接入网部署方案

特定区域的 PON 路侧接入网部署方案如表 7.2-1 所示。

表 7.2-1　特定区域的 PON 路侧接入网部署方案

特定区域	PON 路侧接入网部署方案
环岛	参考路口部署方案

续表

特定区域	PON 路侧接入网部署方案
公共场所	参考直道部署方案
急弯盲区	参考直道部署方案
乡村交叉口	参考路口部署方案
匝道	参考直道部署方案
高架	参考直道部署方案
隧道	参考直道部署方案，需支持1588v2

7.3 方案设计

7.3.1 协议部署方案设计

分布式 PON 路侧接入网方案协议部署如图 7.3-1 所示。

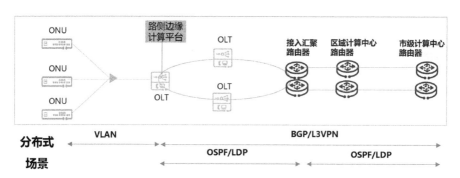

图 7.3-1 分布式 PON 路侧接入网方案协议部署

在分布式场景中，由于路侧边缘计算平台直接接入 OLT，因此需要 OLT 具备 3 层能力，其协议部署方式如下。

（1）ONU 到 OLT 段采用 L2 技术，基于 VLAN 隔离不同的业务。

（2）OLT 之间、OLT 与接入汇聚路由器之间、接入汇聚路由器与区域计算中心路由器及市级计算中心路由器之间启用 OSPF/LDP，实现基本的网络互通。

（3）OLT 与区域计算中心路由器、市级计算中心路由器运行 BGP 和部署 L3VPN，基于 VRF 隔离不同的业务。

（4）OLT 需要为摄像头、雷达、RSU 等终端提供网络接入认证能力（包括配置静态 IP 地址和 MAC 地址）或 DHCP Server，以及基于 MAC 的 RADIUS 认证能力。

集中式 PON 路侧接入网方案协议部署如图 7.3-2 所示。

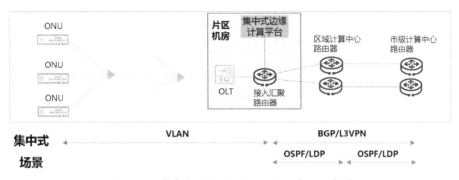

图 7.3-2　集中式 PON 路侧接入网方案协议部署

在集中式场景中，OLT 通过多级分光将流量集中到片区进行计算。为了方便扩展多个 OLT，一般会在片区机房设置接入汇聚路由器来对接集中式边缘计算平台。在这种模式下，一般采用 L2+L3 的协议部署模式。

（1）ONU 到 OLT 段采用 L2 技术，基于 VLAN 隔离不同的业务。

（2）OLT 与接入汇聚路由器在同一个机房互联，只有一跳，一般也采用 L2 技术，基于 VLAN 隔离不同的业务。

（3）接入汇聚路由器、区域计算中心路由器、市级计算中心路由器之间采用 L3VPN 技术，需要运行 OSPF/LDP 及 BGP，基于 VRF 隔离不同的业务。

（4）接入汇聚路由器作为摄像头、雷达、RSU 等终端设备的网关，需要提供网络接入认证能力（包括配置静态 IP 地址和 MAC 地址）或 DHCP Server，以及基于 MAC 的 RADIUS 认证能力。

7.3.2　QoS 方案设计

在车路协同环境中，PON 路侧接入网方案优先级建议如表 7.3-1 所示。

表 7.3-1　PON 路侧接入网方案优先级建议

业务	优先级建议
设备管理信息	6

续表

业务	优先级建议
车路协同消息	5
融合感知流	4
电子信号板信息	1
备份的融合感知流	0
其他业务	0

PON 路侧接入网方案 QoS 部署方式如图 7.3-3 所示，部署要求如下。

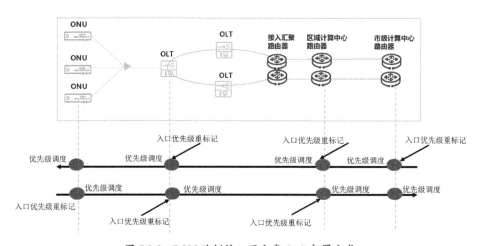

图 7.3-3　PON 路侧接入网方案 QoS 部署方式

（1）在下行方向的市级计算中心路由器、区域计算中心路由器、OLT 上，对本地入口流量进行分类和优先级重标记，使下游设备可基于优先级进行调度转发。

（2）在上行方向的 ONU、OLT 和区域计算中心路由器上，对本地入口流量进行分类和优先级重标记，使上游设备可基于优先级进行调度转发。

在 ONU 与 OLT 之间，由于上行通信采用 PON 时分技术，需要对其带宽进行合理的分配，确保时延最低。在车路协同场景中，建议采用如下方式进行配置、部署。

（1）建议为每个 ONU 分配 100Mbit/s 的保证带宽，以保证 ONU 一定会分配此带宽，并将其用于传输设备管理信息和车路协同消息。

（2）送到边缘计算平台的融合感知数据（如摄像头数据、雷达数据）为时延敏感数据，且摄像头数据为间歇性传输，具有在突发流量时传输速率特别大的特点，因此建议在保证带宽的基础上，再分配使用非保证或最大带宽，将单个 ONU 的最大突发带宽设置为端口最大带宽（GPON 为 1.25Gbit/s，XGS-PON 为 10Gbit/s）。为了避免不必要的带宽浪费，建议关闭 ONU 的带宽预分配功能。

（3）对于电子信号板业务等的时延不敏感数据，建议使用最大带宽。

7.3.3 网络可靠性方案设计

分布式 PON 路侧接入网方案的可靠性部署如图 7.3-4 所示。

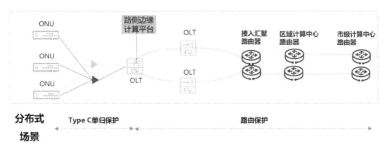

图 7.3-4　分布式 PON 路侧接入网方案的可靠性部署

在分布式场景中，PON 路侧接入网方案的可靠性部署方式如下。

（1）ONU 本身支持双 PON 端口上行，通过接主备光纤来实现路径保护。

（2）对 OLT 节点不做保护，采用不同的 PON 端口接主备光纤（Type C 单归保护）。

（3）OLT 与 ONU 之间通过内部检测机制实现主备路径故障检测，当主路径故障时，可在 50ms 以内切换至备份路径。

（4）OLT 与接入汇聚路由器、区域计算中心路由器、市级计算中心路由器之间基于 OSPF/BGP 路由协议进行保护收敛，为加快收敛速度，可采用 BFD 和 FRR 技术。

集中式 PON 路侧接入网方案的可靠性部署如图 7.3-5 所示。

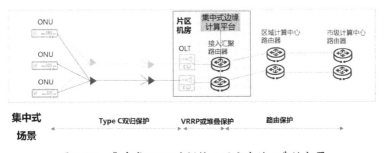

图 7.3-5　集中式 PON 路侧接入网方案的可靠性部署

在集中式场景中，PON 路侧接入网方案的可靠性部署方式如下。

（1）ONU 本身支持双 PON 端口上行，通过接主备光纤来实现路径保护。

（2）在片区机房内部署主备 OLT 做节点保护，将 ONU 的主备光纤分别连接到主备 OLT 上，实现 Type C 双归保护。

（3）主备 OLT 与 ONU 之间通过内部检测机制实现主备路径故障检测。当主路径故障时，可在 50ms 以内切换至备份路径。

（4）建议在 OLT 与接入汇聚路由器之间采用口字型组网。接入汇聚路由器作为 L3 网关，需要启用 VRRP 来实现双节点保护。

（5）接入汇聚路由器与区域计算中心路由器、市级计算中心路由器之间基于 OSPF/BGP 路由协议进行保护收敛，为加快收敛速度，可采用 BFD 和 FRR 技术。

7.3.4 时间同步方案设计

在车路协同系统中，融合感知节点需要对多个摄像头和雷达的数据进行融合计算。如果多个摄像头和雷达的数据拍摄时间不同，或者数据的时间戳信息不准确，就会导致计算精度下降。为了达到厘米级计算精度，需要系统提供 1ms 级的时间同步。传统的 NTP 基于软件实现，受到网络抖动、操作系统调度等因素的影响，往往只能达到 10～100ms 的精度，因此推荐使用 1588v2 技术来实现微秒甚至纳秒级的时间同步。

此外，与传统的无线通信类似，当 RSU 与 OBU 进行空口通信时，需要严格的时间同步。参考 3.2.2 节的分析，网络提供给 RSU 的时间同步精度要小于 1.5μs。

部署 1588v2 存在两种场景：端到端部署和分布式部署。

PON 路侧接入网方案端到端部署 1588v2 如图 7.3-6 所示，在端到端网络全自建的情况下，可采用端到端部署 1588v2 的方式。

（1）BITS 时钟源集中式部署，时钟信息通过市级计算中心路由器、区域计算中心路由器、接入汇聚路由器和 OLT 等设备，逐跳传递到末端 ONU。

（2）单个 OLT 或路由器的时钟精度应控制在 50ns 以内，OLT+ONU 组合的时钟精度应控制在 100ns 以内。假设 RSU 要求的时间精度为 1μs，则从时钟源出口到末端 ONU 之间的网络设备跳数应小于 20 跳（OLT+ONU 处算作 2 跳）。

(3) OLT 与 ONU 之间采用的是单纤双向技术，不需要额外进行时延补偿。

(4) OLT 上行至时钟源的网络通常使用双纤双向技术。如果收发的光纤长度不对等，则需要进行时延补偿。

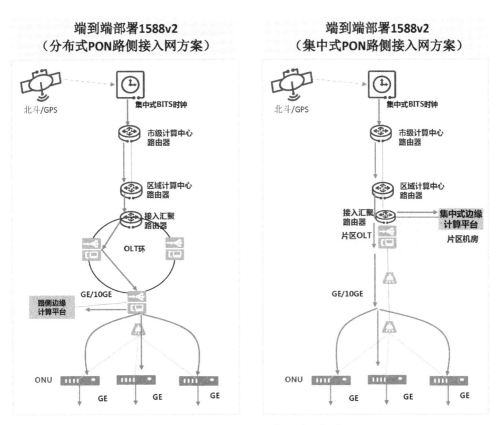

图 7.3-6　PON 路侧接入网方案端到端部署 1588v2

如果接入回传网租赁运营商专线，当专线无法传递 1588v2 信息时，需要采用分布式部署 1588v2 的方式，如图 7.3-7 所示。

（1）在这种场景中，可以在租赁运营商网络的出口处分布式部署 BITS 时钟源，时钟信息通过接入汇聚路由器、OLT 等设备，逐跳传递到末端 ONU。

（2）在分布式部署 1588v2 方式中，网络设备的时间精度、时延补偿等内容与端到端部署 1588v2 方式类似，不再赘述。

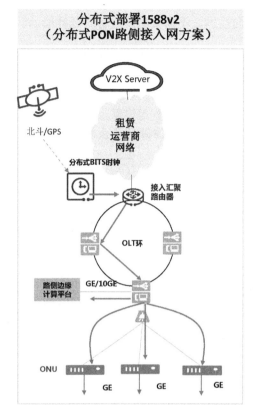

图 7.3-7　PON 路侧接入网方案分布式部署 1588v2

在分布式情况下，需要部署较多的时钟源，成本相对较高。为了解决此问题，可利用部分 RSU 支持北斗/GPS 输入和 1588v2 输出的特性，采用分布式反向部署 1588v2 的方式，如图 7.3-8 所示。

（1）此方式需要部分 RSU 设备支持北斗/GPS 输入，并且支持通过千兆以太网口进行 1588v2 输出。

（2）ONU 在用户侧千兆端口接收到 1588v2 信号后，可将信号反向同步给 OLT，由 OLT 将信号同步给下属的其他 ONU 及上联的其他 OLT。

（3）在分布式反向部署 1588v2 方式中，网络设备的时间精度、时延补偿等内容与端到端部署 1588v2 方式类似，不再赘述。

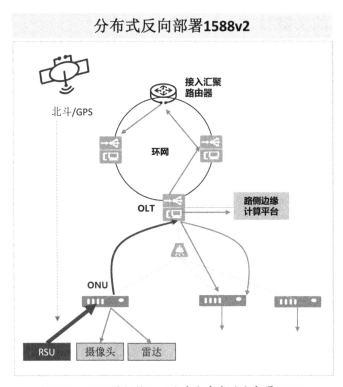

图 7.3-8　PON 路侧接入网方案分布式反向部署 1588v2

7.3.5　可扩展性方案设计

PON 可以方便地增加/减少智能网联杆站、路口的数量，具有很高的扩展性。

（1）在采用等比分光的场景中，可通过预留分光比的方式，方便地增加后续杆站。比如，对于有 4 个杆站的路口，可部署 1∶8 的等比无源分光器，在常规情况下可使用其中 4 个端口，预留 4 个端口用于扩展。在增加 ONU 时，完全不影响其他已在线的 ONU。

（2）在采用链式不等比分光的场景中，在末端增加杆站不影响已在链上的 ONU 工作；在中间插入杆站时，需断开链插入设备，链下游设备需倒换至备用的链路工作。由于带宽和光功率的限制，一般建议链式不等比分光的级联级数不大于 8 级。

（3）OLT 上行可根据需要灵活采用环网或星型双归等组网方式，增加/删除节点与传统交换机组网类似。

7.4 方案的关键技术

PON 是一种 P2MP 结构的网络，其系统由 OLT、光分配网（ODN）、ONU 组成。在 ODN 部分引入了分光器，用于实现分光功能，再将一路输入光纤信号通过分光器转化成多路输出光纤信号，便可完成 P2MP 架构。

PON 下行数据经分光器分光后广播到同一个 PON 端口下的所有 ONU，ONU 基于 PHY 的 ID 信息过滤属于自身的数据报文；PON 上行数据通过时分机制实现多个 ONU 无冲突共享上行端口，时分机制有固定带宽、保证带宽、尽力而为服务宽带等方式，不同重要程度的应用可以选择不同的时分方式来承载，如图 7.4-1 所示。

由此机制可以看出，PON 通过无源的方式可实现流量汇聚，节省一层汇聚设备。同时，为了实现上行的精准分时复用，PON 需要自带时间同步能力。

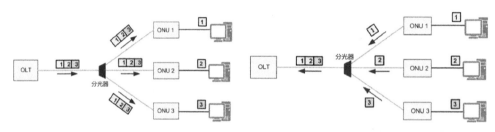

图 7.4-1　PON 的工作原理

PON 当前主要采用 GPON 或 XGS-PON 制式（相比 EPON，GPON 有明显的技术优势，传输带宽、效率、分光比、网络可靠性等关键指标均明显优于 EPON；GPON 标准具备更好的可演进性，主流运营商和设备提供商均选择 GPON 技术用于新建网络），其中心波长和线路传输速率如表 7.4-1 所示。在车路协同场景中，可根据单 PON 端口所带摄像头、雷达等的数量，按需选择不同的线路传输速率。

表 7.4-1　PON 的中心波长及线路传输速率

项目	GPON	XGS-PON
中心波长	下行：1490nm 上行：1310nm	下行：1577nm 上行：1270nm
线路传输速率	下行：2.488Gbit/s 上行：1.244Gbit/s	下行：9.953Gbit/s 上行：9.953Gbit/s

PON 技术的主要优势如下。

(1)支持远距离传输,采用光纤传输,可覆盖半径20km。

(2)通过分光器支持的分光特性,可以通过一根光纤将多个ONU汇聚连接入到OLT上,节省光纤资源(一对多)。

(3)在PON架构中,OLT和ONU之间是P2MP组网,不存在环网,从根本上解决了网络风暴问题。

(4)在PON架构中,OLT和ONU之间为一跳直达,业务无须经过多个设备转发,转发时延性能确定无跳变。

(5)PON架构采用集中式管理模型,在OLT侧集中配置,ONU可免配置,即插即用,对现场安装人员技能要求"0门槛",开通和运维简单。

(6)在PON架构中,OLT和ONU之间为一跳直达。当业务发生故障时,可直接定位到对应的ONU,无须逐跳排查,运维简单。

(7)PON维护性好,中间的分光器器件都是无源器件,免维护。

7.4.1 分光器

分光器是PON系统中不可缺少的无源光纤分支器件。作为连接OLT和ONU UE的无源设备,分光器的功能是分发下行数据和集中上行数据。分光器示意图如图7.4-2所示。

图7.4-2 分光器示意图

从工艺的角度看,分光器可分为FBT分光器和PLC分光器。

(1)FBT技术即将两根或多根光纤捆在一起,然后在拉锥机上熔融拉伸,并实时监控分光比的变化,在分光比达到要求后,结束熔融拉伸。FBT分光器工艺成熟、设备简单、原材料便宜,主要用于制作分光比为1∶4及以下的等比分光器和不等比分光器。

(2)PLC技术即用半导体工艺制作光波导分支器件,分光的功能在光波导分支件上完成。光波导分支器件与光纤阵列耦合封装成PLC分光器产品。PLC技术通道间均匀性好、产品体积小、在通道数多的情况下成本低,主要用于制作分光比为1∶4以上的等比分光器。

从分光比的角度看,分光器可分为等比分光器和不等比分光器两种。

(1)等比分光:输入光纤的光功率被均匀地分布到N个输出光纤上,常见的等比分光比有1∶2、1∶4、1∶8、1∶16、1∶32、1∶64、1∶128等,可根据实际应用场景进行选用。

(2)不等比分光:输入光纤的光功率不是均分的,而是按照某个比例分配的。不等比分光一般使用两根输出光纤,其中,一根光纤用于本地输出,另一根光纤用于连接下一个站点的不等比分光器,实现链式组网。常见的光功率分配方式有5∶95、10∶90、30∶70等。

7.4.2 DBA机制

ONU上行的带宽有如下几种。

(1)固定带宽:带宽固定分配,无须ONU申请即可使用,ONU不用也会浪费掉。一个PON端口下所有ONU的固定带宽之和不能超过端口速率。固定带宽适用于持续性的重要流量,如语音。

(2)保证带宽:需要ONU申请,并且申请时一定可以获得。一个PON端口下所有ONU的固定带宽与保证带宽之和不能超过端口速率。保证带宽在不用时可以分给低级别的流量使用。

(3)非保证带宽:需要ONU申请,要有空余带宽才能获得。

(4)尽力而为服务带宽:比非保证带宽的优先级更低的没有保证带宽。

(5)最大带宽:比尽力而为服务带宽优先级更低的没有保证带宽。

在具体使用时,ONU的带宽可以是上述5种带宽的组合。为了避免组合数量过多,一般按5种类型进行组合,如表7.4-2所示。

(1)类型1只包含固定带宽,适用于只有重要业务和持续性业务的场景。

(2)类型2只包含保证带宽,适用于只有重要业务和间歇性业务的场景。

（3）类型 3 包含保证带宽+非保证带宽+最大带宽，适用于多种业务同时传输的场景。

（4）类型 4 为尽力而为类型，主要用于不需要带宽保障的场景。

（5）类型 5 为综合型类型，包含所有的带宽类型，可以承载所有业务。

表 7.4-2　5 种类型的 DBA 模板

带宽类型	时延敏感	DBA 模板类型				
		类型 1	类型 2	类型 3	类型 4	类型 5
固定带宽	是	包含				包含
保证带宽	否		包含	包含		包含
非保证带宽	否			包含		包含
尽力而为服务带宽	否				包含	包含
最大带宽	否			包含	包含	包含

利用 DBA 技术，可以通过给设备管理、车路协同等高优先级业务配置保证带宽，以保障核心业务 0 丢包；给低优先级业务配置动态带宽，以满足流量突发、带宽集中调用时的带宽需求，提高带宽利用率。

7.4.3　PON 保护机制

OLT 与 ONU 之间支持两种保护模式。

（1）Type B 保护。Tyte B 保护的工作原理图如图 7.4-3 所示。ONU 到分光器部分不保护，分光器到 OLT 部分为双路光纤保护。这种保护模式成本较低，适用于园区办公等末端光纤故障率较低的场景。同时，Type B 保护只适用于星型组网，不适用于不等比分光组网（此组网方式有多级分光器，无法实现分光器双路光纤）。

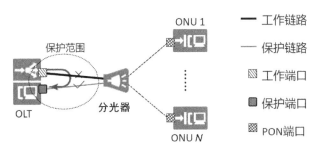

图 7.4-3　Type B 保护的工作原理图

（2）Type C 保护。Type C 保护的工作原理图如图 7.4-4 所示。ONU 提供两个上行端口，这两个上行端口通过两路光纤连接不同的分光器，不同的分光器再通过不同的光纤连接 OLT。这种保护模式成本略高，适用于工业、交通等需要高可靠性的场景。Type C 保护适用于星型组网和不等比分光组网。

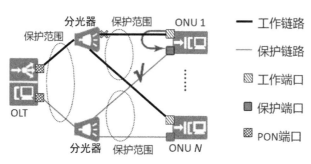

图 7.4-4　Type C 保护的工作原理图

不论 Type B 保护还是 Type C 保护，都可以在单个 OLT 或主备两个 OLT 上实现，在单个 OLT 上实现时被称为单归保护，在主备两个 OLT 上实现时被称为双归保护。

通过部署 Type C+双归保护，可以实现 OLT 上行链路、OLT、ODN、ONU 设备的端到端保护。同时，因为 OLT 和 ONU 之间为 P2MP 组网，某个 ONU 故障（包括 ONU 设备故障、ONU 分支光纤故障）不影响其他 ONU，可以支持任意多个 ONU 同时故障，而不影响其他 ONU，能够进一步提高网络的可靠性。

7.4.4　PON 硬隔离切片技术

在万物互联的时代，会有海量的设备接入网络，一台设备还会有不同的业务接入网络，这些设备/业务分属不同的行业领域，具有不同的特点，对网络的安全性、时延、可靠性、带宽等存在不同的诉求。在一个硬件基础网络上切分出多个独立的虚拟网络，按需分配资源、灵活组合，可以满足各种业务的不同需求。

PON 硬隔离切片技术是将虚拟端口技术、芯片资源隔离技术、时隙切片技术等相结合的端到端硬隔离切片技术，在传统的带宽隔离基础上，进一步做到转发隔离、表项隔离和队列隔离，以及可以基于切片实现不同的差异化 SLA 保障、资源的动态分配。PON 硬隔离切片网络如图 7.4-5 所示。

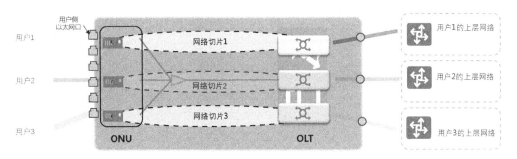

图 7.4-5　PON 硬隔离切片网络

第8章

5G 接入回传网方案

本章主要介绍了基于5G接入回传网方案的车路协同网络架构、场景部署方案、方案设计和方案的关键技术。

因为无线通信具有天然优势,所以5G接入回传设备的部署位置不受场景限制,可以部署在任何路侧网的汇聚节点上,通过租赁运营商的5G网络基础设施和URLLC服务,可以实现车路协同业务的回传。

8.1 方案架构和设计原则

5G 接入回传网方案是一种业主借助运营商提供的通信管道来建设车路协同接入网的方案。车路协同 5G 接入网由路侧网和 5G 接入回传网组成。基于 5G 接入回传网方案的车路协同网络架构如图 8.1-1 所示。

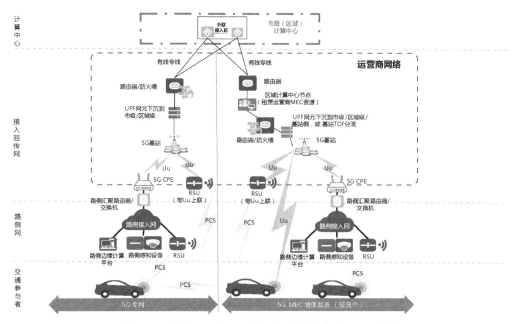

图 8.1-1　基于 5G 接入回传网方案的车路协同网络架构

5G 接入回传网方案目前以 5G 专网方案为主。5G 专网方案即由业主自建车路协同区域计算中心，并通过有线专线和运营商的 5GC（UPF 网元）连接。为降低业务时延，建议运营商将 UPF 网元下沉到市级或区域级。5G 专网方案主要适用于对通信时延（大于 50ms）不敏感的车路协同业务，不建议将其部署于时延敏感业务。

路侧网由路侧感知设备、路侧边缘计算平台、RSU、路侧通信设备和 5G CPE 接入终端等组成。路侧网的汇聚节点先连接到 5G 接入终端（如 5G CPE），再通过运营商的 5GC（UPF 网元）连接到市级（区域）计算中心。支持 5G Uu 空口的 RSU 可以通过 5G 网络独立连接到市级（区域）计算中心。

与此同时，业界还在研究如何通过租赁运营商部署在 5G 网络中的 MEC 平台资源的方式来建设区域计算节点，再利用运营商提供的 VPN 专线通信管道连接到市级

（区域）计算中心，为业主提供更多的增值服务。目前，运营商可以提供的 MEC 资源有两个层级：第一个层级是将 UPF 网元下沉到市级/区域级，业主将车路协同业务部署在运营商市级/区域级的 MEC 平台上，这一部署方式适合那些对通信时延要求较为宽松的业务（通信时延大于 50ms），部署成本相对经济；第二个层级是运营商将 UPF 网元下沉到基站 BBU 侧（或在 BBU 侧使用 TOF 分流方案），业主将车路协同业务直接部署在基站 BBU 侧的 MEC 平台上，这一部署方式适合那些对通信时延要求较高的业务（通信时延小于 50ms），但也增加了 UPF 网元的部署成本。

5G 接入回传网方案的设计原则和要点如下。

（1）运营商的 UPF 网元应下沉到市级边缘计算中心或者更低的位置，以满足车路协同回传业务的需求。

（2）关键场景的路侧网回传可使用运营商提供的双发去重功能来提高可靠性。

（3）单接入回传节点带宽不宜规划过高（下行不超过 1.4Gbit/s，上行不超过 200Mbit/s）。

（4）在运营商资源允许的情况下，尽量使用运营商提供的切片服务实现业务回传。对大带宽且时间敏感性不高（通信时延大于 50ms）的业务（如原始视频流）建议使用 eMBB 业务切片，对带宽需求不高但时间敏感性较高（通信时延小于 20ms）的业务（如结构化数据）和控制信令建议使用 URLLC 业务切片。

（5）车路协同业务云平台应通过运营商提供的管理接口对 5G 接入回传管道和终端（5G CPE、带 5G Uu 空口的 RSU）进行管理、运维。

（6）为方便业主对路侧网的管理，接入回传终端 5G CPE 建议支持 L2/L3 隧道功能，并支持管理代理功能。

8.2 场景部署方案

8.2.1 通用部署方案

因为具备了无线通信终端接入点位置相对比较自由的天然优势，5G 接入回传网的部署方案在城市车路协同场景中几乎是一样的。当路侧网统一通过运营商 5G 网络实现无线接入回传时，要求由路侧终端（路侧边缘计算平台、路侧感知设备和 RSU）组成路侧网，并将路侧网的汇聚节点（交换机/路由器/OLT）的上联端口连接到 5G CPE 网关。5G CPE 网关通过运营商的 5GC（UPF 网元）连接到市级（区域）计算中心。

当业主采用 5G 专网方案并自建市级（区域）计算中心（见图 8.2-1）时，建议运营商网络将 5GC（UPF 网元）的部分功能下沉到市级/区域级边缘计算中心，并且为车路协同回传业务专用，由该专网的 UPF 网元完成相关流量的分流，并通过专线将分流的车路协同业务数据转发给用户自建的市级（区域）计算中心，以降低网络时延。

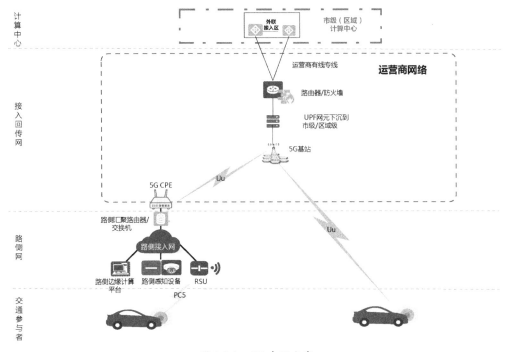

图 8.2-1　5G 专网方案

在实际部署中，由于业主的车路协同 5G 接入回传网和 5G 公网共用空口频谱资源，通过切片技术进行业务保护隔离，因此 5G CPE 建议配置双 SIM 卡。非时间敏感的业务流量（时延为 20ms 以上）建议使用运营商提供的 eMBB 切片业务，由一路 SIM 卡通道承担。时间敏感的业务流量（时延为 20m 以下）和控制消息建议使用运营商提供的 URLLC 切片业务，通过两路 SIM 卡通道同时发送（利用运营商提供的双发去重功能来提高业务可靠性）。

此外，由于设备形态的不同，5G CPE 功能可以集成在路侧接入网的路侧汇聚路由器或 RSU 上，但是网络拓扑结构是类似的。当 RSU 支持 5G Uu 空口上联功能时，可独立接入 5G 接入回传网。部署建议同 5G 专网方案。

由于受到运营商公网频段的约束，5G Uu 空口接入回传方案部署需注意以下事项。

（1）在公网频段下，单个 5G CPE 的建议吞吐率不超过 3Gbit/s（因为当前运营商 5G 公网中，1 个 AAU 站点的平均吞吐率为 3Gbit/s，最大吞吐率为 6.9Gbit/s，覆盖半径为 400m）。

（2）公网频段目前无法支持 1D3U（下行带宽和上行带宽之比为 1：3）配置，因此建议此频段下 5G CPE 的上行速率不超过 200Mbit/s，下行速率不超过 1.4Gbit/s，否则可能会影响移动网络中的其他业务。

（3）在部署 5G Uu 空口接入回传方案时，要结合运营商无线网络的频点资源情况与覆盖情况，以及公网业务流量情况，选择 5G CPE 的部署位置。

8.2.2 特殊部署方案（隧道场景）

在隧道场景中，由于 GNSS 信号无法覆盖，可以在通用部署方案的基础上，通过 5G CPE 和 RSU（如果 RSU 支持 5G Uu 空口上联功能），以及空口和运营商网络来实现时间同步功能，并节省隧道场景中时间同步系统的投资。在 RSU 设备支持的情况下，路侧网的其他设备可以以 RSU 为主设备进行 PTP 授时，在丰富了授时手段的同时，进一步节省时间同步系统的投资。

8.3 方案设计

8.3.1 协议部署方案设计

5G 接入回传方案的协议部署如图 8.3-1 所示，在 5G CPE（UE）和 5G 基站之间使用 5G 空口协议（5G-AN 协议）封装；5G 基站与 UPF 网元之间的回传通道使用 GTP-U 封装；在 UPF 网元和运营商出口路由器 PE 之间建议采用 IP VPN（如 GER 或 IPsec）；在运营商出口路由器 PE 和业主计算中心外联路由器（此处为 CE）之间采用运营商 VPN 专网协议建立 VPN 隧道，如 L2/L3 VPN 隧道。

为了方便业主运维，建议 5G CPE 支持 L2/L3 隧道功能，支持管理代理功能。

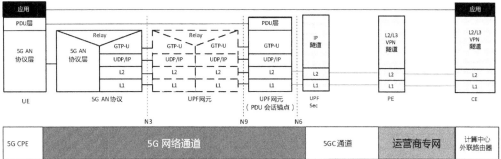

图 8.3-1　5G 接入回传网方案的协议部署

8.3.2　QoS 方案设计

5G 接入回传网方案的 QoS 保证可以最大限度地利用运营商提供的商用 5G 网络切片功能。5G 端到端网络切片可使 5G 网络资源灵活分配，在 5G 网络上虚拟出多个具有不同特点且互相隔离的逻辑子网，每个 5G 端到端网络切片均由无线网络、传输网、核心网的子切片组合而成，并通过 5G 端到端网络切片管理系统进行统一的管理，切片可满足不同业务 SLA 的 QoS 要求。

不同的网络切片类型在支持的功能特征和网络功能优化方面有所不同，不同的网络切片都可以用 S-NSSAI 标识。5G 网络可以同时为一个 UE 设备（如 5G CPE）提供多个网络切片实例。当然，每个 UE 的网络切片实例的并发连接数会受到请求或网络允许的数量限制。

S-NSSAI 由切片服务类型（SST）和 SD 组成。对于基于 UE 请求的 NSSAI 和订阅信息，在 5GC 中选择为该 UE 服务的网络切片实例，包括与该网络切片实例相对应的控制面和用户面网络功能。5G 网络中使用了标准化的 SST 值来保证切片全局 QoS 的互操作性。表 8.3-1 所示为 5G 网络标准切片类型、SST 值和切片特性。

表 8.3-1　5G 网络标准切片类型、SST 值和切片特性

切片类型	SST 值	切片特性
eMBB	1	适用于处理 5G eMBB
URLLC	2	适用于处理 URLLC
MIoT	3	适用于处理大规模物联网

续表

切片类型	SST 值	切片特性
V2X	4	适用于处理 V2X 服务

为了保证路侧网和 5G 接入回传网的 QoS 互操作，可对 L3 层（如路侧汇聚路由器的 IP 层）的业务类型与 5G 网络切片类型进行映射。5G 接入回传网的业务映射方案如表 8.3-2 所示。

表 8.3-2　5G 接入回传网的业务映射方案

5G 网络切片类型	主要业务类型	服务等级	队列调度	5G 网络切片
网络切片 1	车路协同消息	CS6	PQ	V2X
	融合感知流	EF	PQ	V2X
网络切片 2	第三方车企业务	EF	PQ	URLLC
默认网络切片	设备管理信息	CS6	PQ	eMBB
	电子信号板信息	AF3	WFQ	eMBB
	备份的融合感知流	BE	WFQ	eMBB
	其他业务	BE	WFQ	eMBB

8.3.3　网络可靠性方案设计

依据 3GPP 空口协议，运营商提供的 5G 接入回传网的可靠性指标最高可达 99.999%，以此作为车路协同网络可靠性的保证。

在运营商网络侧，对关键 RAN 设备（如 AAU、BBU）均可进行节点级备份保护，同时在链路级实施 PDCP 复制、RRU 环网组建、光口前传链路保护、NGC 接口设置和链路保护等增强措施。

在网络级，可以通过双频冗余覆盖（例如，由 2.3GHz 和 4.9GHz 两个不同频段的基站同时覆盖）来进一步提高可靠性，即路侧网使用两个 5G CPE 通过不同频段的无线链路同时将数据发送到网络侧，然后由 5G BBU 或者 UPF 网元选择性去重来提高通信可靠性，如图 8.3-2 所示。

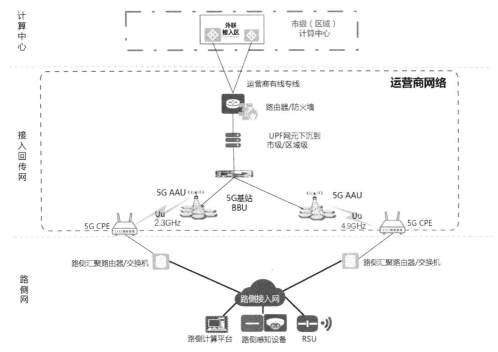

图 8.3-2　通过双频覆盖、双发去重方案提高通信可靠性（以 2.3GHz、4.9 GHz 频段为例）

8.3.4　时间同步方案设计

在车路协同网络的 5G 接入回传网方案中，对时间同步要求最高的业务是路端 RSU 和车端 OBU 设备之间的 PC5 通信业务。

RSU、路侧计算平台和路侧感知设备的时间同步如图 8.3-3 所示。在基于 5G 接入回传网的车路协同网络中，路侧系统时间同步的来源有多种，主要有 GNSS（如北斗、GPS）授时、Uu 空口授时和 PC5 空口授时。

（1）RSU 可以通过 GNSS 授时获得 10ns 至几十纳秒的时间同步精度。

（2）支持 Uu 空口回传的 RSU 可以通过 Uu 空口从 5G 基站获得授时，Uu 空口的授时精度为±1.5μs。

（3）RSU 还可以通过 PC5 空口获得授时，授时精度高于 Uu 空口的 5G 基站授时。

（4）路侧 5G CPE 可以通过 Uu 空口授时（授时精度为±1.5μs）来支持正常的无线通信业务。

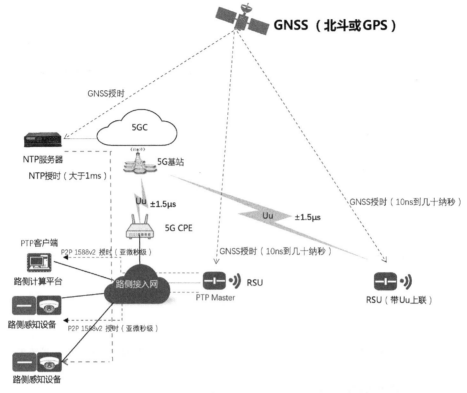

图 8.3-3　RSU、路侧计算平台和路侧感知设备的时间同步

如果 RSU 和路侧计算平台、路侧感知设备部署在同一物理位置上,那么 RSU 还可以作为 PTP Master 通过以太网向本地路侧感知设备和路侧计算平台授时。在使用 1588v2 时,授时精度可以为几十亚微秒(依赖于本地交换设备,需数通设备支持 1588v2)。在隧道场景中,可以使用这种同步方式来节省投资。

不支持 1588v2 的路侧感知设备可以通过 5G CPE 从运营商网络中的 NTP 服务器处获取应用层授时(精度较低,大于 1ms,精度高低依赖于运营商的服务器位置部署)。

8.3.5　可扩展性方案设计

从图 8.2-1 上可以看到,5G 接入回传网本身采取的是分布式部署方案,路侧系统通过路侧网实现路侧感知设备、路侧边缘计算平台、RSU 之间的通信,通过无线回传方式与市级(区域)计算中心连接,通过 PC5 通信方式与车辆通信系统连接。所以,整个网络可灵活扩展,不用铺设回传管线,网络扩展不影响原有的网络部署。新路侧系统节点的部署只需在路侧部署点完成 5G CPE 与路侧网汇聚节点设备的连接即可。

该方案还可与其他有线路侧网方案结合,以解决回传网络光纤资源不足的问题。

8.4 方案的关键技术

本节将介绍 5G 接入回传网方案的关键技术,包括 5G 专网技术、5G 网络切片技术、5G 高性能无线通信技术和 5G MEC 技术。

8.4.1 5G 专网技术

运营商通过提供 5G 专网方案,向千行万户赋予先进的 5G 无线通信能力,智慧城市的各类应用是 5G 专网的重要应用场景。

5G 专网具有大带宽、广连接、低时延、高安全性等诸多优势。同时,5G 专网具备部署区域化、网络需求个性化、行业应用场景化等特点。

部署区域化是指 5G 专网服务的部署范围可根据区域来设计,还可面向封闭式的使用场景,如制造业园区、港口、矿山等;网络需求个性化是指对时延要求严苛、对可靠性要求高、对上行速率需求高、对数据安全和隔离要求严格等,利用 5G 专网中的网络切片、边缘计算、NFV/SDN 技术来实现园区网络灵活部署;行业应用场景化是指 5G 网络将为不同的行业场景就近部署算力并提供通信能力开放。5G 专网可与现有 IT 网络实现兼容互通,网络能力、网络技术也将不断演进升级。对于多数企业,重要的一点是 5G 公网与 5G 专网的融合部署可以缩短建设周期,进而大大降低成本。

5G 专网不仅是一个通信网络,还是一种融合网络、云计算、边缘计算、应用平台全面定制的综合解决方案。5G 专网包括三种类型,即 5G 虚拟专网、5G 混合专网及 5G 独立专网。

1. 5G 虚拟专网

5G 虚拟专网如图 8.4-1 所示。在 5G 虚拟专网中,企业专网用户和企业内公众用户(如普通手机用户)共享 5G 基站、5GC(包括控制面和 UPF 网元)和 5G 移动承载网。

企业专网用户的数据流从企业专网 UE 开始,经过运营商在园区内设置的共享基站、5G 移动承载网,传到公网 UPF 网元,再通过专线传回企业云。在 5G 虚拟专网中，企业用户数据一般都会出园区。园区内普通用户的数据流通过运营商在园区内设置的共享基站，经5G移动承载网传到公网UPF网元。园区内普通用户的业务流和园区外普通用户的业务流一样。

运营商可以通过提供5G切片来保证基站到公网UPF网元的通信性能和数据安全，5G切片包括5G基站切片、5G移动承载网切片和5GC（UPF网元）切片。运营商5G UPF网元和企业云之间的专线也可以采用切片网络来保证高性能。为了保证网络安全，运营商和企业都会在网络出口处部署防火墙。

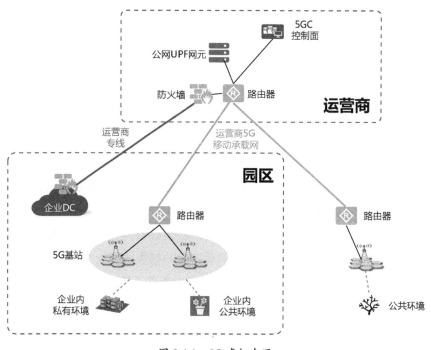

图 8.4-1　5G 虚拟专网

2. 5G 混合专网

5G混合专网如图8.4-2所示。在5G混合专网中，企业专网用户和企业内公众用户共享5G基站和5GC控制面。企业用户有专用的、部署在企业园区内的5G UPF网元。

企业专网用户的数据流从企业专网UE开始，经过运营商在园区内设置的共享5G基站，直接传到园区专用5G UPF网元，再通过园区内网络传到企业云。在5G混合专网中，企业用户数据不出园区，但5G用户的控制信息会出园区，并被发送到运营商的 5GC 控制面。

园区内普通用户的数据流通过运营商在园区内设置的共享基站，经 5G 移动承载网传到公网 UPF 网元。园区内普通用户的业务流和园区外普通用户的业务流一样。

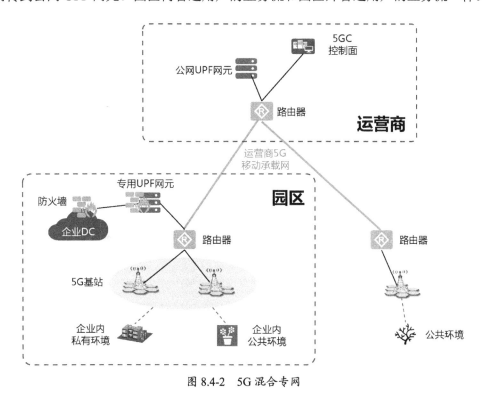

图 8.4-2　5G 混合专网

3．5G 独立专网

5G 独立专网如图 8.4-3 所示。在 5G 独立专网中，为企业专网用户和企业内公众用户分别建设独立的 5G 网络。5G 独立专网有独立的无线频段、独立的基站和独立的无线核心网（包括 5G 控制面和 UPF 网元），所有网络设备都在园区内通过园区网络互联。5G 独立专网可以由运营商来建设，也可以由企业自建。运营商同时在企业园区内部署 5G 公网，其部署方案和园区外部署方案一致，用于提供普通用户的 5G 业务。企业专网用户的数据流从企业专网 UE，经过运营商在园区内设置的独立基站，直接传到园区 5G UPF 网元，再通过园区内网络传到企业云，不需要经过防火墙。在 5G 独立专网中，企业用户的数据流和控制信息都不出园区。园区内普通用户的数据流通过运营商在园区内设置共享基站，经 5G 移动承载网传到公网 UPF 网元。园区内普通用户的业务流和园区外普通用户的业务流一样。

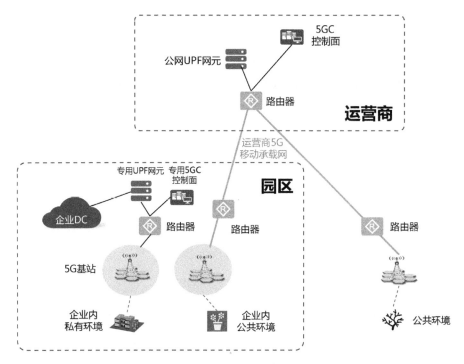

图 8.4-3 5G 独立专网

4. 5G 专网技术比较和应用分析

三种 5G 专网技术具有不同的性能和应用场景，具体分析如表 8.4-1 所示。

表 8.4-1 三种 5G 专网技术比较表

比较项目	5G 虚拟专网技术	5G 混合专网技术	5G 独立专网技术
共享的运营商网元	5G 基站、5GC 和 5G 移动承载网	5G 基站和 5GC 的控制面系统	无共享
传输时延	中	低	低
5G UPF 网元的位置	比较高，在运营商机房内	一般下移到园区	下移到园区
数据是否出园区	出园区	不出园区	不出园区
用户数据安全性	比较高（可以用切片）	很高	最高
方案成本	低	中	高
自定义业务能力	低	中	高
客户对象	对网络性能和边缘计算要求不高，且对成本比较敏感的中小企业	对网络性能尤其是时延要求高，同时对本企业数据管控严格的客户，如工业生产企业	对安全、性能、自管理要求苛刻的大客户，如矿山、港口（自动驾驶）

智慧城市车路协同网络设备都部署在城市公共区域，一般建议采用共享 5G 基站的专网方案，即 5G 虚拟专网和 5G 混合专网。5G 专网方案的主要差别在于是否提供 5G 切片（主要是 5G 空口的切片），以及是否提供独立的 UPF 网元来支持车路协同业务。要结合具体的需求来选择 5G 专网方案。

8.4.2 5G 网络切片技术

网络切片是 5G 网络中引入的新概念，其目的是在一个 5G 物理网络上构建多个可以独立运行的、虚拟的端到端网络。

1. 5G 端到端网络切片框架

5G 端到端网络切片框架如图 8.4-4 所示。该框架包含网络切片管理域和网络切片业务域两个部分。5G 端到端网络切片管理域由如下网络功能组成。

（1）通信服务管理功能（CSMF）。

（2）网络切片管理功能（NSMF）。

（3）网络切片子网管理功能（NSSMF），具体包括接入网网络切片子网管理功能（AN-NSSMF）、传送网网络切片子网管理功能（TN-NSSMF）和核心网网络切片子网管理功能（CN-NSSMF）。

5G 端到端网络切片业务域主要包含如下子域。

（1）用户终端（UE）。

（2）无线电接入网（RAN）。

（3）传送网（TN）。

（4）核心网（CN）。

（5）数据网络（DN），如移动承载网。

5G 网络切片主要用于应对 3GPP 组织定义的四种业务场景，即 eMBB、URLLC、MIoT 及 V2X，满足四种业务场景的客户移动网络需求。在实际业务场景中，每个业务对速率、时延、计费等有差异化诉求。为满足这些诉求，需要采用 5G 网络切片技术。

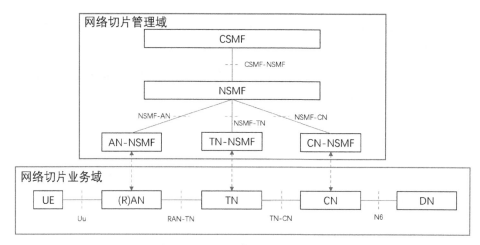

图 8.4-4　5G 端到端网络切片框架

2. 网络切片业务域——隔离技术

为防止运行在统一的基础设施资源上的切片之间相互影响，5G 端到端网络切片系统支持切片之间、切片专属部分之间或切片共享部分之间在数据和网络等层面的隔离控制。

5G 端到端网络切片系统支持不同粒度的隔离配置。

1）数据隔离

（1）数据访问控制：支持在网元对存储资源进行访问时实施基于切片的数据访问控制。

（2）数据加密存储：支持根据数据安全级别的不同，采用不同的存储加密机制。

2）网络隔离

（1）接入网和核心网的隔离。

①支持切片内网元与多切片共享网元的隔离。

②支持切片内网元与非切片网元或设备的隔离。

③支持不同切片之间网元的隔离。

（2）传送网的隔离：支持硬隔离和软隔离（可以基于 IP 网络切片技术方案，也可以基于 IP VPN+QoS 方案）。

3. 网络切片管理域技术

1）网络切片实例映射

（1）网络切片实例（NSI）与网络切片子网实例的关系。

以 Identifier of NS Instance 为标识的网络切片实例与以 Identifier of NSS Instance 为标识的网络切片子网实例（包括 AN-NSSI、TN-NSSI、CN-NSSI）之间的关系是多对多的映射和共享的关系。网络切片实例与网络切片子网实例的映射关系图如图 8.4-5 所示。

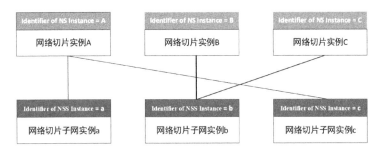

图 8.4-5　网络切片实例与网络切片子网实例的映射关系图

AN-NSSMF、TN-NSSMF、CN-NSSMF 在 NSS 的管理中支持一个网络切片子网实例被多个网络切片实例共享的场景和功能。

（2）网络切片实例与 S-NSSAI 的关系。

以 S-NSSAI 为标识的网络切片与以 Identifier of NS Instance 为标识的网络切片实例是一对多或者多对一的关系，一个网络切片可以由多个网络切片实例来承载，多个网络切片也可以由同一个网络切片实例来承载。网络切片实例与 S-NSSAI 的映射关系图如图 8.4-6 所示。

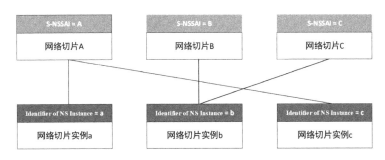

图 8.4-6　网络切片实例与 S-NSSAI 的映射关系图

2）网络切片生命周期管理

5G 端到端网络切片管理涉及 RAN、承载网和核心网等网络中设备的编排管理及运维保障。

对于 RAN 和承载网，网络切片管理主要是因为网络切片参数配置的需求，不是因为实例化新的资源需求。对于核心网，NSS 中资源的动态创建是基于 NFVO 网元提供的网络服务编排和管理功能来完成的，并在对资源的生命周期进行管理的基础上增加了对网络切片参数的分发和配置。

5G 端到端网络切片管理最主要的功能是网络切片的生命周期管理，需满足网络切片的生命周期管理流程要求。网络切片的生命周期管理流程如图 8.4-7 所示。

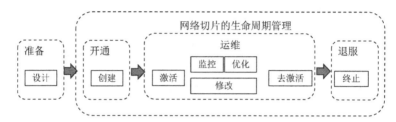

图 8.4-7　网络切片的生命周期管理流程

准备：准备阶段包括网络切片模板设计和上传、网络切片容量规划、网络切片需求的评估、网络环境的准备等。

开通：网络切片的创建。创建网络切片时，对所有需要的资源进行分配和配置，以满足网络切片的需求。网络切片可以分为共享和非共享两类。可以在网络切片实例上创建多个网络切片。

运维：运维阶段的操作可以分为两类，即指配类操作和监控类操作。指配类操作包括针对一个网络切片的激活、修改更新及去激活，而监控类操作包括对网络切片的状态监控、数据报告（如 KPI 监测）和对资源容量的规划。

退服：网络切片服务的终止。退服网络切片时，可以删除对应网络切片实例中该网络切片对应的配置和资源。若网络切片实例不包含任何网络切片，则该网络切片实例可删除。

为满足网络切片的生命周期管理流程要求，5G 端到端网络切片管理需要与各专业领域的 NSSMF 配合完成网络切片/网络切片子网的管理，主要包括如下几点。

(1）网络切片/网络切片子网设计。

(2）网络切片模板（NST）/网络切片子网模板（NSST）的管理。

(3）网络切片/网络切片子网的生命周期管理。

(4）网络切片/网络切片子网的配置管理。

(5）网络切片/网络切片子网性能、告警等的 FCAPS 管理。

(6）网络切片/网络切片子网的 SLA 闭环保障，故障自愈。

(7）网络切片/网络切片子网中资源、性能和告警等的数据开放。

4．UE 对网络切片的支持

UE 对网络切片的支持包括以下几点。

(1）UE NSSAI 的配置。

UE 预配置由 HPLMN 提供的默认配置 NSSAI，并为每个 PLMN 存储一个所配置的 NSSAI。

(2）UE 向网络注册和获取允许的 NSSAI。

UE 在执行注册过程时，可向网络提供请求的 NSSAI。UE 在注册过程中或配置更新过程中从网络获取允许的 NSSAI，允许的 NSSAI 最多包含 8 个 S-NSSAI。

UE 在从网络侧获得一个或多个拒绝的 S-NSSAI 后，不应重新尝试注册一个包含拒绝的 NSSAI 中的 S-NSSAI。

UE 在从网络侧获得一个或多个挂起的 S-NSSAI 后，在 NSSAA 完成之前，不应发起对挂起的 NSSAI 重新注册。

(3）UE 辅助 PDU 会话建立过程来选择网络切片。

UE 在建立 PDU 会话时，可携带该 PDU 会话所需的 S-NSSAI，辅助网络来为 PDU 会话选择适当的网络切片。UE 可根据配置的 URSP 规则确定建立 PDU 会话所携带的 S-NSSAI。URSP 由网络侧提供或在 UE 本地配置，如果两种情况均存在，则使用网络侧提供的 URSP。如果 UE 在实现应用程序与 PDU 会话的关联后无法确定任何 S-NSSAI，则 UE 不在 PDU 会话建立过程中指示任何 S-NSSAI。

除非 UE 收到在接入层连接建立消息携带 NSSAI 参数模式的指示，否则 UE 在默认情况下不在 3GPP 接入的接入层中提供 NSSAI。

（4）单个 UE 支持多个切片。

UE 能够同时支持当前接入类型和在注册区域内被允许的多个切片。

（5）UE 支持 NSSAA。

如果 UE 具备支持 NSSAA 的能力，那么应该在注册请求消息中指示支持 NSSAA。而且，如果 UE 支持 NSSAA，那么在由挂起的 NSSAI 指示的 NSSAA 完成之前，UE 不可使用该切片。

5. RAN 对网络切片的支持

RAN 子切片作为 5G 端到端网络切片中的一个关键组成部分，需要根据 5G 端到端切片管理系统下发的不同业务的不同 SLA 需求，进行灵活的子切片定制。

5G RAN 统一了空口框架，采用了灵活的帧结构设计，并针对不同的切片需求，为每个切片进行了专用无线资源块（RB）的分配和映射，形成了切片间资源的隔离，又进行了帧格式、调度优先级等的配置，从而保证了切片空口侧的性能需求。

RAN 还根据不同的业务场景及资源情况对 AAU、DU、CU 功能进行了灵活的切分和部署。例如，mMTC 场景对时延和带宽都无要求，因此在该景中，CU 可以尽量集中部署，获取集中化处理的优势；eMBB 场景对带宽的要求都比较高，对时延的要求差异比较大，因此在该场景中，CU 集中部署的位置需要根据对时延的要求来确定；URLLC 场景对时延的要求极其苛刻，因此在该场景中，一般都会采用一体化部署的方式来降低传输时延的损耗。

不同的业务对 RAN 子切片的隔离度要求也不同，主要存在两种场景：一种是切片间完全隔离，不同的切片在不同的小区中，如 eMBB 切片和 NB-IoT 切片；另一种是 CU-C 控制面共享、CU-U 用户面隔离，不同的切片可以在相同的小区中共享 CU-C 控制面，终端要求同时接入多个切片，如不同的 eMBB 切片。

此外，RAN 需要支持和核心网的对接，并完成 AMF 的选择流程。

（1）如果 UE 携带有效的 Temp ID，则 RAN 基于 Temp ID 选择 AMF。

（2）如果 UE 携带有效的 NSSAI，则 RAN 基于 NSSAI 选择 AMF。

（3）如果 UE 没有携带有效的 Temp ID 和 NSSAI，则 RAN 选择默认的 AMF。

6．IP 移动承载网对网络切片的支持

IP 移动承载网对网络切片的支持包括以下几点。

（1）为特定的用户或者业务提供专用的网络切片资源，为不同的业务提供差异化的连接和质量保证。

（2）基于不同的物理网络资源或逻辑网络资源，提供硬隔离切片或软隔离切片支持。

（3）在端到端网络中，IP 移动承载网用于连接 RAN 和核心网，支持按照切片对接标识进行对接。

7．5GC 对网络切片的支持

5GC 支持基于微服务的网络切片构建，以及切片的智能选择、切片的能力开放、4G/5G 切片互通、切片多层次的安全隔离等关键技术，支持网络切片的灵活组网。

根据 SLA、成本、安全隔离等需求，核心网切片支持 GROUP A、GROUP B、GROUP C 等多种共享类型的灵活组网。其中，GROUP A 是媒体面网元和控制面网元都不共享，其安全隔离度高、对成本不敏感，适用于远程医疗、工业自动化等场景；GROUP B 是部分控制面网元共享，媒体面网元和其他控制面网元不共享，其隔离要求较低，终端可同时接入多个切片，适用于辅助驾驶、车载娱乐等场景；GROUP C 是控制面网元共享、媒体面网元不共享，其隔离要求低、对成本敏感，适用手机视频、智能抄表等场景。典型的切片组网是将 NSSF 和 NRF 作为 5GC 公共服务，以 PLMN 为单位部署；AMF、PCF、UDM 等网络功能可以共享，并为多个切片提供服务；SMF、UPF 网元等可以基于切片对时延、带宽、安全等的不同需求，为每个切片单独部署不同的网络功能。

5GC 支持灵活组合的、3GPP 组织定义的标准网络功能服务和公共服务。可通过各类服务组合的方式灵活编排网络功能，再将网络功能组合成需要的网络切片，如 eMBB、URLLC、mMTC、V2X 等切片。每项服务支持独立注册、发现和升级，从而更便于满足各垂直行业的定制需求。

5GC 切片主要采用 NSSF 进行切片的选择。NSSF 支持基于 NSSAI、位置信息、切片负荷信息等，智能化地选择切片。基于位置信息，可以实现全国、省市等大切片的部署，也可以实现工业园区、智慧小区等小微切片的部署。同时，5GC 支持通过

NWDAF 来实时采集网络切片的性能指标，如用户数、当前吞吐量、平均速率等。NSSF 网元从 NWDAF 网元获取相关的数据，并结合 AI 执行智能化的切片选择策略。

依托服务化架构，5GC 可直接或者通过能力开放平台向外部应用提供网络服务，支持定制化的网络功能参数，基于动态 DPI 的灵活 QoS 策略，以及个性化切片和流量路径管理等 NEF，从而更加精细化和智能化地满足外部对网络服务的要求。

核心网网络切片子网与承载网网络切片子网的对接是根据切片对接标识进行映射的。

8．切片编排管理技术

5G 切片可以根据垂直行业（如 AR/VR、车联网）、地域（全国、省市或热点区域）、虚拟运营商等维度进行部署、划分，而且切片编排涉及接入网、传输网和核心网等，各网络设备由不同的设备厂商提供，因此切片的编排、部署和互通都面临着巨大的挑战。5G 切片将以模型驱动的工作方式，快速适应新业务、新切片、新功能，以推动新的商业模式的发展。电信级 DevOps 编排系统支持切片的设计可视化、部署自动化、运维智能化，从而实现快速业务交付。

5G 端到端网络切片的设计是比较重要的一环，设计中心拥有丰富的切片模板和认证组件库，可以直接使用切片模板对参数进行更改/增加/删除组件，从而实现快速的、自定义的切片设计。设计中心还支持云化的测试环境，可以模拟实际环境进行预部署，并提供了丰富的切片自动化测试工具，用于对设计变更的切片进行功能和性能的测试与验证，形成集中化闭环的设计中心，让切片设计变得更加简单。

利用 CSMF、NSMF、NSSMF 和 MANO 可以实现 5G 端到端网络切片的订购、编排、部署的自动化。NSSMF 既可以和 NSMF 集中部署，也可以下沉到子切片域来部署，以适配对不同厂家设备的编排。租户或企业可以通过 CSMF 向运营商订购切片，并提交相关的需求，如在线用户数、平均用户速率、时延等。NSMF 负责切片的编排和部署，将 CSMF 的需求自动转化为切片需要的 SLA，并把 5G 端到端网络切片的需求分解为子切片需求。NSSMF 负责子切片的编排和部署。之后，切片或子切片的模板转化为网络服务的模板，再通过 MANO 进行切片的部署。

自动化保障机制通过不同层次的自动化闭环机制（采集、分析、决策、动作执行），实现故障自愈、弹性和自优化，减少运维中的人工介入。业务层、切片层、子切片层、网元层、资源层均可提供自动化运维能力和实时的自动化保障能力。自动化保障机制支持层与层之间的协同，保障切片端到端的 QoS。自动化保障机制可提供实时的资产状态视图，其中涉及切片拓扑、切片健康状况及 SLA 指标，有助于运营商实时掌握全网状况，还有利于资源的优化使用，从而实现层次化的自动化闭环机制，达到故障自愈和自优化的效果，并简化运维过程。

8.4.3　5G 高性能无线通信技术

1．5G 空口——大带宽增强技术

车路协同业务中的信息服务类业务及安全驾驶类业务涉及视频回传场景，对速率的要求较高，例如远程软件升级要求下行速率大于 500Mbit/s、上行速率大于 200Mbit/s。因此，车路协同接入回传网需要在保证一定可靠性和时延的同时，拥有提供大带宽的能力。5G eMBB 场景对信道编码重新设计，引入大规模天线设计、超密集组网等关键技术，以提高频谱效率和系统容量，从而满足此类场景的高速率需求，具体手段如下。

（1）大规模天线设计：在基站端采用大规模天线阵列的同时服务大量的终端，并通过多用户 MIMO 技术，支持更多用户的空间复用传输，提升 5G 系统频谱效率及能效，从而在用户密集的高容量场景中提升用户体验。配置了大规模天线阵列的基站可以通过混合波束赋形，产生具有指向性的波束，以增强发射信号，并提高其幅度，获得赋形增益，从而提升小区覆盖能力。

（2）新型调制编码：5G NR 控制消息和广播信道采用极化码，数据采用 LDPC 码，LDPC 码和极化码可以为 5G 提供具有不同性能需求的多样化业务和部署场景下的可靠传输，并提升频谱效率。

（3）超密集组网：超密集组网通过大量装配无线设备，可实现极高的频率再用率。与传统组网方式相比，超密集组网方式的频谱利用率更高，系统容量更大，热点地区的系统容量因其获得几百倍的提升。同时，在超密集组网方式中，可以利用微小区对边缘、阴影地区实现无缝覆盖，改善用户体验。

2．5G 空口——大上行技术

为满足车路协同行业客户对上行峰值速率、上行容量、上行边缘速率的高要求，5G 行业网络可引入灵活帧结构设计技术（依赖于频率规划）、上行载波聚合技术、SUL 技术三种增强技术。

（1）灵活帧结构设计技术：5G 行业网络可按需采用上行时隙配比多的帧结构。5G 行业网络若采用 3U1D1S 帧结构，则其上行资源较公网典型配置增加 3 倍，可显著提升网络的上行速率和上行容量，现网实测单载波上行峰值可达 747Mbit/s。

（2）上行载波聚合技术：该技术是 4G /5G 增强技术之一，通过将多个载波聚合起来并同时传输，大幅提升上下行性能。载波聚合包括频带内和频带间的聚合。在 R16 协议中，载波聚合功能进一步增强，可支持非同步的载波间聚合和终端 1~2Tbit/s 间的天线轮发。例如，2.6GHz 频段共有 160MHz 带宽，两载波聚合上行的理论峰值速率可达 400Mbit/s，2.6GHz+4.9GHz 跨频段载波聚合上行的理论峰值速率可达 500Mbit/s，通过更多频段的载波聚合还可进一步提升宽带性能。

（3）SUL 技术：5G 网络基础覆盖采用中高频段，可能出现上行覆盖和速率受限的问题，通过 SUL 技术，可以实现上下行频率解耦；通过充分利用存量低频率频谱资源，可以有效提升上行边缘速率；通过引入新的全上行频段，可以大幅提升上行峰值和小区容量。

3. 5G 空口——低时延技术

针对 URLLC 场景，协议引入了 Mini-slot、免调度、增强的设备能力、URLLC 业务抢占等一系列增强技术。此外，还可针对业务需求，进行帧结构、SR 周期等算法参数和功能开关的联动配置，通过多种技术的灵活组合，形成分级的空口时延能力。

（1）Mini-slot：将调度最小颗粒度从 slot 级（14 个符号）降至符号级，降低调度/反馈时延。

（2）免调度：当用户有上行数据包到达时，不经过 SR-UL grant 过程，直接在基站预先分配好的资源上传输数据包，需要 RRC 信令或者 RRC+DCI 参与，类似于 SPS。

（3）增强的设备能力：NR 中定义了增强的终端能力 2（简称能力 2）。能力 2 的终端支持更低的 PDSCH 处理时延与 PUSCH 准备时延，进一步降低了用户面时延。

（4）URLLC 业务抢占：在 URLLC 的业务来包后，需要根据对应的时延要求马上进行调度，且调度的单位为 Mini-slot。如果此时 URLLC 需要的频域资源和已经传输的另一个 UE 的 eMBB 业务资源冲突，为了保证 URLLC 的超高时延要求，则需要占用这些资源。占用的资源会以位图的方式指示给 eMBB 终端，用于 eMBB UE 的正常译码和 HARQ 流程处理。

4．5G 空口——超高可靠性使能技术

为了提高数据传输的可靠性，对 5G 空口进行了一系列增强设计，以冗余资源换取高可靠性。PHY 通过引入控制信道增强、低码率 CQI/MCS 表格、重复传输等技术，提高了调制解调的容错性和数据传输的可靠性；PDCP 层通过引入 PDCP 复制等技术，提高了数据冗余度，从而提高了数据传输的可靠性。

（1）控制信道增强：为了提高控制信道的可靠性，PDCCH 可采用更大的聚合等级，如支持聚合等级 16；PUCCH 可支持长格式，如支持 format 1 等；还可用更多的资源传输控制信息，降低其码率。

（2）低码率 CQI/MCS 表格：为了实现 URLLC 的超高可靠性，数据信道要用更低阶的 MCS 进行传输，因此定义针对 URLLC 的低码率 MCS/CQI 表格。

（3）重复传输：NR 定义了多时隙 PDSCH 传输，根据 RRC 信令配置，一个传输块可以在连续的多个时隙上使用相同的时域资源分配方案进行重复传输。PUSCH 支持重复传输，RRC 信令可以配置传输块的重复次数 K 和重复的冗余版本。

（4）PDCP 复制：在载波聚合或 DC 模式下，NR 支持通过 PDCP 复制方式进行数据传输，提高了数据传输的可靠性；建立两条冗余传输路径，这两条路径分别与不同的小区组或者子载波绑定。

除了可以采用以上几种技术，还可以采用双频冗余覆盖技术，通过无线链路双发双收去重来提高数据传输的可靠性。

8.4.4　5G MEC 技术

3GPP 组织不仅对 RAN 做了大量性能改善工作，也对 5GC 做了结构性调整，MEC 技术的引入进一步降低了用户业务的端到端时延。

MEC 技术使运营商和第三方应用可以部署在靠近用户附着接入点的位置，通过用户数据的本地分流来降低时延，实现高效的业务分发，同时减少网络回传的压力。车联网业务是 5G MEC 的目标场景之一。在车联网业务中，数据的传输和就近处理极为重要，预警信息越早到达，就越能为驾驶员或自动驾驶系统留出充足的反应和判断时间,最大限度地保证安全出行。5G 网络中 MEC 的部署组网策略需根据车联网业务的时延要求和业务属性,以及运营商的实际网络部署来决定,部署位置主要有以下几种。

(1)部署在 5G 基站侧,时延不大于 10ms,但覆盖范围有限,单用户成本较高。

(2)部署在运营商 5G 承载网接入环(本地级)上,时延为 16~24ms,覆盖范围相对基站侧部署有所提升,部署成本高,机房改动量大。

(3)部署在运营商 5G 承载网汇聚环(城域级)上和传输核心层(省级)中,时延为 22~42ms,覆盖用户数较多,部署成本较低。

虽然 MEC 架构和业务不是与 5G 强相关的,但 MEC 是 5G 的一种基本业务实现。5G MEC 与 5G 网络的移动性管理、QoS 架构、会话管理、用户面路径优选、能力开放、计费等关键技术的具体实现密切相关。MEC 的特点使它在 5G 网络部署时需要依赖网络并通过特定的配置或信令交互流程来保障。同时,为了和 5G 网络更有效地交互,屏蔽不同的接入方式对 MEC 核心功能的影响,5G MEC 系统自身需要在功能架构中设置与 5G 网络交互的功能。

5G MEC 系统包含 5G 网络和 5G MEC 平台系统。5G MEC 系统架构如图 8.4-8 所示。其中,AUSF 意为鉴权服务器功能,GMLC 意为网关移动位置中心。

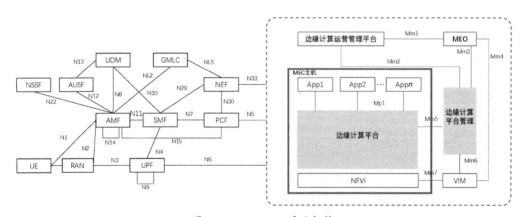

图 8.4-8　5G MEC 系统架构

5GC 通过控制面与用户面分离,使 UPF 网元可以灵活地下沉部署到网络边缘,而 PCF 及 SMF 等控制面功能可以集中部署。另外,5GC 定义了基于业务的服务化接口,网络功能既能产生服务,也能消费服务。

5G MEC 平台系统相对于 5GC，是 AF+DN 的角色。该平台系统在系统级可引入 5GC 的连接特性（如边缘计算平台上的能力开放代理和系统级的 5GC 代理），以简化该平台系统与 5GC 的信息交互与处理流程。5G MEC 平台系统和 UPF 网元之间为标准的 N6 接口连接；5G MEC 平台系统可以通过 NEF→PCF→SMF 影响用户面策略，在作为可信 AF 网元时，也可以直接通过 PCF→SMF 影响用户面策略；5G MEC 平台系统作为 AF 网元的一种特殊形式，可以与 5GC NEF/PCF 进行更多的交互，并调用 5GC 开放能力，如消息订阅、QoS 等。

UPF 网元可以实现 5G 边缘计算的数据面功能。5G MEC 平台系统为边缘应用提供运行环境，并对边缘应用进行管理。根据具体的应用场景，UPF 网元和 5G MEC 平台系统可以分开部署，也可以一体化部署。

5G MEC 平台系统架构包含以下内容。

（1）MEC 主机：边缘计算平台、MEC 应用（ME App）、NFVI。

（2）MEC 系统虚拟化管理，包含系统级管理和主机级管理，系统级管理即 MEO 管理，主机级管理包含 VIM、多接入边缘计算平台管理。

（3）边缘计算运营管理平台，包含运营管理子系统和运维管理子系统。

（4）5GC 代理（可选）：与 5GC 交互信令的统一接口功能。

从功能要求的角度看，MEO、边缘计算运营管理平台为系统级，MEC 主机、MEPM、VIM 为主机级；从部署位置的角度看，MEPM 可以和 MEC 主机一起部署在边缘，也可以和系统级网元一起部署在相对集中的位置。

5GC 能通过以下方式支持 MEC。

（1）5GC 可选择靠近 UE 的 UPF 网元，并根据用户的签约信息、用户位置、AF 网元提供的信息、策略或其他相关流量规则通过 N6 接口执行流量从该 UPF 网元到 LADN 的疏导。该功能应支持通过单一 PDU 会话的 ULCL 实现，可选支持 BP（IPv6 Multi-homing）和 LADN。

（2）PCF 应对分流到 LADN 的流量提供 QoS 控制和计费的规则。

（3）在用户发生移动时，5G 网络应通过 SSC1/SSC2/SSC3 从网络连接层面支持业务和会话的连续性。

（4）5G MEC 系统应支持直接或通过 NEF 与 5GC 交互信息，联合 5G 网络来保证业务和会话的连续性。

根据既定的策略，允许某些应用功能直接和它们需要交互的控制面功能进行交互，而另外一些应用功能则需要通过 NEF 和控制面功能进行交互。

第 9 章

智慧城市车路协同网络安全方案

本章主要对智慧城市车路协同网络安全需求分析、智慧城市车路协同网络安全架构、智慧城市车路协同网络安全方案和智慧城市车路协同网络安全方案的关键技术四部分进行描述和建议。其中，智慧城市车路协同网络安全方案覆盖骨干网、接入网、计算中心网络三大领域，涉及网元安全防护、网络安全防护、运维安全防护等。对于智慧城市车路协同网络安全方案的关键技术，本章介绍了终端网络接入的二层认证技术、路由设备三面隔离防护技术和 PON 防护技术，这些都能为智慧城市车路协同网络保驾护航。

9.1 智慧城市车路协同网络安全需求分析

根据新型智慧城市 5G 赋能的车路协同网络研究、设计、部署和应用情况,骨干网、接入网和计算中心网络的安全需求具体如下。

9.1.1 骨干网安全需求

骨干网安全需求主要有以下几点。

(1)推荐限制骨干网与其他网络的互联,避免因网络互联开放而受到外部网络攻击。当业务需求必须互通时,需要考虑部署安全防护,满足相关等保要求。

(2)对于非信任网络,应启用安全路由协议机制,避免非法连接和路由攻击。

(3)推荐安装网络安全评估分析软件,以扫描、分析网络,及时发现并修正网络中存在的漏洞。建议通过网络安全评估分析软件,对骨干网的状态进行实时监控,以便及时发现骨干网的安全隐患。

(4)应遵循最小化服务原则,关闭所有非必要的服务,避免增加网络的安全风险。

(5)应通过网络技术对不同安全等级的业务进行隔离,并应通过安全平台对不同安全等级业务之间的互访进行策略管控。

(6)在骨干网与其他网络互联处应具备流量监测能力,建议基于骨干网出入流量进行安全分析,并通过整网安全监控平台进行信息汇总,并进行攻击溯源和处置。

(7)骨干网设备应具备设备内生安全能力,以及通过操作系统防护、软件完整性保护、数据机密性保护等手段来保证网元自身的安全可信能力。

9.1.2 接入网安全需求

接入网安全需求主要有以下几点。

1)安全物理环境需求

(1)感知节点设备所处的物理环境应不对感知节点设备造成物理破坏,如挤压、强振动。

（2）感知节点设备在工作状态所处物理环境应能正确反映环境状态（如温湿度传感器不能安装在阳光直射区域）。

（3）感知节点设备在工作状态所处物理环境应不对感知节点设备的正常工作造成影响，如强干扰、阻挡屏蔽等。

（4）关键感知节点设备应具有可供长时间工作的电力供应（关键网关节点设备应具有持久稳定的电力供应能力）。

2）安全区域边界需求

（1）设备应保证只有授权的感知节点可以接入。

（2）设备应保证感知节点具备二次认证能力，确保连接可信。

（3）设备应能够限制与感知节点通信的目标地址，以避免对陌生地址的攻击行为。

（4）设备应能够限制与网关节点通信的目标地址，以避免对陌生地址的攻击行为。

9.1.3 计算中心网络安全需求

计算中心网络安全需求建议参考 GB/T 22239—2019《信息安全技术 网络安全等级保护基本要求》中云计算平台/系统的网络安全等级保护三级要求，以满足计算中心网络建设、验收和政府监管的要求。

9.2 智慧城市车路协同网络安全架构

目前，根据智慧城市车路协同网络安全需求，智慧城市车路协同网络安全架构如图 9.2-1 所示。

（1）骨干网。

骨干网连接区域计算中心和市级计算中心，提供稳定、可靠、低时延、大带宽的骨干网连接能力。

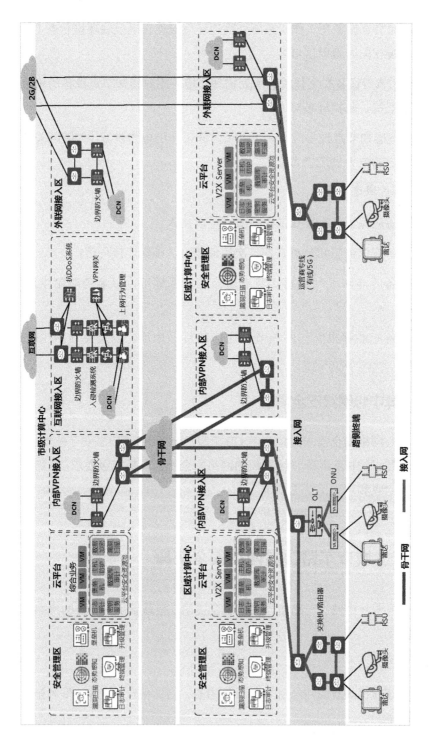

图 9.2-1 智慧城市车路协同网络安全架构

（2）接入网。

接入网包括接入回传网和路侧网。路侧终端包括雷达、摄像头、RSU 等物联终端设备。接入网安全防护主要包括物联终端的准入控制及异常识别，以及应对私接、仿冒等安全风险。

（3）计算中心网络。

计算中心是车路协同网络的数据处理区域，依据所接触网络区域和用户风险等级的不同，划分为不同的区域。计算中心网络安全防护包括云平台安全防护、安全管理中心安全防护及边界安全防护。计算中心与第三方机构在互联网应用方面有交互需求。计算中心网络需要具备外联网接入防护、互联网接入防护等能力。

9.3　智慧城市车路协同网络安全方案详解

9.3.1　骨干网安全方案

骨干网为车路协同网络提供核心汇聚的功能。骨干网安全方案需要考虑网元安全防护、网络安全防护及运维安全防护，具体安全功能要求如下。

（1）网元安全防护：网络设备作为骨干网中的关键节点，在数据保密性、完整性和可用性，以及设备接入认证管控等方面，首先需要保证节点自身的安全，做好纵深防御，防止设备被入侵后，价值资产被窃取、服务异常或者作为攻击跳板。

（2）网络安全防护：网络安全防护包括路由协议安全防护、链路通信安全防护，以及在网络层提供加密通信和安全可靠的协议交互。

（3）运维安全防护：对于运维层，需要做好安全防护和安全配置核查；对于恶意操作，应及时检测和处置，同时及时检测入侵行为，做到行为可审计、可追溯。

骨干网安全方案架构如图 9.3-1 所示。

将网元安全防护、网络安全防护及运维安全防护三个部分具体到安全方案设计，参见如下内容。

图 9.3-1　骨干网安全方案架构

1. 网元安全防护

网元安全防护主要包括网元设备硬件/软件的机密性与完整性防护、路由设备三面隔离防护。

1）网元设备硬件/软件的机密性与完整性防护

（1）安全启动：通信设备在启动时应确保硬件组件没有被替换，加载的软件没有被篡改，以及设备加载的内核文件和软件大包是安全可信的（没有被篡改）。

（2）安全隔离：网元内部应利用三面隔离（管理面、控制面、转发面隔离）及设备的态势感知等能力来构建设备内生安全架构，同时提供进程隔离、容器隔离、沙箱隔离等技术，构筑系统的纵深隔离能力。

2）路由设备三面隔离防护

路由设备的安全域可以划分为管理面、控制面、转发面，应对每个面部署相应的安全策略，防范承载网可能受到的攻击（详见 9.4.2 节）。

2. 网络安全防护

网络层主要完成承载网的数据传输，包括各网元之间的协议报文传输、用户业务数据传输。它面临的主要威胁有如下几点。

（1）被非法监听网络数据，造成信息泄露。

（2）被仿冒，造成路由泄露和路由劫持。

（3）被利用协议漏洞进行渗透。

因此，在网络层的安全防护应至少支持管道加密防护、路由安全防护和协议安全防护等安全措施，以消减以上安全风险。

（1）管道加密防护：为了防止被以监听或镜像等方式对骨干网内传输的数据进行窃取，应通过对网元设备采用管道加密等措施来保护网络中传输的数据的安全。例如，通过 IPsec 通道进行认证及加密传输时，需支持高强度加密算法，确保攻击者难以在有效时间内破解加密协议。

（2）路由安全防护：为了确保路由协议的交互安全，首先要确保路由邻居是可信的，例如 BGP 邻居间 Keychain 认证等方式可以有效消减路由邻居被仿冒等安全风险。

（3）协议安全防护：攻击者可能利用路由协议的漏洞发起 DDoS 攻击，例如大量 IGP SYN、BGP Open 等请求报文，企图耗尽设备的 CPU 和内存，通信设备可通过 CAR 限速（端口或特定协议报文的限速）防止此类攻击。

3．运维安全防护

运维层主要负责网络安全的配置管理和运维操作，应至少包括安全配置核查、动态信任等安全防护。

（1）安全配置核查。安全配置核查是安全管理的重要组成部分，主要应对需要提前防范的问题。利用安全配置核查能力，建立设备的内生安全基线配置。网络管理系统通过北向接口调用网元功能服务进行自动风险检测，通过报表呈现错误及风险配置来给出配置修复建议。

（2）动态信任。动态信任指对用户的高风险操作进行二次认证，防止误操作或者非法操作，以及对接入用户进行动态信任评估，综合分析其操作行为，及时通知系统管理员当前的操作风险并做出处置。

9.3.2 接入网安全方案

接入网应具备对网络端口接入认证的能力，这样只有合法的、被授权的设备才允许接入网络。接入网还应具备终端流行为分析能力。接入网的安全防护主要通过如下两个层面来实现。

（1）网络端口接入认证：对网络端口的接入认证可以确保非授权的私接终端无法接入网络。

（2）终端流行为分析：资产识别及准入控制措施能够有效识别仿冒、私接等问题，但是仍无法避免一些水平高的攻击者绕过认证体系进行一些操作，例如修改 MAC 地址或硬件识别信息等。此外，攻击者可以通过漏洞或近端物理攻击来获取终端设备的控制权限，再攻击内部网络。为了提升终端设备的安全防护能力，需要对其流量进行分析，从而判断终端设备可能存在的安全风险。

接入网安全方案架构如图 9.3-2 所示。

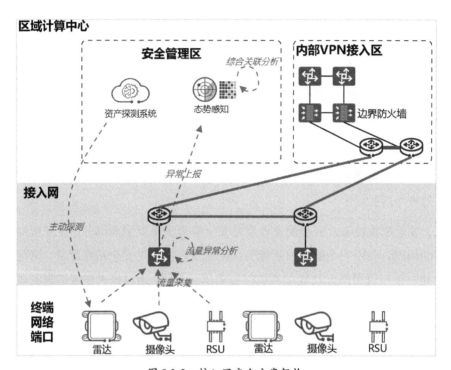

图 9.3-2　接入网安全方案架构

接入网安全防护根据不同的网络实现方式，可以分为网元安全通用防护、网络安全防护，网络安全防护又可分为数通网络安全防护、PON 路侧网安全防护和 5G 接入回传网安全防护。

1. 网元安全通用防护

对网元安全通用防护参考 9.3.1 节进行设计。

2. 网络安全防护

1）数通网络安全防护

数通网络安全防护主要包括网络端口接入和网络接入端口流量异常监测。

（1）网络端口接入。

接入网的接入方式主要有如下两种。

①二层接入：路侧汇聚设备与杆上接入设备采用二层组网方式，配置二层 VLAN，使用 VLAN 隔离不同业务终端。

②三层接入：路侧汇聚设备与杆上接入设备采用三层 VPN，通过 VRF 技术，实现业务隔离。

无论采用哪种方式，网络端口接入应至少支持 802.1x 认证和 MAC 认证中的一种。接入网物联终端设备需根据自身特点和现网情况来选择不同的准入认证能力。

（2）网络接入端口流量异常监测。

①接入网物联终端设备的流量模型相对固定，通过一段时间的流量学习，可以对每个接入的终端生成流量基线，当终端的流量与对应的流量基线产生较大偏差时，需要确认终端是否存在安全风险。

②为了提升异常流量检测效率，可在杆上接入设备上部署流行为检测功能，对接至网络的终端流量进行实时检测和分析。当单位时间内统计到的流量与极限偏差超过阈值时，产生告警，通知管理员进行确认。

③可增加协议异常检测设备，对符合流量模型，但利用协议漏洞进行攻击的行为进行识别和检测。

2）PON 路侧网安全防护

PON 路侧网安全防护主要包括终端网络接入、数据加密和安全隔离 3 部分。

（1）终端网络接入。

PON 应支持静态 IP/MAC 绑定功能，只有在 IP/MAC 白名单里的终端设备，才允许接入网络，不在白名单里的终端设备则不允许接入网络，具体如图 9.3-3 所示。

图 9.3-3　终端网络接入

PON 应至少支持基于 MAC 的旁路认证接入或基于 802.1x 的终端认证接入中的一种。在这种背景下，OLT 通过与 RADIUS 交互来实现对终端 MAC 地址或 802.1x 信息的认证，进而动态决定终端是否具备合法授权。对具备合法授权的终端开放网络接入能力，对不具备合法授权的终端则禁止网络接入。

（2）数据加密。

PON 应支持数据加密功能，可对 PON 线路上的网络数据进行加密，避免网络数据被窃听、篡改。当采用 GPON 制式时，PON 应支持对下行方向数据进行安全的密码算法加密处理；当采用 XGS-PON 制式时，PON 应支持对上行、下行方向数据同时加密。数据加密、解密如图 9.3-4 所示，以下行方向为例。

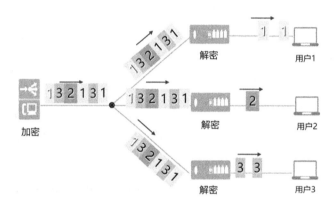

图 9.3-4　数据加密、解密

（3）安全隔离。

①PON 应支持基于 VLAN 的逻辑网络隔离方案，以实现不同 VLAN 之间的数据不互通。但 VLAN 资源本身需要统一进行规划。

②PON 应支持配置 ACL 策略，通过源 IP 地址、目的 IP 地址、协议、源端口、目的端口等字段进行访问控制，只允许与业务相关的流量通过，其他流量全部拒绝接入，对接入网的流量设置合理的峰值限制。

③面向未来，建议 PON 利用切片能力，实现切片之间数据、VLAN 资源、带宽等的相互独立。

3）5G 接入回传网安全防护

在 5G 接入回传网中，路侧汇聚路由器通过运营商 5G 专网上联市级（区域）计算中心的外联接入区路由器,网络安全方案包括运营商 5G 专网安全通信方案和用户网络安全通信方案两个层次,如图 9.3-5 所示。

运营商 5G 专网安全通信是从 5G CPE 到市级(区域)计算中心的外联接入区路由器,可以采用的保证数据安全传输的网络安全方案如下。

(1) 5G CPE 到 5G 基站的 5G 空口加密通信。

(2) 5G 基站到 5G UPF 网元的 GTP 通道。

(3) 5G UPF 网元到运营商出口路由器的 L3VPN/L2VPN 隧道。

(4) 5G CPE 到运营商出口路由器的 GRE/L2TP 隧道。

(5) 运营商出口路由器到市级(区域)计算中心的 VPN 专线,包括光网络专线或数通 L3VPN/L2VPN 专线。在运营商侧和计算中心侧都会部署防火墙。

用户网络安全通信方案是业主对敏感数据做加密保护,在数据进入运营商网络前做封装、加密,比如采用 IPsec 对数据进行封装、加密,封装点可以在路侧汇聚路由器上或在业务终端(如摄像头)上。

需要提醒的是,加密和封装会导致延迟和额外的通信开销,建议业主和运营商协商选择满足通信安全需求的方案组合。

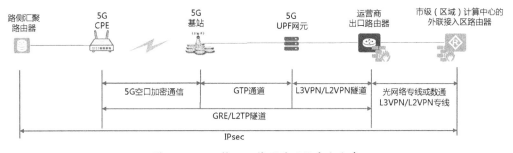

图 9.3-5　5G 接入回传网的网络安全方案

9.3.3　计算中心网络安全方案

计算中心网络按照分区、分域原则,可分为以下几个区域,应按照 GB/T 22239—2019 中云计算平台/系统的网络安全等级保护三级要求来设计实施。

(1) 互联网接入区。

（2）外联网接入区。

（3）内部 VPN 接入区。

（4）云化业务区。

（5）安全管理区。

计算中心网络分区、分域示意图如图 9.3-6 所示。

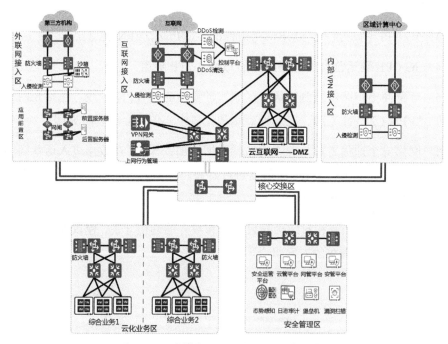

图 9.3-6　计算中心网络分区、分域示意图

1. 互联网接入区安全防护

互联网接入区是互联网用户通过互联网渠道访问数据中心业务系统的区域，其主要功能有两种，一是对来自互联网的访问交互进行安全防护，二是对远程办公人员提供安全、可信的接入服务。互联网接入区主要面临如下安全风险。

（1）来自互联网的 DDoS 攻击。

（2）来自互联网的入侵行为及漏洞利用攻击。

（3）互联网业务区的敏感数据通过互联网出口泄露。

互联网接入区通过 SSL VPN 远程接入方案为外部用户提供远程接入服务及准入

认证能力，具体体现为以下几点。

1）防 DDoS 泛洪攻击

针对互联网日渐增多的 DDoS 攻击，应部署专业的防 DDoS 攻击系统进行防御。

2）网络边界访问管控

在网络边界上应进行访问控制，可以对所有流经防火墙的数据包按照严格的安全规则进行过滤，将所有不安全的或不符合安全规则的数据包屏蔽，杜绝越权访问，防止各类攻击行为。

3）拥有入侵防护系统

互联网接入区应具备对网络入侵行为的检测能力，这项能力包括对访问状态进行检测，对通信协议和应用协议进行检测，以及对内容进行深度检测。利用这项能力，可以实现网络安全防护在边界的入侵检测，防止外部网络对内部网络的攻击、探测等恶意行为，同时阻断来自内部网络的数据攻击和垃圾数据流的泛滥。

4）上网行为管理

互联网接入区应支持对内部网络用户的上网行为进行监控和管理，包括上网行为审计、上网行为限制、聊天邮件监控、文件防泄密等。

5）远程安全接入

互联网接入区应支持对外部网络用户的可信接入进行身份认证、数据加密、角色授权和访问审计等，保护办公网络内部服务器资源的可用性，保障正常业务的可控访问。

2. 外联网接入区安全防护

外联网接入区是计算中心连接第三方机构和其他合作伙伴的区域。第三方机构不能访问所有数据中心的数据资源，只有对外开放权限的数据资源才能被第三方机构访问。计算中心网络应设置应用前置区，通过应用前置或反向代理等方式提供应用访问服务。

在外联网接入区进行访问控制可以对所有来自外联网第三方机构的访问行为进行过滤，将所有不安全的或不符合安全规则的数据包屏蔽，杜绝越权访问，防止各类攻击行为。同时，外联网接入区可以和内网安全管理系统、网络入侵检测系统等进行安全联动，形成网络全面纵深的安全防御格局。

3．内部 VPN 接入区安全防护

内部 VPN 接入区用于连接计算中心之间的业务，例如连接区域计算中心和市级计算中心之间的业务。

在内部 VPN 接入区进行访问控制可以对所有来自其他计算中心的访问行为进行过滤，将所有不安全的或不符合安全规则的数据包屏蔽，杜绝越权访问，防止各类攻击行为。同时，内部 VPN 接入区可以和内网安全管理系统、网络入侵检测系统等进行安全联动，形成网络全面纵深的安全防御格局。

4．云化业务区安全防护

云化业务区根据计算中心中不同类型的综合业务需求，划分出不同的 VDC 及 VPN，并对其进行隔离部署。云租户安全以安全服务的形式来保障，基于云管平台的安全服务目录，实现安全能力的申请、审批、部署及应用的自动化。不同安全级别的业务可根据云等保要求来部署对应的云安全服务，建议参考 GB/T 22239—2019 中的云计算平台/系统的网络安全等级保护三级要求。

5．安全管理区安全防护

在安全管理区建立安全管理中心，是帮助管理人员实施好安全措施的重要保障，是实现业务稳定运行的基础。通过安全管理中心的建设，可以真正实现安全技术层面和管理层面的结合，全面提升用户网络的信息安全保障能力。

安全管理区应具备以下安全防护能力。

（1）安全运营能力：对云平台、网络、安全进行统一运营，收集多维信息，进行统计、综合分析、呈现，并进行对应运维和工单管理。

（2）云平台管理能力：云平台策略编排、资源及服务调度管理，通过北向接口与安全运营平台对接。

（3）网络管理能力：网络策略编排、网络拓扑仿真、故障定位、设备管理等，通过北向接口与安全运营平台对接。

（4）安全管理能力：安全策略编排、安全设备统一管理、知识库升级等，通过北

向接口与态势感知系统对接。

（5）态势感知能力：通过安全大数据分析平台，收集并处理全网安全相关数据，支持海量数据的快速检索；通过关联分析、机器学习等分析算法，进行综合态势、威胁态势、资产态势、脆弱性态势、内网攻击态势等不同维度的大屏呈现，能够与安管平台/网管平台联动。

（6）日志审计能力：安全日志信息需要保存6个月及以上，日志审计系统接收并保存各类安全日志信息，并具备检索、审计等能力。

（7）运维审计能力：为安全运维人员提供统一、安全、可信的运维入口，同时对安全运维人员的操作进行审计和管控。

（8）漏洞和风险管理能力：应采取必要的措施来识别安全漏洞和隐患，对发现的安全漏洞和隐患及时进行修补或评估可能的影响后进行修补；应定期开展安全测评，形成安全测评报告，采取措施来应对发现的安全问题。

（9）口令管理能力：应采用口令等两种或两种以上鉴别技术的组合对用户进行身份鉴别，修改默认账户的默认口令。

（10）升级管理能力：对网络中终端、安全设备等的漏洞库、补丁库、病毒库等各类知识库进行自动升级和管理。

9.4 智慧城市车路协同网络安全方案的关键技术

9.4.1 终端网络接入的二层认证技术

1. MAC 认证

MAC 认证是一种基于端口和 MAC 地址对用户的网络访问权限进行控制的认证方法，不需要用户安装任何客户端软件。设备在启动了 MAC 认证的端口上首次检测到用户的 MAC 地址时，即启动对该用户的认证操作。在认证过程中，不需要用户手动输入用户名或者密码，设备以 MAC 地址作为用户名发起认证。MAC 认证无须安装客户端、易部署、易维护，但其安全性较低，容易被仿冒。

MAC 认证触发方式和报文交互流程：对于 MAC 认证用户密码的处理，有以下两种方式。

（1）PAP 方式：设备将 MAC 地址、共享密钥、随机值依次排列，利用 MD5 算法对它们进行 HASH 处理，并将它们封装在属性名 User-Password 中。

（2）CHAP 方式：设备将 CHAP ID、MAC 地址、随机值依次排列，利用 MD5 算法对它们进行 HASH 处理，并将它们封装在属性名 CHAP-Password 和 CHAP-Challenge 中。

PAP 方式和 CHAP 方式的 MAC 认证流程分别如图 9.4-1 和图 9.4-2 所示。

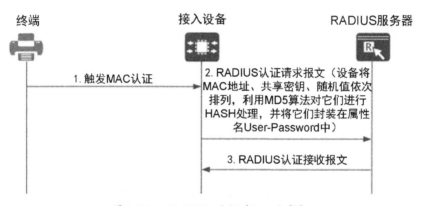

图 9.4-1　MAC 认证流程（PAP 方式）

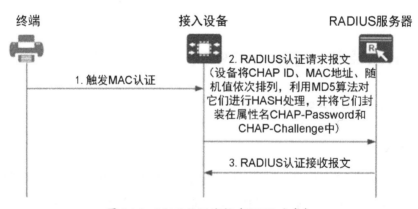

图 9.4-2　MAC 认证流程（CHAP 方式）

MAC 认证流程：在用户进行 MAC 认证的过程中，接入设备的处理逻辑如图 9.4-3 所示，此处以 RADIUS 认证方式为例进行说明，流程如下。

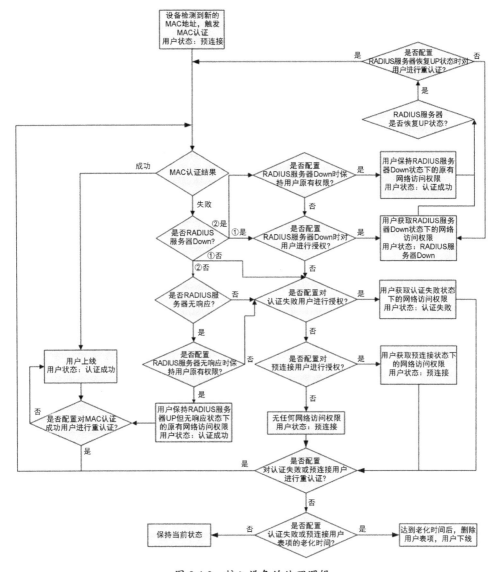

图 9.4-3 接入设备的处理逻辑

注：①——首次认证失败时，执行此步骤；②——认证成功后、重认证失败时，执行此步骤。

（1）在接入设备检测到新的 MAC 地址后，即触发 MAC 认证。

（2）接入设备向 RADIUS 服务器发送 RADIUS 认证请求报文，对该终端进行 MAC 认证。

①如果 MAC 认证成功，则用户上线。

②如果MAC认证失败，且RADIUS服务器的状态为"Down"，则对于接入设备，依次检查其是否配置在RADIUS服务器的状态为"Down"时对用户进行授权，是否配置对认证失败用户进行授权，以及是否配置对预连接用户进行授权。如果是，则终端获取相应权限；否则，终端无任何网络访问权限。

③如果MAC认证失败，且RADIUS服务器状态为"Up"，则对于接入设备，依次检查其是否配置对认证失败用户进行授权，以及是否配置对预连接用户进行授权。如果是，则终端获取相应权限；否则，终端无任何网络访问权限。

（3）对于MAC认证失败的用户，接入设备能够配置对其进行重认证，使其尽快获取正常的网络访问权限；对于MAC认证成功的用户，对其进行重认证能保证终端的合法性。

在用户认证成功后，重认证失败时，如果认证服务器的状态为"Down"，则依次检查认证服务器的状态为"Down"时的保持原有网络访问权限，认证服务器的状态为"Down"时的网络访问权限，用户在认证失败时的网络访问权限，以及用户在预连接阶段的网络访问权限，按是否配置相应权限来处理。如果认证服务器的状态为"Up"但无响应，则依次检查认证服务器无响应时的保持原有网络访问权限，用户在认证失败时的网络访问权限，以及用户在预连接阶段的网络访问权限，按是否配置相应权限来处理。

2. 802.1x认证

802.1x协议是一种基于端口的网络接入控制协议。"基于端口的网络接入控制"是指在局域网接入设备的端口这一级验证用户身份，并控制其访问权限。802.1x协议的优点是该协议为二层协议，不需要到达三层，对接入设备的整体性能要求不高，可以有效降低建网成本，同时认证报文和数据报文通过逻辑接口分离，提高了安全性。

1）802.1x认证协议

802.1x认证系统使用EAP来实现客户端、设备端和认证服务器之间的信息交互。EAP运行在数据链路层，不需要IP地址。因此，使用EAP的802.1x认证具有良好的灵活性。

（1）在客户端与设备端之间，EAP报文采用EAPoL封装格式，直接承载于LAN

环境中。

（2）在设备端与认证服务器之间，用户可以根据客户端支持情况和网络安全要求来决定采用何种认证方式。

①在 EAP 终结方式中，EAP 报文在设备端终结并被重新封装到 RADIUS 报文中，利用标准 RADIUS 协议来完成认证、授权和计费。

②在 EAP 中继方式中，EAP 报文被直接封装到 RADIUS 报文中，以便穿越复杂的网络到达认证服务器。

2）802.1x 认证的触发方式

802.1x 认证有以下几种触发方式。

（1）客户端发送 EAPoL-Start 报文触发认证。

（2）客户端发送 DHCP/ARP/DHCPv6/ND 或任意报文触发认证。

（3）设备端以组播形式发送 EAP-Request/Identity 报文触发认证。

3）EAP 中继方式和 EAP 终结方式的 802.1x 认证流程

802.1x 系统支持以 EAP 中继方式和 EAP 终结方式与远端 RADIUS 服务器交互完成认证。以客户端发送 EAPoL-Start 报文触发认证为例，EAP 中继方式和 EAP 终结方式的 802.1x 认证流程分别如图 9.4-4 和图 9.4-5 所示。

（1）客户端发送 EAPoL-Start 报文触发认证。

（2）设备端发出一个 Identity 类型的请求报文（EAP-Request/Identity 报文），请求获取客户端的身份信息。

（3）客户端程序响应设备端发出的请求，将身份信息通过 Identity 类型的响应报文（EAP-Response/Identity 报文）发送给设备端。

（4）设备端将响应报文中的 EAP 报文封装在 RADIUS 报文（RADIUS Access-Request 报文）中，发送给 RADIUS 服务器并处理。

（5）RADIUS 服务器在收到设备端转发的身份信息后，启动和客户端 EAP 认证方法的协商。RADIUS 服务器选择一种 EAP 认证方法，将 EAP 认证方法封装在 RADIUS Access-Challenge 报文中，发送给设备端。

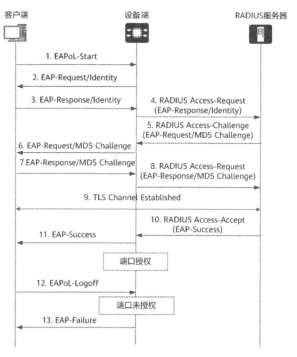

图 9.4-4　802.1x 认证流程（EAP 中继方式）

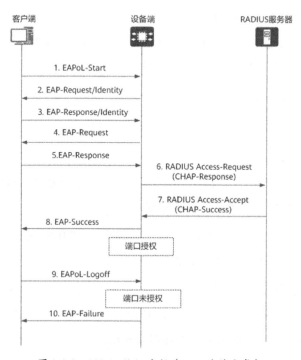

图 9.4-5　802.1x 认证流程（EAP 终结方式）

（6）设备端在收到 RADIUS 服务器发送的 RADIUS Access-Challenge 报文后，将其中的 EAP 信息转发给客户端。

（7）客户端在收到由设备端传来的 EAP 信息后，解析其中的 EAP 认证方法。客户端如果支持该认证方法，就会向设备端发送 EAP-Response 报文；客户端如果不支持该认证方法，就会选择一种它支持的 EAP 认证方法，将其封装到 EAP-Response 报文中并发送给设备端。

（8）设备端将报文中的 EAP 信息封装到 RADIUS 报文中并发送给 RADIUS 服务器。

（9）在 RADIUS 服务器收到设备端发送的 EAP 信息后，如果客户端与 RADIUS 服务器选择的认证方法一致，那么 EAP 认证方法协商成功，开始认证。以 EAP-PEAP 认证方法为例，RADIUS 服务器将自己的证书封装到 RADIUS 报文中并发送给设备端。设备端在收到证书后，将证书转发给客户端。客户端校验 RADIUS 服务器证书（可选），与 RADIUS 服务器协商 TLS 参数，建立 TLS 隧道。在 TLS 隧道建立完成后，用户信息将通过 TLS 加密在客户端、设备端和 RADIUS 服务器之间传输。如果客户端与 RADIUS 服务器的 EAP 认证方法协商失败，则终止认证流程，通知设备端认证失败，设备端去关联客户端。

（10）RADIUS 服务器在完成对客户端的身份验证后，通知设备端认证成功。

（11）设备端在收到认证通过报文后，向客户端发送认证成功报文（EAP-Success 报文），并将端口改为授权状态，允许用户通过该端口访问网络。

（12）客户端可以向设备端发送 EAPoL-Logoff 报文，主动要求下线。

（13）设备端把端口状态从授权状态改为未授权状态，并向客户端发送 EAP-Failure 报文。

EAP 终结方式与 EAP 中继方式的 802.1x 认证流程相比，不同之处在于前者的 EAP 认证方法协商由客户端和设备端完成，之后设备端会把用户信息发送给 RADIUS 服务器，进行相关的认证处理；而后者的 EAP 认证方法协商由客户端和认证服务器完成，设备端只负责将 EAP 报文封装在 RADIUS 报文中并透传给认证服务器，整个认证过程都由认证服务器来完成。

9.4.2 路由设备三面隔离防护技术

由 9.3 节可知,路由设备的安全域可以划分为管理面、控制面、转发面,详细说明如下。

1. 管理面安全

(1)应根据最小权限分配原则,对设备管理账号进行权限管理、定期口令更新与留档审计。

(2)登录设备应使用 SSH 协议,并通过 ACL 来限制可远程管理的设备的 IP 地址段。网络管理系统应采用 HTTPS 等安全协议,采集协议应采用 SNMPv2c 或以上版本。

(3)应关闭设备上不必要的服务,如 HTTP、FTP、TFTP、IP 源路由,若有使用需求,应在受控的条件下使用,使用结束后,回退到关闭状态。

2. 控制面安全

(1)应配置 ACL 策略,对设备控制、管理流量及其他由通信设备引擎直接处理的流量进行控制。

(2)针对 EBGP,应启用路由协议认证功能,确保与可信方进行路由协议交互,同时启用 BGP GTSM 功能来检查 TTL 值是否符合预期,或配置最大跳数。

(3)应在使用路由器前部署路由策略,避免接收或发布不安全的路由信息。

(4)应按需部署最大条目路由限制措施,预防可能遭受的路由冲击。

(5)应启用 BGP 路由摆动抑制功能,防止可能遭受的路由风暴。

3. 转发面安全

(1)应配置安全访问控制列表,过滤掉已知的安全攻击数据包。

(2)应防止对典型协议报文发起的攻击(包括但不限于"死亡之 Ping"攻击、SYN 攻击、Teardrop 攻击、Smurf 攻击),并配置防护策略等。

9.4.3 PON 防护技术

PON 防护包括 PON 线路加密和 ONU 终端接入认证,二者分别对传输网和接入设备进行安全防护。

1. PON 线路加密

在 PON 系统中,下行数据被用广播的方式发送到所有的 ONU 上,这样非法接入的 ONU 可以接收到其他 ONU 的下行数据,存在安全隐患。PON 系统采用线路加密技术解决了这一安全隐患。

PON 系统采用安全的密码算法,对明文传输的数据报文进行加密,使其以密文的方式传输,提高了安全性。在安全性能要求高的场景中,建议打开加密功能。

PON 系统中使用的加密算法不会增加额外开销,而且对带宽效率没有影响。PON 系统中使用的加密功能开启,不会提高传输时延。

PON 线路加密、解密过程如图 9.4-6 所示。

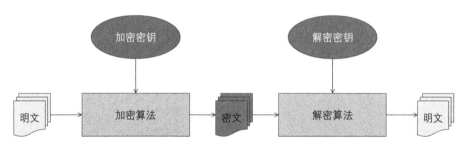

图 9.4-6　PON 线路加密、解密过程

密钥应定期更新,这是因为 PON 系统定期地进行密钥交换和更新可以提高线路数据的可靠性。密钥更新流程如下。

(1) OLT 发起密钥更换请求,ONU 响应密钥更换请求,并将生成的新的密钥发送给 OLT。

(2) OLT 在收到新的密钥后,切换密钥,使用新的密钥对数据进行加密。

(3) OLT 将使用新密钥的帧号通过相关的命令通知 ONU。

(4) ONU 在收到使用新密钥的帧号后,在相应的数据帧上切换校验密钥。

2. ONU 终端接入认证

ONU 终端接入认证是指在 OLT 上基于上报的认证信息,对 ONU 的合法性进行认证,拒绝非法 ONU 的接入。在 GPON 系统中,只有通过认证的合法 ONU 才能接入 PON 系统，ONU 认证上线后才可以传输数据。

在 OLT 上配置的 ONU 认证方式包括 SN、口令和 SN+密码方式。

下面以 SN 接入认证流程为例来说明 ONU 终端接入认证流程，如图 9.4-7 所示。

（1）OLT 在收到 ONU 的 SN 回应消息后，判断 OLT 上是否有相同 SN 的 ONU 在线。如果有，则向主机命令行和网络管理系统发送 SN 冲突告警；否则，直接给 ONU 分配 ONU ID。

（2）在 ONU 进入操作状态后，OLT 直接为该 ONU 配置用于承载 OMCI 的 GEM 端口，然后让 ONU 上线。配置方法可以由 OLT 自动决定，使承载 OMCI 的 GEM 端口和 ONU ID 相同，并向主机命令行或网络管理系统发送 ONU 上线告警。

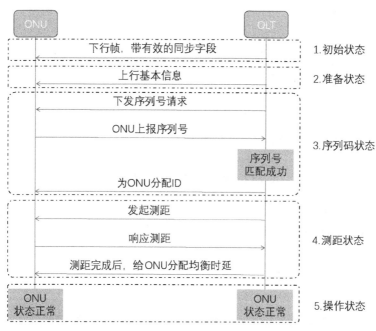

图 9.4-7 SN 接入认证流程

第10章 智慧城市车路协同网络运维方案

本章从智慧城市车路协同网络运维需求分析、智慧城市车路协同网络运维体系架构与方案、智慧城市车路协同网络运维管理体系及建议和智慧城市车路协同网络运维方案的关键技术4个方面介绍了智慧城市车路协同网络运维方案：①在智慧城市车路协同网络运维需求分析方面，研究了网络运维的工作对象，骨干网和接入网的运维需求，以及运营商专线的运维需求；②在智慧城市车路协同网络运维体系架构与方案方面，提出了城市、区域两层架构和分级、分权的平台建设方案，阐述了接入网、骨干网、运营商网络的运维要求和方案；③在智慧城市车路协同网络运维管理体系及建议方面，提出了网络运维管理体系的建设指南；④在智慧城市车路协同网络运维方案的关键技术方面，介绍了 SDN 技术、NetConf 协议、IFIT 技术、遥测（Telemetry）协议和智能运维技术。

10.1 智慧城市车路协同网络运维需求分析

随着智能网联汽车技术、智能道路基础设施水平的快速提升，我国智能网联汽车技术的发展已从测试验证阶段转向多场景示范应用新阶段，车路协同产业正在"驶入快速车道"。在车联网的示范应用进程中，"聪明的车""智慧的路""实时的云""可靠的网""精确的图"相辅相成，"可靠的网"需要提供高并发、高可靠性、低时延的保障，才能支撑"车-路-云-网"的规模化协同运营服务，因此网络运维工作的开展十分重要和必要。

对智慧城市车路协同业务而言，城市交通环境复杂多样、既有基础设施存在差异等原因导致了不同城市制定的智慧城市车路协同网络方案不尽相同。车路协同网络运维存在以下特征：从设备类型来看，不同方案涉及的设备类型多样、协议繁多，设备互联互通任务艰巨；从网络分层来看，需重点关注车路协同网络中的骨干网和接入网，从不同网络层面关注的运维内容有共同之处又各有特点；从保障资源来看，智慧城市车路协同业务对可用性、可靠性要求极高，在其海量数据、复杂网络的特点下，亟须利用 AI、机器学习等新技术来构建自动化运维体系，以实现网络故障的精准研判和智能预警。

10.1.1 网络运维的工作对象

智慧城市车路协同网络视建设方案的不同，所涉及的网络运维的工作对象及其运维关注内容也有差异。本节将对各类网络运维的工作对象进行简要介绍。

1. 数通设备

数通设备包括杆上交换机（路由器）、路侧汇聚路由器（交换机）、计算中心数通设备等类型。数通设备运维关注的内容包括基本信息、配置数据、运行状态、告警信息和管理协议等。

2. 数通网络

数通网络运维关注的内容包括网络规划、网络资源、网络运行状态、告警信息和协议支持类型等。

3. PON 设备

PON 设备包括 OLT、ONU 等网元设备。PON 设备运维关注的内容包括设备管理、资源列表、告警拓扑、业务规划和管理协议等。

4．PON

PON 运维关注的内容包括业务开通接口、综合告警接口、综合测试接口、综合信息查询接口等。网络管理北向接口被集成到上级区域运维平台上，用于实现网元设备的统一管理功能，包括数据配置、故障诊断、性能统计等。

5．运营商有线专线

通过租赁运营商已经建好的网络链路，可以实现车路协同网络的内部网络互联。运营商有线专线包括政企专线、普通专线等类型。运营商有线专线运维关注的指标包括误码率、时延和丢包率等。

6．运营商 5G 专网

租赁运营商 5G 专网，并将其作为接入回传网来部署，部署模式分为虚拟专网、混合专网和独立专网三种。运营商 5G 专网可以对影响网络 QoS 的数据进行采集、分析和诊断，从而实现对接入回传网性能和质量的运维管理。

10.1.2 骨干网和接入网的运维需求

骨干网和接入网的运维工作内容基本一致，具体需求如下。

1）监控巡检

定期对数通网络进行巡检，查看并记录设备运行状况及告警信息。实时或定期监控网络运行状况。

2）例行维护

定期对网络设备例行维护，维护内容至少包括下列几个方面。

（1）网络设备定期健康检查，应定期对主要的网络设备进行包括性能分析、安全审计在内的全面健康检查。

（2）设备登录口令定期修改。

（3）网络设备固件定期升级、打补丁。

（4）网络设备配置文件定期备份，尤其在网络设备配置变化后应及时备份。

（5）路由表、访问控制表定期检查。（骨干网专属维护内容）

3）维护响应

根据需要对网络进行维护响应，维护内容至少包括下列几个方面。

（1）网络规划调整（线网结构）。

（2）网络资源分配。

（3）网络设备配置变更。

4）故障处置

根据服务级别，要求按时修复网络故障。

制定应急预案，定期进行预案演练。

5）分析总结

定期进行总结、评估，对网络运行状况及运维工作情况进行分析，提出改进意见。

6）其他

做好网络技术资料的收集、整理，宜定期提交网络及线路清单，定期绘制、更新详细的网络拓扑图，定期提交网络资源分配情况表；做好运维工作过程文档的收集、存档。

10.1.3 运营商专线的运维需求

当车路协同网络采用租赁运营商专线模式时，建设单位宜与运营商就运维服务达成协议，以保障网络及服务达成以下几方面要求。

1）故障及投诉处理

提供 7×24 小时热线服务，建立故障及投诉受理与升级处理机制。

2）网络质量

电路可用率不低于 99.99%。定期提供网络运行报告，报告内容包括但不限于速率、时延、抖动、故障等情况。

3）业务巡检

通过自动巡检和人工巡检的方式定期提供巡检服务，根据客户需求提供巡检报告。

4）自助测速

可通过测速平台进行测速，监测主要站点的速率、时延、丢包率、抖动等主要指标。测速结束后，直接获得测速结果及相关解释说明。

5）网络信息安全应急处置

拟定网络信息安全应急处置流程，对于所有涉及车路协同网络的信息安全应急处置，应及时发布处理结果，以便协助业主实现闭环管控。

10.2 智慧城市车路协同网络运维体系架构与方案

为支撑车路协同网络的运维需要，应配备网络运维平台作为运维保障资源，以实现运维工作的标准化、自动化、智能化。智慧城市车路协同网络运维方案将面向网络的分级监控与面向业务的场景监控相结合，工单任务直达运维团队，实现了网络与业务问题的快速响应。

10.2.1 网络运维平台的总体架构

网络运维平台采用分级架构，如图 10.2-1 所示，包括城市网络运维平台和区域网络运维平台。

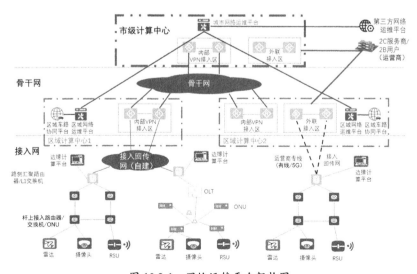

图 10.2-1　网络运维平台架构图

城市网络运维平台：部署在市级计算中心，用于保障骨干网的连通性和稳定性，并实现城市网络状况的全局态势感知和网络运行数据的融合共享。利用东西向接口，打通第三方网络运维平台（如运营商的网络运维平台、高速/高架/隧道管理部门的网络运维平台）；利用南向接口，汇集辖区内各区域的网络运行状况、分发网络链路及关键节点异常信息。

区域网络运维平台：部署在区域计算中心，采集接入网中各厂家的网元状态信息，并实现车路协同网络设备的配置优化、故障排除、流量监控等功能，以保障网络的连通性和稳定性。该平台除了与城市网络运维平台连通，还通过东西向接口与区域车路协同平台无缝对接，从而实现对路侧设备和车路协同消息正常收发的监测。

区域网络运维平台作为网络基础设施的运维数据底座，可以实现承上启下的功能：对上，屏蔽底层网络协议，将区域网络运行状况、链路及关键节点信息上报至城市网络运维平台；对下，采集网元信息、优化网络配置和保障链路连通。城市网络运维平台作为车路协同网络运维的大脑，是整个运维系统的中枢。通过打通各区域网络来联通运维数据，可以实现城市第三方网络运行数据的互联互通，并实现城市网络的全局态势感知和运行数据的展示、调度、管理。

10.2.2 骨干网和接入网的运维方案

1. 总体架构

运维平台功能架构图如图 10.2-2 所示，接入网和骨干网的运维平台从下至上可分为协议层、服务层、接入网平台层、骨干网平台层和展示层，提供南向接口、北向接口、东西向接口用于信息互联。

协议层：根据智慧城市车路协同网络方案及接入设备的需要，选择性支持标准化接入协议（如 TR069、SNMP、Syslog、SSH、FTP、TFTP、NetConf、CLI、HTTP、MQTT 等）。对于 PON 等专业网，也可通过对接 EMS 的标准接口来实现专业网领域内统一的操作维护功能。此外，在未来网络 SDN 化以后，还可通过 BGP-LS 协议、PCEP 等直接动态获取拓扑信息。

服务层：处理系统所需的策略管理、文件传输、心跳保活、接入认证、安全加密、账号权限等服务。

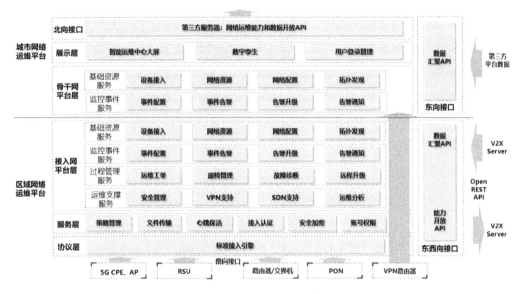

图 10.2-2 运维平台功能架构图

接入网平台层：用于基础资源服务、监控事件服务、过程管理服务、运维支撑服务的各项核心功能的后端实现。

骨干网平台层：用于基础资源服务和监控事件服务的各项核心功能的后端实现。

展示层：通过智能运维门户、运维态势大屏、手机客户端等展示方式，提供全局态势感知、快速敏捷响应、多端高效协同的运维管理能力。

东西向接口：用于满足 V2X Server 等平行系统的互通需求，提供 Open REST API 支持。

东向接口：用于实现运营商、高速/高架/隧道管理部门等外联设备运维状态接入功能。

北向接口：用于满足上行业务关联系统的互联互通需求，提供网络运维能力和数据开放 API，包括 SNMP、CORBA、FTP、TL1 和 XML 等管理通信协议接口。

南向接口：用于满足下级 EMS 的互联互通需求。

2. SDN 运维

SDN 的设计理念是将网络的控制面与转发面分离，提供开放和可编程接口，直接对控制面进行编程，通过软件编程来定义整个网络。SDN 作为运维平台的重要功能模块，对控制面进行集中控制。SDN 控制器可以获取网络资源的全局信息，并根据业务需要进行资源的全局调配和优化。SDN 运维系统架构图如图 10.2-3 所示。在智慧城市车路协同网络的建设过程中，在区域网络运维平台上设置 SDN 控制器，实现域内网络信息采集、参数设置和链路连通等功能；在城市网络运维平台上设置编排器，实现跨域场景中故障的定界、定位功能，完成全链路故障的监控。区域网络内的设备都由 SDN 控制器来管理，使网络节点的部署及维护更加敏捷。编排器则打破地域的限制，集中管理全局网络链路、拓扑等资源，并维护资源状态。

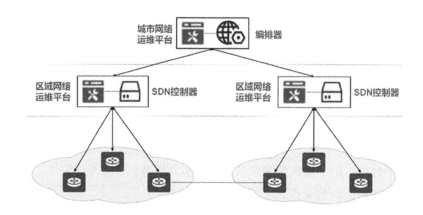

图 10.2-3　SDN 运维系统架构图

3. 智能运维

网络运维平台除了具备传统的针对网络、系统、业务、终端的自动预警监测能力，还具备 AIOps 的若干关键场景能力，以进一步提高云网运维的效率和无人化运维能力。

智能运维场景示例如图 10.2-4 所示，以路侧交换机的智能运维为例，系统将对交换机性能的历史数据进行离线自学习，通过大数据的高效训练，建立起 AI 监测模型，并将其动态部署到运维系统，对交换机的性能、运行实现实时 AI 监测，从而实现对交换机的更加精细化的运维监测。

网络运维系统宜使用分布式架构，并具备高度灵活性和扩展性，以适应车路协同场景的扩展需求。服务器端组件、客户端组件、数据库组件既可以运行在同一台服务器上，也可以运行在不同的服务器上。分布式架构保证了网络运维平台的扩展能力，可以通过硬件资源的合理配置来调整可管理的网络规模。

第10章 智慧城市车路协同网络运维方案

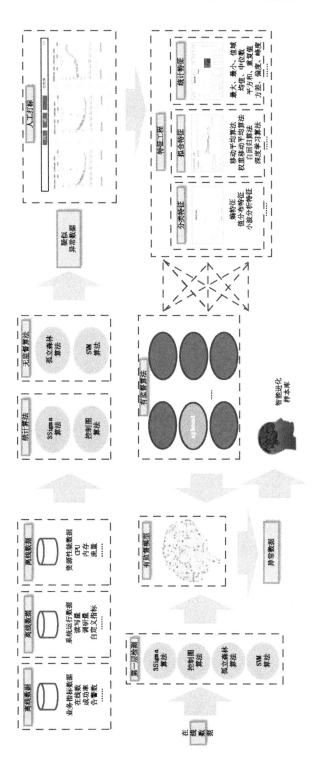

图 10.2-4 智能运维场景示例

10.2.3 运营商网络协同运维方案

1. 运营商网络协同运维方案概述

运营商网络协同运维的工作对象，视网络建设方案的具体要求，主要分为5G专线和有线专线两种。5G专线以5G CPE为维护界面，以5G无线网络、核心网及运营商出口网关为运营商维护管理范围；有线专线则以运营商接入网关为维护界面，以光缆、运营商城域网及运营商出口网关为运营商维护管理范围。要获取租赁运营商网络的监控结果，当前可采用报告巡检、在线服务或直连打通的模式（具体采用何种模式，需结合当地运营商现状具体探讨论证），最终实现跨域网络故障定界（对于运营商网络的外部故障，可准确锁定故障链路）。

1）报告巡检

运营商定期提供检测报告，检测报告内容根据车路协同场景所需网络指标据实提供。

2）在线服务

运营商面向用户提供租赁网络链路及设备的在线监控服务。

3）直连打通

与运营商网络管理系统直连打通，对接运营商网络运维开放接口，以获取资源、性能、告警等数据。

2. 运营商5G专线运维

在车路协同网络的建设过程中，5G CPE网关作为关键的网元，是接入回传网的核心节点。5G CPE网关一般所有权归业主，由运营商代建代维，基于运营商的协同运维服务进行标准化统一管理。而5G网络部分则由运营商通过终端拨测、仿真监测、DPI探针等技术，为客户提供故障告警、故障定界和派单运维等能力，及时排查、定位网络故障点，保障生产的连通性和稳定性。

3. 运营商有线专线运维

有线专线是指通过租赁运营商已经建好的网络链路（包括光链路和数通链路），实现车路协同网络的内部网络互联，最典型的应用场景是通过有线专线来实现区域计算中心与路侧网的互联。通过在运营商有线专线两侧边界部署具备IFIT功能的网元设备进行 E2E SLA 流量监控，可以实时掌握链路的健康状况。对于出现异常的运营商有线专线链路，按需开启 IFIT 逐跳监控，快速排查故障点，以实现跨域网络故障的定界。同时，运营商通过 DPI 探针、BFD 等技术，响应客户上报的故障定界，快速定位和解决运营商的域内故障。

运营商网络运维体系架构图如图 10.2-5 所示。运营商网络运维体系通常分为总部/省各类网络管理系统、OMC 系统、网元三层。

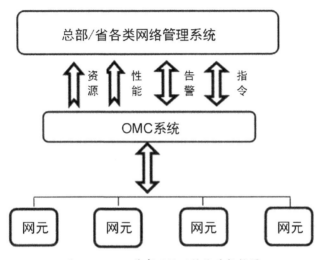

图 10.2-5　运营商网络运维体系架构图

OMC 系统一般指厂家通过 OMC 系统北向接口，实现自己设备的网络管理系统与综合网络管理系统的信息交互。OMC 系统接口是 OMC 系统与网络管理系统（第三方综合网络管理系统）之间的接口，又分为 OMC 系统北向接口和 OMC 系统南向接口。OMC 系统北向接口指从 OMC 系统到第三方综合网络管理系统的接口，OMC 系统南向接口指从第三方综合网络管理系统到 OMC 系统的接口。

OMC 系统北向接口分为资源数据接口、性能数据接口、告警数据接口、操作指令接口四类。考虑操作指令接口的安全性限制，以及与运营商网络管理系统的直连打通模式，应将探讨论证限制在资源数据接口、性能数据接口、告警数据接口层面。

1）资源数据接口

资源数据接口是网络资源的数据接口，传输的数据量相对较小，数据在此接口处为周期性单向传输，此接口对数据时延要求较低。

接口协议：采用 SFTP 或者 FTP，OMC 系统提供 FTP 服务，第三方综合网络管理系统登录、认证后为 FTP 客户端。OMC 系统要将数据文件放到 FTP Server 上，需要授权的用户名、密码才能访问 FTP Server，在第三方综合网络管理系统登录、认证后自行获取数据文件。

2）性能数据接口

性能数据接口是网络性能的数据接口，传输的数据量相对较大，数据在此接口处为周期性单向传输，此接口对数据时延要求较高。

接口协议：采用 SFTP 或者 FTP，OMC 系统提供 FTP 服务，第三方综合网络管理系统为 FTP 客户端。OMC 系统要将数据文件放到 FTP Server 上，需要授权的用户名、密码才能访问 FTP Server，在第三方综合网络管理系统登录、认证后自行获取数据文件。

3）告警数据接口

告警数据接口是网络告警的数据接口，传输的单条信息数据量较小、总体数据量较大，上行为实时告警、存量活动告警或告警流水上传，下行为实时告警重发、存量活动告警同步请求或告警流水同步请求。

接口协议：采用 TCP，OMC 系统提供 TCP 服务，第三方综合网络管理系统为客户端。不同的消息体具有不同的信息模型，但均采用可见字符串编码，采用 UTF-8 编码方式。编码文件采用 SFTP 或者 FTP 来传输，OMC 系统提供 FTP 服务，第三方综合网络管理系统为 FTP 客户端，用户需得到授权才能访问 FTP Server。

4）操作指令接口

操作指令接口是网络设备的操作指令通道接口，为上层网络管理系统提供下行指令通道，并反馈操作指令返回的结果，传输的数据量相对较小，此接口对实时性要求较高。

接口协议：基于对规范操作及网络安全的考虑，现阶段操作指令接口对外公布不具备可操作性，本书不对操作指令接口协议进行讨论。

10.3 智慧城市车路协同网络运维管理体系及建议

10.3.1 网络运维管理体系

为实现车路协同网络运维的流程化、规范化、标准化，应对运维工作的全过程进行体系化建设。图10.3-1所示为网络运维管理体系架构图，网络运维管理体系包括网络运维组织机构、网络运维工作分类、网络运维过程管理、网络运维管理制度、网络运维工作对象、网络运维保障资源六部分。

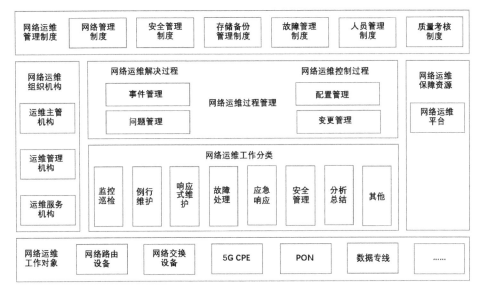

图10.3-1 网络运维管理体系架构图

1. 网络运维组织机构

网络运维宜由运维主管机构、运维管理机构和运维服务机构分工完成。运维主管机构负责运维工作的整体协调；运维管理机构负责运维工作的组织、管理、监督、检查，还负责运维经费的申请、管理；运维服务机构具体承担运维工作。

2. 网络运维管理制度

为确保运维工作正常、有序、高质地进行，必须针对运维的管理流程和内容，制定相应的运维管理制度，以实现各项工作的规范化管理。网络运维管理制度可分为网络管理制度、安全管理制度、存储备份管理制度、故障管理制度、人员管理制度和质量考核制度，具体制度根据运营主体的实际情况编制。

3. 网络运维工作分类

网络运维工作是指在运维过程中实施的维护动作,按工作内容可分为监控巡检、例行维护、响应式维护、故障处置、应急响应、安全管理、分析总结等。

4. 网络运维过程管理

参考 GB/T 24405.1—2009《信息技术 服务管理 第 1 部分:规范》,网络运维解决和控制过程可分为事件管理、问题管理、变更管理、配置管理。

10.3.2 网络运维管理建议

可靠的运维工作是系统实现建设目标、发挥效用的重要保障,为了避免"重建设、轻应用",应成立专门的运维队伍。运维内容包括网络管理、故障管理、安全管理、系统和应用管理等。为保证网络运维管理体系的高效、协调运行,应依据管理环节、管理内容、管理要求,制定统一的运维工作流程,以实现运维工作的标准化、规范化。运维工作流程包含的环节有日常运维、故障处理、问题跟踪等。为确保网络运维工作正常、有序、高质地进行,必须针对运维的管理流程和内容,制定相应的网络运维管理制度,以实现各项工作的规范化管理。

10.4 智慧城市车路协同网络运维方案的关键技术

10.4.1 SDN 技术

传统的网络运维就是每天针对不同的厂商设备敲下不同的命令行,不同厂商定义的运维命令虽有不同,但运维逻辑基本一致。车路协同网络业务系统复杂、网络设备种类繁多,网络和云管平台、信息安全、IT/业务系统互相独立,按照传统的维护方式,需要分别维护,效率低;网络结构、配置、拓扑、链路状态不可视,运维人员只能依赖经验和记忆来变更、调整网络,导致网络配置资料缺失;管理模式单一,基于单设备或同厂家管理,导致错漏多、排障难等。

随着业务部署、设备规模的不断变化,车路协同系统面临着维护费用高、管理部署复杂、数据传输得不到安全保证等挑战。网络融合与业务融合的车路协同网络发展趋势使得整个网络处于"牵一发而动全身"的状态,故障定位日趋复杂,因此集中式运维模式成为大趋势。SDN 将网络的控制面与转发面分离,并通过开放和可编程接口直接对控制面进行编程,将成为车路协同运维系统的发展方向。SDN 系统架构图如图 10.4-1 所示。SDN 系统的典型架构可分为三层,最上层为应用层,包括各种业务和应用;中间层为控制层,主要负责编排数据面资源、维护网络拓扑和状态信息等;最下层为基础设施层,负责数据处理、转发和状态收集。除了上述三层,控制层与基础设施层之间的接口和应用层与控制层之间的接口也是 SDN 系统架构中的重要组成部分,按照接口与控制层的位置关系,前者常被称为南向接口,后者则被称为北向接口。

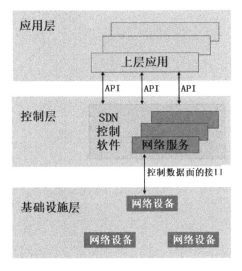

图 10.4-1 SDN 系统架构图

1. 南向接口

南向接口位于控制层和基础设施层之间,该接口收集网元信息,根据网络状态,通过 NetConf 协议或其他协议下发控制命令。

传统的基于 SNMP、CLI 采集网元信息的方式采用拉模式,执行效率较低。在车路协同网络大规模应用时,设备采集精度难以突破分钟级,采集实时性及准确度均不达标,影响网络问题分析和规划调优。Telemetry 技术采用主动推送模式,支持结构化数据,具备更高的执行效率及更加实时的亚秒级采集精度,且对设备的自身功能和性能影响小,结合 SDN 应用能为网络问题快速定位、网络质量优化调整提供最重要的大数据分析基础,满足精细化、可视化、智能监控的运维需求。

现阶段各组网方案所采用的网元设备以电信级通信设备为主，建议选取 NetConf 协议作为 SDN 的南向接口协议。NetConf 协议是一个配置协议，通过可编程的方法来对网络设备进行配置和管理，运维人员可以创建额外"特性"，基于 SDN 构建闭环的智能运维流程图如图 10.4-2 所示。

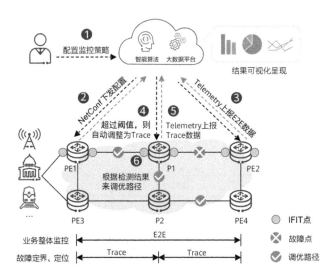

图 10.4-2　基于 SDN 构建闭环的智能运维流程图

2. 北向接口

北向接口位于应用层和控制层之间，将控制器提供的网络能力和信息抽象处理能力开放给应用层使用。重点为网络资源的抽象及控制能力的开放，关注应用或者服务的需求，以及屏蔽具体网络技术。车路协同网络运维平台建议采用面向对象的方法，定义网络资源相关的对象、对象之间的关联，采用 UML 进行定义，与北向接口所采用的具体接口协议无关。通用信息模型包含与具体网络技术无关的核心信息模型（如拓扑、转发等对象）、与特定网络技术相关的信息模型（如 PON、IP 等）和应用相关模型。各城市所能实现的场景不同，应用相关模式也存在差异，使得北向接口的需求多变，进而导致北向接口的标准化面临挑战。现阶段，建议采用相关标准来组织较为成熟、稳定且符合应用场景的网络资源信息模型。

10.4.2　NetConf 协议

车路协同网络运维的关键诉求之一是网络自动化，包括业务快速按需自动发放、自动化运维等。传统命令行已经不适应云化网络的诉求。在网络自动化方面，NetConf 协议逐步被广泛采用。

传统命令行是人机接口模式，配置过程复杂，不同厂商差异大，人工学习成本高。传统命令行的输出内容是非结构化的，不可预测、容易变化，导致解析过程复杂，CLI 脚本很难实现自动化解析。SNMP 采用 UDP，无法进行可靠的、有序的数据传输，缺乏安全性，配置效率低，不支持事务机制，缺乏配置事务提交机制，不是面向业务的网络配置协议，不支持网络级配置和多设备配置协同，更多被用来做监控类协议。

1．NetConf 协议框架

NetConf 协议提供了一套管理网络设备的机制，这套机制提供了一种可编程的、对网络设备进行配置和管理的方法。维护人员可以使用这套机制增加、修改、删除、备份、恢复、锁定、解锁网络设备配置。这套机制还具备事务和会话操作功能，维护人员可以用其获取网络设备的配置和状态信息。NetConf 协议采用分层框架，更匹配车路协同网络按需、自动化、大数据的诉求，每层分别对 NetConf 协议的某一方面进行包装，并向上层提供相关服务。分层结构使每层只关注 NetConf 协议的一个方面，实现起来更简单，同时使各层之间的依赖性、内部实现的变更对其他层的影响降到最低。NetConf 协议框架如图 10.4-3 所示。

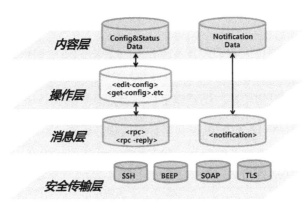

图 10.4-3　NetConf 协议框架

1）安全传输层

NetConf 协议的安全传输层提供了客户端和服务器之间的通信路径。NetConf 协议可以使用任何符合基本要求的传输层协议来承载。NetConf 协议的安全传输层推荐使用 SSH 协议，XML 信息通过 SSH 协议来承载。

2）消息层

NetConf 协议的消息层提供了一种简易的、不依赖于传输层而生成 RPC 和通知消息框架的通信协议。客户端把 RPC 请求封装在一个<rpc>元素内，发送给服务器；服务器把请求的处理结果封装在一个<rpc-reply>元素内，回应给客户端。

3）操作层

NetConf 协议的操作层定义了一组 RPC 作为基本的操作方法，可以使用 XML 编码的参数调用这些方法。

4）内容层

NetConf 协议的内容层由管理数据内容的数据模型定义。目前主流的数据模型有 Schema 模型、YANG 模型等。

Schema 是为了描述 XML 文档而定义的一套规则。设备通过 Schema 文件向网管平台提供配置和管理设备的接口。Schema 文件类似于 SNMP 的 MIB 文件。

YANG 是专门为 NetConf 协议设计的数据建模语言。客户端可以将 RPC 操作编译成 XML 格式的报文，XML 在 YANG 模型的约束下进行客户端和服务器之间的通信。

2．NetConf 原则

网络运维平台使用可编程的配置工具给车路协同网络中的设备下发 NetConf 指令，下发 NetConf 指令需要用 NetConf over SOAP 或 NetConf over SSH 封装成通用的格式，以便设备能够正常转换，还需满足以下原则。

（1）严格区分网络可配置的数据和运行时的状态数据。可配置的数据，如静态 IP 地址和 VLAN，用来改变设备的行为；状态数据，如接收、丢弃、转发的数据包的计数统计数据，用来监控设备的行为。

（2）将整个网络作为配置的对象，而不是只作为单独的设备。

（3）支持多个网络设备配置的事务机制。

（4）网络设备可保留多份配置副本，不同配置之间可以自由切换，以适配不同的运维场景。

10.4.3　IFIT 技术

在网络运维领域，传统的检测采用发送模拟检测报文的间接测试方式，不能保证模拟报文与真实业务路径相符，不能完全、真实地反映业务级的 SLA，特别是无法捕获少量丢包这类静默故障。传统的信息采集采用分钟级周期，需要在业务发生故障或质量劣化之后，才能被动定位，定位周期长达数天甚至数周。IFIT 技术可以直接检测报文中携带的信息，通过逐包检测、识别网络中细微的异常，精准检测每个业务的时延、丢包数等性能信息；与采用 Telemetry 技术的毫秒级数据采集相配合，实现网络质量 SLA 实时可视分析，做到故障的快速定界和定位。

1. 原理和机制

IFIT 技术基于染色机制，是一种通过对网络真实业务进行特征标记，以直接检测网络的时延、丢包数和抖动等性能指标的检测技术，可提供网络业务流的端到端、逐跳性能检测能力，可快速感知网络性能相关故障，并进行精准定界、排障。

1）检测对象

检测对象为业务流。业务流可以根据业务特征信息来灵活定义，包括业务的二层特征信息、三层特征信息等。为了简化业务流标识信息，将业务特征信息映射为一个流标识（Flow ID）。业务流可以通过多种方式进行识别，可识别的二层特征信息包括物理接口、MAC 地址、VLAN、VLAN 优先级；可识别的三层特征信息包括目的 IP 地址、源 IP 地址、DSCP。业务流的识别在 PE 入口完成。

无须额外插入检测报文，由被检测的业务报文携带检测信息（包括检测指令和检测数据），实现带内的性能测量。对于网络承载的业务流，业务流带内性能检测支持对被检测的业务流进行标识，标识通过增加 Flow ID 来实现。Flow ID 仅为业务标识，本身并无转发含义。为了解决 Flow ID 在 P 节点业务流唯一识别的问题，需要通过增加引导标签的方式对普通 MPLS 标签进行分类处理，Flow ID 通过管控面统一分配规则 ID 来保证其在检测域内全局唯一。

2）丢包数测量

丢包数测量原理示意图如图 10.4-4 所示。

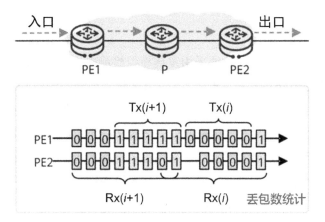

图 10.4-4　丢包数测量原理示意图

发送端：按照一定周期将被检测的业务流标记字段交替染色，同时统计本周期发送的业务流性能，并将其上报给管控面。

接收端：按照与发送端相同的周期，统计被检测业务流的特征字段染色的性能，并将其上报给管控面。接收端统计的时间应在 1～2 个周期之间，以保证乱序报文被正确统计。

管控面根据发送端和接收端上报的被检测业务流的信息，计算周期 i 内业务流的丢包数：$PacketLoss(i) = Tx(i) - Rx(i)$。为保证发送和接收两端周期同步，需部署时间同步机制。

3）时延测量

时延测量原理示意图如图 10.4-5 所示。

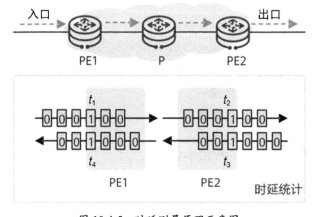

图 10.4-5　时延测量原理示意图

发送端：在每个测量周期内，对本周期内被检测业务流中的一个报文进行时延染色，记录该报文的入口时戳 t_1/t_3，并将其上报给管控面。

接收端：按照与发送端相同的周期，记录被检测业务流的时延染色报文的出口时戳 t_2/t_4，并将其上报给管控面。

管控面根据发送端和接收端上报的信息，计算业务流周期 i 的两个方向的单向时延：$\text{Delay}(i) = t_2-t_1$，$\text{Delay}(i) = t_4-t_3$。单向时延要求发送端和接收端部署 PTP 时间同步机制。在被检测业务流双向同路径的场景中，管控面根据发送端和接收端上报的信息，计算业务流周期 i 的双向时延：$\text{Delay}[i] = (t_2-t_1)+(t_4-t_3)$。为保证发送和接收两端周期同步，需部署高精度时间同步机制。

2．检测流程

在车路协同网络中，对于网络性能劣化类故障（如少量丢包、时延过高等）难以快速排障定界，这是网络运维的一大痛点。在车路协同网络承载场景中，可利用 IFIT 特性，对网络故障快速定界：对于运营商网络的外部故障，可快速、准确地锁定故障链路；对于接入网和骨干网的内部故障，可快速定位到故障网元或链路，提升运维效率。

IFIT 性能上报示意图如图 10.4-6 所示。

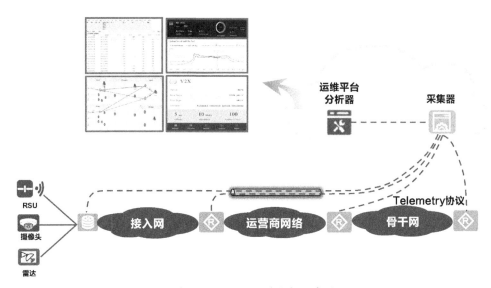

图 10.4-6　IFIT 性能上报示意图

针对车路协同业务故障的处理方案为：运维平台针对车路协同网络中接入网和骨干网承载业务的 SLA 主动感知，通过 Telemetry 协议上报 IFIT 采集的性能数据，采集器将全网采集的性能数据统一发送给运维平台分析器进行计算，获得用户流的实时 SLA 性能指标。针对 SLA 不满足的业务，运维平台自动下发 IFIT 逐跳监控策略，而运维人员直接在运维平台的界面上查看逐跳检测结果，可以快速缩小业务的质差点范围。对于运营商网络的外部故障，则在初步判断故障链路的位置后，通知运营商快速恢复外部网络。

10.4.4　Telemetry 协议

Telemetry 技术是新一代设备远程、高速采集数据的网络监控技术，设备通过推模式周期性地主动向采集器上报设备信息，提供更实时、更高速、更精确的网络监控功能。具体来说，Telemetry 技术按照 YANG 模型组织数据，利用 GPB 格式编码，并通过 GRPC 协议来传输数据，使得数据获取更高效，智能对接更便捷。在过去，传统网络采用 SNMP 技术，通常 5min 上报一次设备数据，导致传统网络无法支撑实时监控。此外，在大规模数据上报时，设备性能存在瓶颈，会出现数据断点。利用 Telemetry 技术，维护部门可以以秒级的采集周期获取设备数据，及时对异常情况进行分析，并通过 NetConf 协议或者其他协议来快速下发配置、调整设备。同时，维护平台能实时收到调整后的设备状态，整个过程良性运转。

1．Telemetry 网络模型

Telemetry 网络模型图如图 10.4-7 所示，Telemetry 网络模型包括以下 4 个部分。

网络设备：接受监控的设备。网络设备对指定的监控数据进行采样，并将采样数据通过 GRPC、INT、Telemetry Stream、ERSPAN 等方式定时上报给采集器。

采集器：用于接收和保存网络设备上报的监控数据。

分析器：用于分析采集器接收到的监控数据，对数据进行分析，并以图形化界面的形式将分析结果展现给用户。

控制器：通过 NetConf 等方式向设备下发配置，实现对网络设备的管理。控制器可以根据分析器提供的分析数据，为网络设备下发配置，对网络设备的转发行为进行调整；也可以控制网络设备对哪些数据进行采样和上报。

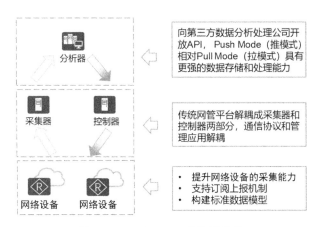

图 10.4-7 Telemetry 网络模型图

2. Telemetry 流程

Telemetry 流程图如图 10.4-8 所示。完整的 Telemtry 流程分为以下 5 步。

（1）订阅采集数据：进行数据采集上报。此过程定义了接受监控的设备，指定了监控数据的类型和上报方式。订阅采集数据的方式有基于 GRPC 的 Telemetry、基于 INT 的 Telemetry、Telemetry Stream 和基于 ERSPAN 的 Telemetry 四种。

（2）推送采集数据：设备依据订阅采集数据的方式，将采集完成的数据上报给采集器并存储。

（3）读取数据：分析器读取采集器存储的采集数据。

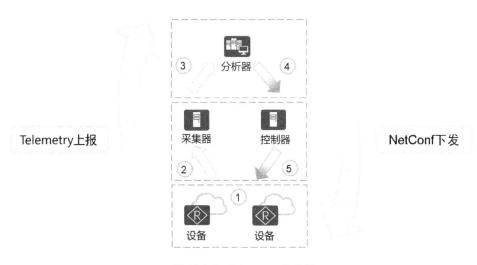

图 10.4-8 Telemetry 流程图

（4）分析数据：分析器分析读取到的采集数据，并将分析结果发给控制器，便于控制器对网络进行配置管理，及时调优网络。

（5）调整网络参数：控制器将网络需要调整的配置下发给设备，配置下发生效后，新的采集数据又会上报给采集器，此时分析器可以分析调优后的网络效果是否符合预期，直到调优完成，整个业务流程形成闭环。

10.4.5 智能运维技术

车路协同网络要求能够快速按需就绪、提供可承诺 SLA 网络保障、确保良好的网络服务，网络的维护和优化需要自动化、智能化的升级。打造"网元-网络-业务"全栈 AI 的智能运维平台，实现智能原生、单域自治、跨域协同，为网络的运营运维者打造自配置、自修复、自优化的智能网络和高效运维能力。参考电信管理论坛（TM Forum）发布的《自智网络白皮书（4.0）》，建议将车路协同网络的智能运维等级分为 L1~L5 这 5 个级别，网络的自动化程度随着等级的提升依次增强。车路协同网络智能运维分级表如表 10.4-1 所示。

表 10.4-1　车路协同网络智能运维分级表

智能运维等级	L0：人工运维	L1：辅助运维	L2：部分智能运维	L3：条件智能运维	L4：高度智能运维	L5：完全智能运维
执行	P	P/S	S	S	S	S
感知	P	P/S	P/S	S	S	S
分析	P	P	P/S	P/S	S	S
决策	P	P	P	P/S	S	S
意图	P	P	P	P	P/S	S
适用性	不涉及	选择场景			所有场景	

注：P—人（手工）；S—系统（自主）。

车路协同网络的故障处理效率和 SLA 保障能力是车路协同运营单位的重点关注领域。传统的故障处理主要依赖人工操作，而故障突发性决定了人工处理的工作量波动大，难以平衡人员配备数量和人员利用率之间的关系。同时，传统网络质量测试无法确保与实际业务 SLA 相符，跨技术领域的故障定位长达数天甚至数周。基于 AI 的智能运维平台图如图 10.4-9 所示。基于 AI 的车路协同网络智能运维方案引入了 AI、IFIT、Telemetry 等技术，构建了网络自愈能力，全面提升了故障处理和 SLA 保障两大运营场景的效率。

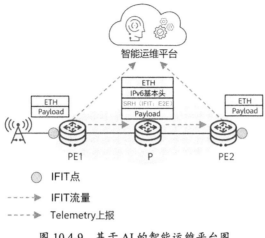

图 10.4-9 基于 AI 的智能运维平台图

基于 AI 的车路协同网络自动维护架构图如图 10.4-10 所示。在故障处理方面，通过资源自编排+资源工参自配置，实现故障处理闭环；在 SLA 保障方面，通过资源运营层故障自动上报+服务运营层跨层故障定位和业务自恢复，实现 SLA 自保障。应用 AI 技术进行路由拓扑还原和故障定位，解决网络故障定位难题。首先，基于存量数据、告警数据、性能数据等，通过 AI 技术来还原网络拓扑，获得用于故障分析的拓扑底图。其次，建立故障特征库，进行数据处理和校验，通过特性提取和模式识别来定位故障，并自动判断故障恢复情况。

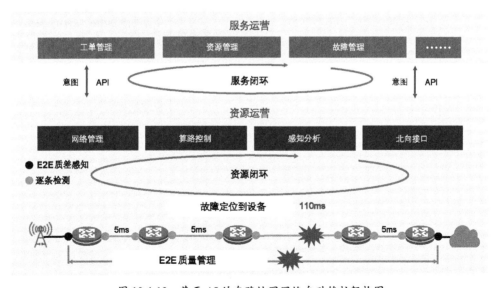

图 10.4-10 基于 AI 的车路协同网络自动维护架构图

车路协同网络智能运维等级5级划分,等级从L1提升至L5,代表运维能力的灵活性、敏捷性、对变化的自适应性越来越强,可以更好地支撑基础运维。考虑智能运维能力对应的运维场景不同,对智能运维能力进行分类牵引:操作执行类能力与流程调度类能力以自动化作为演进目标;现场作业类能力、诊断分析类能力、预测分析类能力、方案设计类能力分别向L4/L5级的感知智能、诊断智能、预测智能、策略智能进行演进。车路协同网络智能运维技术规划表如表10.4-2所示。

表10.4-2　车路协同网络智能运维技术规划表

目标定位	辅助运维	部分智能运维	条件智能运维	高度智能运维	完全智能运维
关键特征	(1)告警相关性分析、光性能趋势分析、故障溯源。 (2)全面支持车路协同,业务发放模板化、场景化,主要场景自动化。 (3)城市级集约化、按需分区扩容、云化部署	(1)全网性能毫秒级监控,网络KPI、业务质量、网络资源实时可视,支持历史回溯。 (2)业务规划、部署、优化、维护一体化,初具智能运营能力。 (3)在线增量发布和弹性伸缩	(1)理解业务意图,按意图规划网络资源;业务自动开通;业务智能调优。 (2)能力全面、安全开放,向上支持应用层快速定制,向下支持设备松耦开发	(1)业务意图闭环,能提供SLA智能保障,业网解耦,多样化业务敏捷发放。 (2)大部分运维自动化或少量干预,AI和大数据形成平台化。 (3)系统开放,全面支持主流南北向接口协议,实现统一的、可扩展的南向控/配/采框架	(1)网络自治,基于网络自身大数据发布特色应用模型。 (2)全网智能监控,自动感知网络异常,智能预测和主动优化预防。 (3)全生命周期智能运维,数字化仿真和自学习,网络自优化

第11章 智慧城市车路协同网络建设实践

本章介绍了三个智慧城市车路协同网络建设的实践案例。第一个实践案例是上海智慧城市车路协同网络建设实践，采用最新的路由型数通网络方案与5G接入回传网方案结合的混合组网架构，是智慧城市车路协同网络建设的一个重要实践；第二个实践案例也是"双智"试点项目，是交换型数通接入网方案实践；第三个实践案例是某新城区车路协同网络建设实践。

11.1 国家"双智"试点——上海智慧城市车路协同网络建设实践

11.1.1 背景概要

2021年5月和12月，住房和城乡建设部、工信部两次联合印发通知，先后确定北京、上海、广州、武汉、长沙、无锡6个城市为第一批"双智"试点城市，重庆、深圳、厦门、南京、济南、成都、合肥、沧州、芜湖、淄博10个城市为第二批"双智"试点城市，重点建设智能化基础设施、建设新型网络设施、建设车城网平台、开展示范应用和完善标准制度等。

1. 项目概述

上海试点以安亭汽车城和嘉定新城核心区为重点区域开展工作，确立了建成"1"个集端感知、网连接、智计算、全数据于一体的高质量智能化基础设施，构建"1"个以城市统一数据为基底的车城网实体数字孪生平台，打造"N"个彰显嘉定特色的智能网联汽车与智慧城市融合创新应用，建成"1"个面向智慧城市深度融合的智能网联汽车标准体系，构建"1+1+N+1"的"双智"协同发展"中国样板"整体架构。

2. 智慧城市车路协同网络需求及方案概述

1）智慧城市车路协同网络需求

"双智"试点工作明确提出："建设新型网络设施。结合国家新型基础设施建设，以智能网联汽车应用为切入点和驱动力，充分运用5G网络和北斗系统等，建设城市通信网、车联网、位置网、能源网等新型网络设施。"

因此，新型网络设施必须满足智慧城市通信网络、车联网、位置网和能源网等跨行业多业务通信的需求，以实现"一网多用"。

智慧城市基础设施与智能网联汽车的协同将各泛在连接的感应设施收集的信息汇聚起来，达到了提高城市公共资源配置优化能力的目的。

从业务层面看，车路协同建设是智慧城市建设的重要环节，车路协同网络是车和路进行信息交互的载体，智慧城市的内涵和外延应考虑车路协同的需要。

从技术层面看，传统的智慧城市车路协同网络方案对高可靠性和低时延性能要求支持不足,需要采用适当的新技术以满足新型智慧城市网络承载车路协同应用的需求。

车路协同网络可以看成是智慧城市网络的一个逻辑子网,智慧城市网络应能承载车路协同、物联感知、智能交通等多种应用。智慧城市网络还要考虑承载智慧交通、城市物联感知等多种行业应用和业务场景。

在智慧城市网络中,车路协同网络的技术要求最高,因此网络需求主要对照车路协同业务需求。

路侧部署原则:每杆 2×IPC(IPC1、IPC2,IPC3 按需部署)、1×雷达、1×RSU。路侧网带宽需求计算如图 11.1-1 所示。

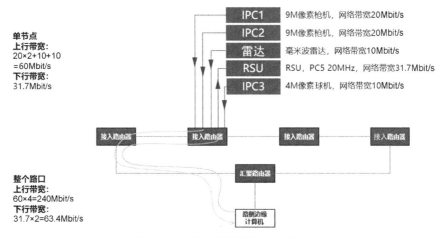

图 11.1-1　路侧网带宽需求计算

时延需求:普通业务的时延不大于 100ms,关键业务的时延不大于 20ms。

可靠性指标需求:99%～99.999%。

2)智慧城市车路协同网络方案概述

将 IPv6+作为承载网最坚实的技术底座,并将 IPv6+网络与"双智"试点深度融合,利用网络技术体系创新和智能运维体系创新,推动城市和汽车互联、网络效率倍增,提升数字经济创新力和生产力,如图 11.1-2 所示。

(1)网络技术体系创新:SRv6 协议体系的 SR、网络编程、网络层切片、确定性转发、IFIT、新型组播、应用感知和智能无损等。

(2)智能运维体系创新:网络故障发现、故障识别、网络自愈、自动调优等。

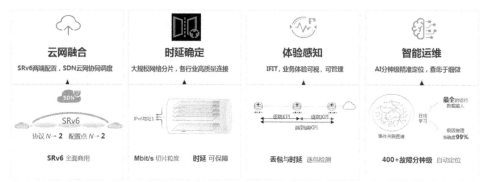

图 11.1-2　IPv6+ 促进"双智"试点的创新融合

11.1.2　网络方案

1. 混合组网方案架构

按照本次"双智"试点项目的组织要求，分两个区域建设。

（1）安亭镇北部区域 200 多个路口的道路智慧化改造采用光纤+路由型数通网络架构。

（2）安亭镇南部区域 50 个路口采用 5G 专网构建接入回传网架构。

上面两个区域网络在接入云中心前，要完成来自不同区域的网络汇聚，即要完成光纤数通网络与 5G 专网的混合组网。在混合组网的过程中，将不同网络切片的 QoS 对齐。混合组网方案架构图如图 11.1-3 所示。

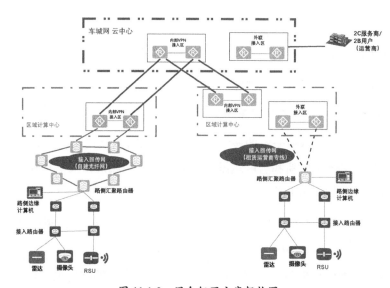

图 11.1-3　混合组网方案架构图

2. 路由型数通网络方案

路由型数通网络方案的架构图如图 11.1-4 所示，本方案的主要特点是云网一体、一网承载、一体安全和一键运维。

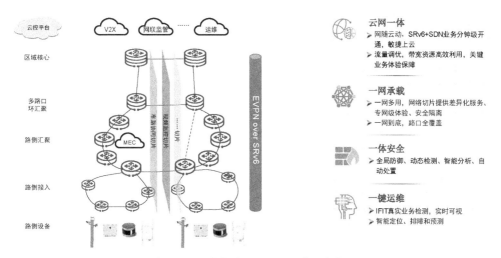

图 11.1-4　路由型数通网络方案的架构图

根据业务需求和网络架构的设计，路由型数通网络方案的拓扑图如图 11.1-5 所示。

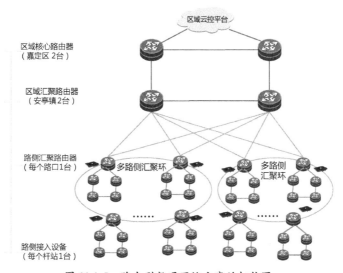

图 11.1-5　路由型数通网络方案的拓扑图

路由型数通网络的具体连接方式分述如下。

（1）路口设备连接方式。

在每个路口（以十字路口为例）部署4台抱杆路由器，这4台抱杆路由器与路侧汇聚路由器通过光纤实现环形连接，路侧汇聚路由器作为路侧终端设备的网关节点；将MEC设备接入路侧汇聚路由器。

（2）环网组网方式。

每10～12个路口组成一个3层环网，由路侧汇聚路由器通过光纤连接。

为每个汇聚环就近选择2台路侧汇聚路由器作为上联节点，使其分别与区域汇聚路由器相连。

（3）区域汇聚、区域核心组网方式。

区域汇聚路由器与区域核心路由器通过口字型组网相连。

区域云控平台的区域核心路由器接入承载网，同时区域核心路由器通过口字型组网与市承载网核心路由器相连。

在介绍清楚本案例的网络拓扑和组网方式后，下面对路由型数通网络实践的14个子项分别进行介绍。

1）IPv6+协议设计

路由型数通网络方案采用最新的IPv6+协议体系，如图11.1-6所示，设计要点如下。

（1）采用网络切片技术来实现一网多平面，基于时延、带宽、连接等业务对网络的核心要求，使各个业务由不同的切片承载。

（2）全网部署IPv6-Only，IGP选用ISIS，用路段内节点划分一个AS域，边缘PE节点采用双栈部署方式，满足IPv4和IPv6双栈接入需求。

（3）端到端部署SRv6+EVPN L3VPN，简化网络协议部署。

（4）全网部署SRv6 BE隧道，保证业务全互联。SRv6 BE协议使用最短路径算法得到转发路径。

（5）路侧各接入路由器连接网络时，使用EBGP或静态路由方式做私网路由协议；跨域对接，选择EBGP对接，跨AS域时通过跨域Option A方式进行对接。

（6）路由器利用基于硬件的 BFD 故障探测功能来快速探测故障，并采用 TI-LFA、VPN FRR 等技术，以保障全网可靠性。

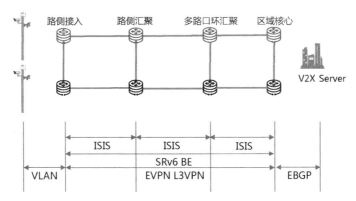

图 11.1-6　路由型数通网络方案的协议设计

2）IGP 设计

本方案中的 IGP 采用 ISISv6，如图 11.1-7 所示，设计要点如下。

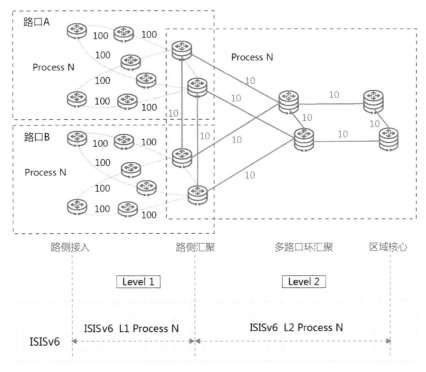

图 11.1-7　ISISv6 设计

(1) IGP 区域划分。

①分区域部署 ISISv6，安亭镇整个承载网使用一个 ISIS 进程。

②用路侧接入环划分一个 ISISv6 Level1 区域，路侧汇聚环不超过 10 跳，为多路侧汇聚环的上联节点、区域核心节点划分一个 ISISv6 Level2 区域。

(2) IGP Cost 值设置。

①为了防止相邻节点之间的较大流量从其下级较小带宽的链路绕行而引起业务时延提高及丢包，需要保证中心侧链路的 IGP Cost 值之和小于路侧汇聚链路。

②为了简化配置，路侧汇聚、多路口环汇聚、区域核心各区域网络内链路的 IGP Cost 值应相等。

3）BGP 设计

BGP 设计如图 11.1-8 所示，设计要点如下。

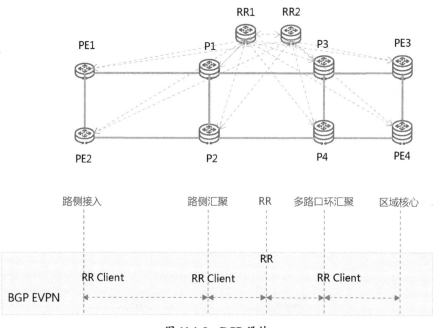

图 11.1-8 BGP 设计

(1) 公网平面。

网络路由互通依靠 IGP 的互相引入，因而不需要配置公网 BGP。

(2)私网平面。

①在 MP-BGP VPNv4/v6 地址族中发布各接入设备的路由。

②采用独立 RR 方案：为减少多路侧汇聚路由器的压力，同时提升网络的扩展性，在安亭镇部署独立 RR，RR 在发布路由时不修改下一跳。

③为了防止出现环路，RR 的 Cluster ID 相同。

4）IP 网络切片技术方案设计

在 IP 网络上进行网络切片技术方案设计，如图 11.1-9 所示，设计要点如下。

（1）整个智能网联承载网分为三个切片，即默认切片、车路协同切片、视频监控业务切片。

（2）车路协同切片和视频监控业务切片分别划分 1Gbit/s 切片带宽，剩下的业务均承载在默认切片中。

（3）切片技术选择：优先使用 FlexE 实施切片隔离技术，在不支持 FlexE 的设备（P1）上使用信道化子接口实施切片隔离技术。

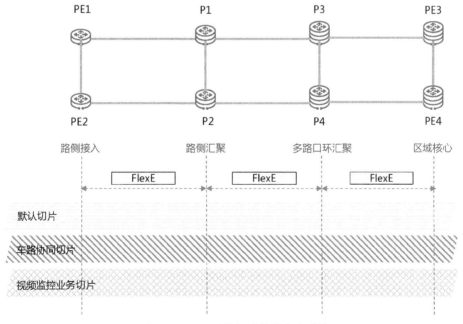

图 11.1-9　IP 网络切片技术方案设计

5）IP 网络切片管理方案设计

IP 网络切片由 SDN 控制器管理，如图 11.1-10 所示，管理功能如下。

（1）切片规划：完成切片网络的物理链路、转发资源、业务 VPN 和隧道规划，指导切片网络的配置和参数设置。

（2）切片部署：完成切片实例部署，包括实现创建切片接口、配置切片带宽、配置 VPN 和隧道等功能。

（3）切片运维：实现切片网络可视、故障运维、业务自愈和根因分析等功能。

（4）切片优化：切片优化是基于业务服务等级要求，在切片网络性能和网络成本之间寻求最佳平衡点的过程，涉及切片转发资源预测、切片内流量优化、切片弹性扩容缩容等领域。

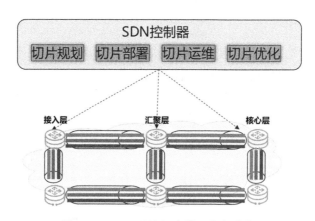

图 11.1-10　IP 网络切片管理方案设计

6）IP 网络隧道层方案设计

IP 网络隧道层采用 SRv6，如图 11.1-11 所示，设计要点如下。

（1）隧道基于 Prefix Segment 的转发路径是由 IGP 通过最短路径优先（SPF）算法计算得出的。

（2）在路侧接入、路侧汇聚、多路口环汇聚、区域核心各节点之间建立起端到端的 SRv6 BE 隧道，用于承载 EVPN L3VPN。

（3）在 SRv6 BE 隧道中，部署 TI-LFA（依靠 BFD for IGP 触发），保护 AS 域内的链路和节点；部署 BFD for Locator 机制，触发 VPN FRR 来切换保护 SRv6 隧道。

（4）中间节点可能会有插入 SRH，在保护倒换场景中需要压入一个 SRH 继续进行转发。

（5）支持 EVPN L3VPNv4/v6 业务。

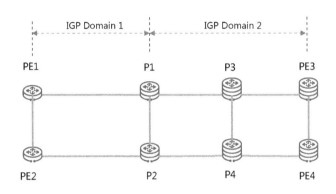

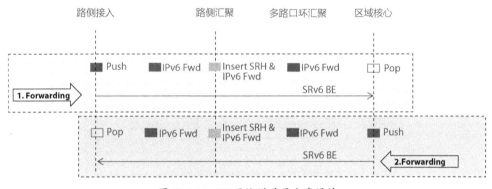

图 11.1-11　IP 网络隧道层方案设计

7）IP 网络业务层方案设计

IP 网络业务层采用 EVPN 协议，如图 11.1-12 所示，设计要点如下。

（1）IP 网络业务层控制面。

①车路协同的各业务 VPN 有唯一的 RT 标识，VRF RT 设计采用全互联模型来设计 RT，因此同一个网络中所有的 PE 节点之间会相互学习对方的路由。

②PE 之间的私网路由通过 RR 发布，RR 反射私网路由不修改原始下一跳地址，各 PE 节点学习到的私网路由的下一跳均为发布该私网路由的 PE 节点。

③路侧接入站点之间的业务基于明细路由并通过最短路径完成就近转发，中间节点只进行 IPv6 转发。

（2）IP 网络业务层转发面。

各业务的节点间互访通过查询明细路由转发，外层隧道通过 SRv6 BE 承载。

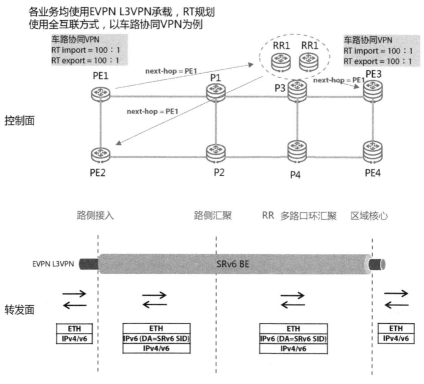

图 11.1-12　IP 网络业务层方案设计

8）IP 网络 QoS 方案设计

IP 网络采用网络切片加 IP QoS（DiffServ）的 QoS 方案设计，如图 11.1-13 所示，设计要点如下。

（1）车路协同和视频监控业务为关键业务，采用单独的网络分片承载。

（2）其余业务采用 DiffServ 模型，根据业务等级来划分队列，按照业务的重要程度来划分优先级，如表 11.1-1 所示。

表 11.1-1　IP 网络 QoS 取值表

业务类型	802.1P 优先级值	DSCP 优先级值	服务等级	队列调度
车路协同			网络切片	
视频监控			网络切片	

续表

业务类型	802.1P 优先级值	DSCP 优先级值	服务等级	队列调度
管理	5	46	EF	PQ
其他业务	0	0	BE	WFQ

（3）在入口节点处，可以选择信任业务报文携带的 DSCP/802.1P 优先级，或根据业务需要来指定进入对应的优先级队列。

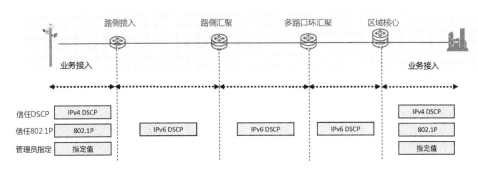

图 11.1-13　IP 网络 QoS 方案设计

9）V2X Server 平台业务接入方案设计

V2X Server 平台位于区域数据中心，其业务接入方案设计如图 11.1-14 所示，设计要点如下。

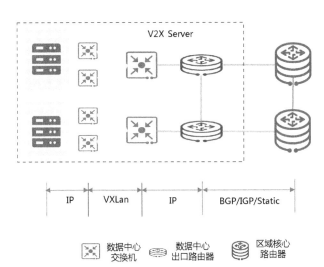

图 11.1-14　V2X Server 平台业务接入方案设计

（1）V2X Server 平台接入的业务主要是车路协同相关业务，包括车路协同事件信息业务、边缘计算机管理业务和云边协同业务等。

（2）V2X Server 平台的数据经过数据中心出口路由器向车路协同承载网传送。

（3）数据中心出口路由器通过 L3VPN 接入区域核心路由器上的智能网联 VPN，车路协同业务承载在车路协同业务专用网络切片中。

（4）数据中心出口路由器和区域核心路由器之间可以采用动态路由 BGP 和 IGP。

10）路侧网接入业务方案设计

路侧网接入的业务主要有以下 3 种。路侧网接入业务方案设计如图 11.1-15 所示。

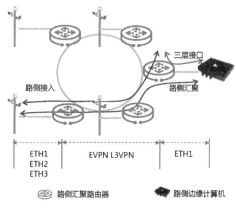

图 11.1-15　路侧网接入业务方案设计

（1）业务终端和路侧边缘计算机之间的业务。

车路协同业务终端（路侧摄像头、毫米波雷达和 RSU 等）通过接入路由器接入车路协同网络，通过接入环 EVPN L3VPN 连接到路侧边缘计算机上。

（2）路侧边缘计算机之间、路侧边缘计算机和 V2X Server 之间的业务。

①路侧汇聚路由器与路侧边缘计算机之间使用三层接口对接，在路侧汇聚路由器上配置三层接口，绑定车路协同网络的 EVPN L3VPN。

②在路侧汇聚路由器上部署车路协同业务专用网络切片，用于承载车路协同 EVPN L3VPN 业务。

③在路侧边缘计算机上配置静态路由，指定路侧汇聚路由器的三层接口地址为网关地址；路侧汇聚路由器将三层接口的网段路由发布到 EVPN L3VPN 上，指导流量访问路侧边缘计算机。

(3)路侧摄像头和监控中心业务。

路侧摄像头的监控流量通过接入路由器接入车路协同网络,车路协同网络将其发送给监控中心,由监控中心对其统一进行处理。

11)网络可靠性方案设计

网络可靠性方案设计提供了端到端的故障检测和保护倒换机制,即可以防范网络上任意单点设备或链路的故障,具体如图 11.1-16 所示。

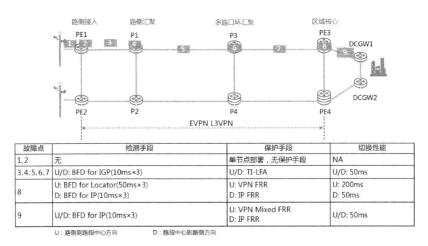

图 11.1-16　网络可靠性方案设计

12)高精度时间同步方案设计

IP 网络具备高精度时间同步功能,这样车路协同设备都可以通过网络来实现高精度时间同步,都不需要安装 GNSS 模块了。高精度时间同步方案设计如图 11.1-17 所示,设计要点如下。

(1)在网络核心层部署主备时钟源设备,时钟源设备跟踪 GNSS(GPS+北斗)卫星,以确保两个时钟源设备同源。

(2)时钟源设备通过 GE/10GE 以太网口连接到区域核心设备上,通过 PTP 同时恢复频率和时间,配置简单,易部署。

(3)区域核心路由器采用逐跳 PTP 同步方案,向下游路由器同步时钟信息,并在接入路由器上经以太网口将该信息传递给终端设备。网络中途经的所有路由器都要支持 1588 v2。采用逐跳 PTP 同步方案,允许透传波分设备,其中,距离小于 40km 的,可以不引入新的时钟源;距离超过 40km 的,建议引入新的时钟源。

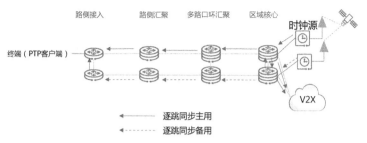

图 11.1-17　高精度时间同步方案设计

13）网络业务质量监测设计

IP 网络采用 IFIT 技术实时监测车路协同业务的质量，如图 11.1-18 所示，设计要点如下。

（1）IPv4 业务采用 EVPN L3VPNv4 承载，IPv6 业务采用 EVPN L3VPNv6 承载。

（2）检测粒度：支持基于五元组粒度或 VPN 粒度进行检测。

（3）检测模式：支持端到端或逐跳的丢包率、时延检测。

（4）时延检测需配置 1588v2 时钟，丢包率检测可配置 NTP 时钟或 1588v2 时钟。

（5）SDN 控制器与网络中的接入路由器和汇聚路由器之间通过路由协议实现 IP 可达。

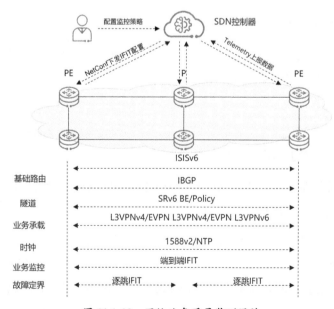

图 11.1-18　网络业务质量监测设计

业务质量监测的网络管理流程如下。

（1）网络管理员通过 SDN 控制器界面全网使能 IFIT 能力，并进行 Telemetry 订阅。

（2）网络管理员针对需要开展丢包率、时延 SLA 监控业务，选择业务的源宿节点及链路，下发 IFIT 监控策略（Locator 粒度或五元组粒度），SDN 控制器将监控策略转换为设备命令，通过 NetConf 将该命令下发给路由器。

（3）路由器生成 IFIT 端到端监控实例，源宿节点通过 Telemetry 技术上报业务 SLA 统计。

（4）SDN 控制器在收到源宿节点的 SLA 统计后，对业务 SLA 进行图形化呈现，同时支持生成并导出 SLA 报表。

（5）网络管理员设置监控阈值，当丢包率或时延超过阈值时，SDN 控制器自动将端到端监控策略调整为逐跳测量，并通过 NetConf 向路由器下发更新后的策略。

（6）路由器根据新策略将故障业务监控模式调整为逐跳，并逐跳向 SDN 控制器上报业务 SLA 信息。

（7）SDN 控制器对逐跳上报的业务 SLA 信息进行计算，对业务端到端的 SLA 进行逐跳的图形化展示。

14）车路协同道路场景的网络设计

路侧网要根据具体的道路场景来设计，覆盖路口、直道、高架、环岛和隧道等所有城市道路场景。下面介绍常见的道路场景——路口场景、直道和高架桥场景的网络设计。

路口场景的网络设计如图 11.1-19 所示，路口路侧网采用环形组网，由路口内的各台杆上接入路由器组成路口环网。每个杆站上的路口接入路由器通过双向链路连接路侧汇聚路由器，从而实现链路冗余保护。各个路口自成环网，若要实现双归，则需要在路口之间连接接入侧光纤，提高施工复杂度，故建议采用每个路口自组网的方式。若需要提高路口网络的可靠性，可在路口部署两台路侧汇聚路由器，实现双节点保护。路侧汇聚路由器采用环形组网，在实际工程中需考虑光纤管道路径，多个路口尽量选择在同侧组成环网，不增加额外的道路穿管工作。

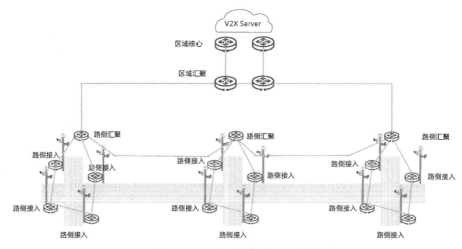

图 11.1-19　路口场景的网络设计

直道、高架桥是常见的城市道路，可以在其沿线部署感知终端，形成连续覆盖场景。直道场景和高架场景的网络设计如图 11.1-20 所示，路侧接入路由器通过链式组网方式，双归接入两侧的路侧汇聚路由器，路侧汇聚路由器之间通过光纤连接，组成一个环形网络，为路侧接入路由器提供节点级和链路级保护；不同的路侧汇聚路由器通过环形组网接入区域汇聚路由器，区域内的流量经过区域汇聚路由器汇聚到接入区域核心路由器上。在实际工程设计中，需对光纤管道路径进行规划，同时预留部分未来网络扩展能力，建议每台区域汇聚路由器下挂不超过 10 台路侧汇聚路由器。高架桥特殊的地方在于，高架桥上没有足够的空间安装落地柜，所以边缘计算设备、路由器均需要考虑设备抱杆安装。

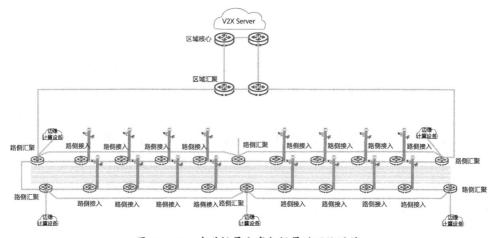

图 11.1-20　直道场景和高架场景的网络设计

3．5G 专网方案

本项目的 5G 专网服务主要依托于运营商在嘉定全域的 5G 建设优势，确保选取的试点路口达到 5G 信号覆盖的要求。另外，通过运营商下沉 UPF 网元，实现嘉定区域内 5G 车城专网的建设。相关建设均由运营商完成，用户以租赁方式使用网络。

1）5G 专网总体方案架构

5G 专网方案架构示意图如图 11.1-21 所示，车路协同业务流通过 5G 基站，传输到下沉 UPF 网元，再传输回嘉定区域计算中心。公众用户（5G 用户）共享 5G 基站，使用公网 UPF 网元进行 5G 通信。

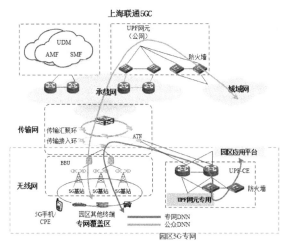

图 11.1-21　5G 专网方案架构示意图

在路侧汇聚路由器旁部署 5G CPE，通过运营商 5G 专网来回传车路协同业务流。从运营商内部的网络架构看，用户的数据流通过 5G CPE 进入运营商 5G 网络，再经过运营商移动承载网到达 5G UPF 网元，最后通过专线传输至用户机房，如图 11.1-22 所示。

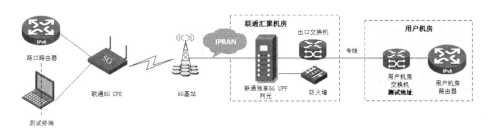

图 11.1-22　5G 专网内部架构图

2）5G 专网 QoS 方案设计

5G 专网在无线侧用 5QI 来标识具有不同 QoS 要求的参数。5QI 的取值范围是 1～255，其中，1～4 表示低时延服务，5～9 表示高可靠性服务，10～79 表示高速宽带服务，5G 专网 QoS 参数表如表 11.1-2 所示。车路协同业务的 QoS 赋值如表 11.1-3 所示。本方案是一个 5G 网络软切片方案。

通用切片产品参数不满足客户的定制化需求，在技术归一化的前提下，根据客户的定制化需求，可以灵活匹配 5G 业务需求，快速响应客户的差异化 SLA 保障需求。

表 11.1-2　5G 专网 QoS 参数表

无线保障方案						承载侧保障方案	核心网保障方案	
5QI	服务保障	适用范围	优先级	单上行速率	单下行速率		DNN	UPF
8	调度优先类	大带宽、广域	较高	<200Mbit/s	<1Gbit/s	VPN+QoS	利旧 DNN/新建 DNN	共享用户面/独享用户面
3	带宽保证类	低延时、局域、广域限时	高	1～10Mbit/s	1～10Mbit/s			
4	带宽保证类	大带宽、局域	高	10～50Mbit/s	<100Mbit/s			
RB预留	RB预留	全场景、局域	最高	≤30%		VPN+QoS/FlexE		

表 11.1-3　车路协同业务的 QoS 赋值

优先级	业务流	补充说明	5QI
高优先级 1	设备管理信息	空口时延不大于 5ms	3
高优先级 2	车路协同消息	空口时延不大于 5ms	4
中优先级 1	电子信号板信息	空口时延不大于 10ms	5
低优先级（BE）	上传到中心云做监管的融合感知流（大流量）	空口时延不大于 10ms	9

3）5G 专网安全设计

5G 专网安全体系构建于白名单机制，在此基础上，根据客户需求来提供包括安全评测、接入管控、传输安全、安全监测、异常处置等多个环节的增强安全防护能力。

此外,依托运营商基础网络的安全能力与客户内网侧联动,形成事前预防、事中监测、事后溯源反制的端到端安全体系,如图 11.1-23 所示。

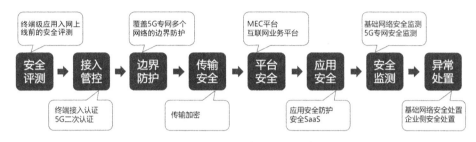

图 11.1-23　5G 专网安全体系

在 5G CPE 和用户数据中心之间,采用 GRE 或 IPsec 等隧道协议封装来提高用户数据的安全性,如图 11.1-24 所示。

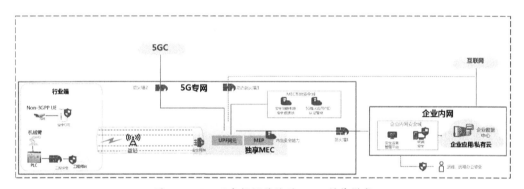

图 11.1-24　用户数据传输的 GRE 封装模式

4)5GC UPF 设备部署方案设计

运营商部署 5G 专享型 UPF 设备,其带宽为 1Gbit/s。将 UPF 设备安装在安亭镇汇聚机房中,完成安装后,部署业务系统,设备上联到 IP RAN。

两台 UPF 设备对接本项目的物联网卡 IP 地址池,AMF 模块在检测到 5G 卡的请求连接数据后,动态分配 IP 地址,SMF 模块开始会话管理。

两台 UPF 设备采用负载均衡配置,可以有效提升业务访问能力。

UPF 设备将数据转发给出口网关,出口网关则通过静态路由+光纤直连的方式,直接连接智算中心的互联交换机,由此实现终端数据到智算中心的转发。

在 UPF 设备旁挂两台防火墙,进行跨网安全管理,一台对应 5GC 平台(运营商物联网管控平台），客户可以通过互联网访问该平台；另一台管控出口网关，用于实现客户侧的安全管控。

防火墙可有效应对平台开放接口的风险，弱口令、应用安全及各应用之间隔离不当导致资源越权访问的风险，以及远程运维、越权访问或非法入侵的风险，并消除互联网边界安全威胁。

5）5G专网网元设计

由运营商为本项目提供工业版5G CPE，并将其部署在5G试点路口，将5G CPE插入本项目定制的物联网卡，下联路侧汇聚路由器。本项目中部署的5G CPE是按IPv6-Only模式开发的，LAN口和物联网卡均使用IPv6地址。

每个CPE中会放置一张5G物联网卡，CPE的IMEI编号和5G卡号存在对应关系，用户可通过运营商的物联网平台来查询信息和管理业务。当前，为每个物联网卡配置了100Mbit/s上下行对等的5G通信带宽。

11.1.3 网络建设实践总结

经过"双智"试点的城市路侧基础设施建设，在智慧路口部署的感知设备、V2X通信设备和边缘计算设备等通过IPv6+网络的连接，构成了车路协同的路侧基本单元，IPv6+网络还承载着路侧到中心云的智慧交通和城市物联感知等多业务的通信。截至2022年12月，建成了全国首个IPv6+智能网联、智慧交通和智慧城市多元业务承载网，搭建了以城市统一数据为基底的车城网实体数字孪生平台，建设完成了智慧路口近300个，累计建设了智能网联示范区车路协同环境230.6km，累计开放了926条、1800km的智能网联测试道路，开放了2条共41km的自动驾驶高速公路。

智慧城市车路协同网络的测试结果如下。

（1）200个路口的光纤数通网络实现了路侧到中心云端通信延时小于2ms、速率为10Gbit/s。

（2）50个全息路口的5G专线网络均能通过CPE将结构化数据上传到中心云业务服务器中。每个路由的双向时延在10~25ms之间，上传速度能达到100Mbit/s。

经过本次的上海"双智"试点实践，依托IPv6+网络技术，采用5G和路由型数通两种技术的混合接入网方案，并采用路由器来构建汇聚核心网，不仅能很好地支持

"双智"试点的车路协同业务,也能为未来支持智慧城市网络的"一网多用"打下坚实的网络基础,简单归结 IPv6+网络建设的获益方面有:

(1)精细化网络切片,为智慧城市车路协同的不同客户提供确定性体验保障。网络切片通过将一个物理网络划分成互相隔离的、不同颗粒的切片网络,为不同行业、不同业务提供了差异化的网络承载。例如,在智慧交通、智慧城市等行业往往存在数据网、调度网等多个不同的网络,网络切片可以很好地满足不同业务的一网承载的诉求。

(2)IFIT,业务 SLA 可视:随着移动承载、专网专线等技术的快速发展,承载网面临超大带宽、海量连接和 URLLC 的挑战,IFIT 通过对真实业务流进行特征标记,直接检测网络的时延、丢包数、抖动等性能指标,为智能运维奠定了坚实的基础。

(3)智能运维,业务实时可见:针对 IPv6 网络部署难和运维难问题,通过可视化界面,直观地向用户呈现逐包或者逐流的性能指征,提高网络运维和性能监控的及时性和有效性,实现网络可管可视,行业客户业务实时可视,以及网络资源智能调度。

随着 IPv6+网络技术的平滑演进,将逐步实现网络业务可感知。随着 5G 和车路云一体化时代的到来,各种具有差异化需求的业务和应用层出不穷,网络和业务完全解耦的方式不再适合新的时代,网络感知业务的需求越发强烈。通过实现对每个终端、用户和应用的实时监控和分析,我们可以构建一个更加高效、安全、个性化的网络环境,从而满足不同用户和应用的需求。

在未来,这种网络体系将成为智慧城市车路协同网络发展的重要趋势。

11.2 国家"双智"试点——某自动驾驶示范区车路协同网络建设实践

11.2.1 背景概要

2021 年 5 月,住房和城乡建设部、工信部联合印发通知,确定北京、上海、广州、武汉、长沙、无锡 6 个城市为第一批"双智"试点城市,重点建设智能化基础设施、建设新型网络设施、建设车城网平台、开展示范应用和完善标准制度等。

本项目是国家"双智"试点项目,重点开展自动驾驶示范区车路协同网络建设。

11.2.2 网络方案

本案例是在综合考虑管道等土建侧基础设施的现状、管道建设很困难及管道管孔的大部分已经被各运营商、其他有需求部门占用等因素之后，提出的采用高配置设备以降低对基础设施的要求的方案。路侧设备的感知数据经汇聚层设备汇聚后上联至中心机房，可以有效地减少到中心机房的光缆纤芯的数量，缩小光缆的建设规模或保留更多的纤芯用于未来的其他业务。

以路口为基本单元，每个路口的业务经位于路边的智慧机箱内的汇聚交换机汇聚后，回传到中心机房。在每个路口同样对各多功能综合杆内的接入交换机配置 2 个千兆光口而形成千兆环，连接智慧机箱内的交换机。路口的智慧机箱内的交换机，每 20 台组成 1 个万兆环网，选择其中 1 台交换机，配置为 40Gbit/s 的汇聚交换机，汇聚本万兆环的业务后，上联至中心机房核心交换机，共 4 个 40Gbit/s 环。从业务安全方面考虑，在中心机房配置主备 2 套核心交换机，以满足负载均衡及路由冗余的需求。

由路侧汇聚交换机和中心机房核心交换机组成的接入回传网采用 IP 三层网络，在交换机上采用 MPLS L3VPN 或 EVPN 来为各业务提供 L3VPN，同时后续支持 IPv6 部署。在路侧网中部署以太网 QoS 方案，在接入回传网中部署 IP DiffServ QoS 方案，以保证网络 QoS。智慧城市车路协同网络方案如图 11.2-1 所示。

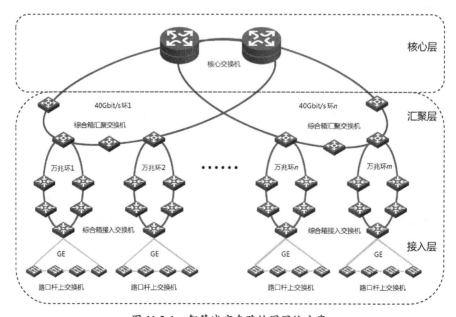

图 11.2-1　智慧城市车路协同网络方案

11.2.3 网络建设实践总结

本案例主要介绍自动驾驶示范区接入网部署架构，探讨车路协同的接入回传网基于城市路侧多功能综合杆的部署策略。随着智慧城市建设的高速发展，城市中的通信管道、路侧杆件资源愈趋紧张。本方案是一个比较经济、简单的方案，能够充分利用现有资源来实现一杆多用，还能够满足车路协同业务的网络需求。

11.3 某新城区车路协同网络建设实践

11.3.1 背景概要

1. 项目背景

新城市规划通过交通网、信息网、能源网"三网合一"来调度灵活、安全可靠的智慧城市车路协同网络。一体化构建城市专用网络可以满足城市管理数据采集、信息交互的承载需求。基于智能驾驶汽车等新型载运工具，智慧城市车路协同网络可实现车车、车路智能协同，提供一体化智能交通服务；以数据流程整合为核心，适应不同的应用场景；以物联感知、移动互联、AI等技术为支撑，构建实时感知、瞬时响应、智能决策的新型智能交通体系框架。而这一切的关键就在于打造一个智能承载、高速互联、融合泛在、安全可靠的智慧城市通信网。

2. "双智"城市车路协同网络需求分析

本项目新建了交通管理、车路协同等感知终端，利用摄像头、雷达、RSU、环境监测传感设备等感知设备来采集路面状况、行人、车辆运行等信息，并将这些信息通过传输网回传至边缘计算节点。

公安交管部分的主要建设内容包含信号控制、电警卡口、电子车牌等前端建设内容，该部分设施设备的建设能够为片区整体交通秩序管控提供支撑，有助于实时感知车辆信息，动态调节片区车流，引导片区车辆驾驶员文明出行，以及高效对车流进行引导。

典型业务流量预测表如表11.3-1所示。经计算，单杆站需求总带宽为57.4Mbit/s。

表 11.3-1　典型业务流量预测表

序号	设备名称	数量	回传峰值流量/（Mbit/s）	合计/（Mbit/s）
1	车路协同摄像头	1 个	8	8
2	多功能枪机	4 台	8	32
3	雷达	1 台	0.4	0.4
4	RSU	1 台	13	13
5	信号机	1 台	2	2
6	电子车牌	4 个	0.5	2
单杆站流量合计				57.4

按照单杆站流量合计的结果 57.4Mbit/s 计算，ONU 的上行出口带宽需要 57.4Mbit/s，分光器的端口数为 16 个，OLT 上单 PON 端口的流量为 918Mbit/s，OLT 需配置 32 个 PON 端口，按照 OLT 的端口利用率 50%来计算出口带宽，结果为 14688Mbit/s，而根据 XGS-GPON 技术标准，PON 端口的上行、下行速率均为 10Gbit/s，接入 OLT 的上行带宽采用 2×10Gbit/s 的方式上联汇聚交换机，可满足路侧感知设备的数据回传需求，详见表 11.3-2。

表 11.3-2　网络流量分析表

接入层		汇聚层		
ONU 的上行出口带宽	分光器的端口数	OLT 上单 PON 端口的流量	OLT 需配置的 PON 端口数	出口带宽
57.4 Mbit/s	16 个	918 Mbit/s	32 个	14688Mbit/s

3．"双智"城市车路协同的系统架构

"双智"城市车路协同的系统架构图如图 11.3-1 所示。数字道路智能化项目以数字化感知前端建设为主，侧重提升整个片区的交通信息物联感知能力，为未来片区提升整体交通管控及服务能力提供硬件支撑，进而支撑到整个片区乃至区域的交通通行效率的提升，也能促进绿色交通、平安交通的理念落地贯彻。

第 11 章 智慧城市车路协同网络建设实践

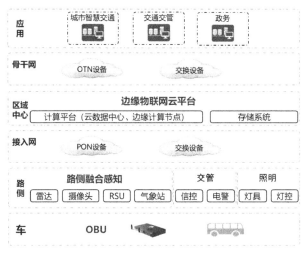

图 11.3-1 "双智"城市车路协同的系统架构图

11.3.2 网络方案

1. 网络方案架构

网络方案架构分为核心层、汇聚层、接入层 3 层，如图 11.3-2 所示。

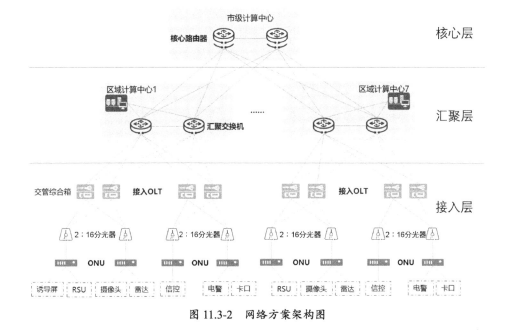

图 11.3-2 网络方案架构图

本次项目实践通过新建接入层/汇聚层回传网来连接主路、次路及街巷的所有感知设备。

接入层网络采用 PON 设备组网方式来建设。车路协同路侧感知设备就近接入 ONU，ONU 在汇聚路侧感知数据后，通过 ODN 将路侧感知数据回传到接入 OLT，接入 OLT 再通过 10GE 链路将路侧感知数据上传到边缘计算平台。在路侧感知数据经边缘计算平台融合处理后，处理结果向上通过汇聚/核心路由设备传送到市级计算中心的物联网平台和各应用平台；向下通过 PON 传送到 RSU，再由 RSU 发放给车端。

接入层 PON 还承载了交管系统业务数据。信控等交管数据先通过 ONU 回传到接入 OLT，再传输到边缘计算节点机房，然后通过汇聚交换机传输到公安平台，最后通过公安双向安全网关回传至上层运营平台。

2. 部署原则

整个车路协同网络采用分层次组网方式，以保证网络层次清晰。

（1）ONU 部署原则：接入层 ONU 部署在杆站信息箱内，用于接入杆站内所有感知设备和信号机待回传的数据。

（2）分光器部署原则：OLT 和 ONU 之间为一级分光连接模式，采用分光比为 2∶16 的等比分光器，并将其放置于杆站信息箱或路口信控综合箱内。ONU 通过汇聚光缆环路上行双归至两个 OLT 的 PON 端口。

（3）OLT 部署原则：接入 OLT 布置在路口信控综合箱内，采用 2×10GE 链路上行连接到边缘计算节点机房回传网汇聚交换机上。

（4）汇聚交换机部署原则：汇聚交换机布置在边缘计算节点。

3. 业务部署

业务部署方案如图 11.3-3 所示。车路协同业务和交管系统业务共用一个 PON，通过划分 VLAN，将车路协同和交管系统的数据隔离开来。

图 11.3-3　业务部署方案

4．可靠性方案设计

本项目的接入层和汇聚层均通过双归冗余保护来实现网络的高可靠性。可靠性方案设计如图 11.3-4 所示。PON 整体采用 Type-B 线路冗余保护机制，每个 ONU 通过分光比为 2∶16 的等比分光器上联到一对 OLT，从而实现线路故障快速检测和自动保护倒换。OLT 采用 2×10GE 链路上行至边缘计算节点机房的两台汇聚交换机，以实现上行以太网链路的流量负载分担和冗余保护。

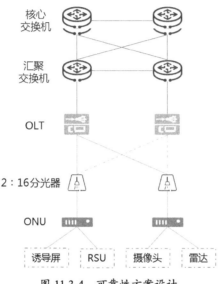

图 11.3-4　可靠性方案设计

5．网络运维

本期新建统一网管平台，用其管理新建的 PON。OLT 采用带内方式建设，具体用于网络的失效管理、配置管理、性能管理、安全管理等。

11.3.3　网络建设实践总结

新区数字道路智能化项目采用 F5G PON 技术，通过将光纤下到末端来向站点提供万兆带宽，全面提升智慧城市的连接体验，构建全光数字底座。

通过全域数字道路路侧智能感知设备的全天候运行，实时获取道路运行中的车辆速度、车流量、交通信号、气象等数据，数据流高达 400TB/月。

项目建设采用了"一网多用"的建设模式，避免了数字道路路侧设备多部门重复建设,建设成本降低了30%;多网融合为一网加统一管理,使运维效率提升了40%;通过自建PON分光技术实现了数据P2MP传输,节约了主干纤缆资源,租赁费用下降了55.8%;通过边缘计算节点集中化部署,节省了路边柜等的工程实施成本和维护成本;通过端到端的双归保护,提供了高可靠性网络连接,业务故障恢复时间降到了50ms以内,提供了极致的无损保护体验。

附录 A 车路协同业务场景

附录 A 中每个场景对业务流的分析仅列出了实现应用场景所需的主要交互消息，而非所有消息。在实践中，可根据不同的需求和服务水平，采用更多的消息。

A.1 安全类应用场景

1）限速预警

该场景的业务流向有以下两种方式。

（1）直连通信方式（PC5 通信方式）。

①通过本地配置，RSU 获得 MAP 消息和限速信息（也可以通过平台下发的方式获得）。

②RSU 周期性广播 MAP 和 RSI 消息，在智能网联车辆的 OBU 接收到消息后，车载应用结合智能网联车辆的定位和行驶信息进行分析，如果分析结果满足限速要求，则触发限速预警。

PC5 通信方式下的限速预警业务流向图如图 A.1-1 所示。

图 A.1-1 PC5 通信方式下的限速预警业务流向图

（2）蜂窝通信方式（Uu 通信方式）。

智能网联车辆周期性上报 BSM，区域计算平台/市级车路协同云平台通过 Uu 空口下发 MAP 和 RSI 消息，智能网联车辆的 OBU 在接收到消息后，获取限速信息，与车载应用联合判断是否需要对驾驶员进行预警。

Uu 通信方式下的限速预警业务流向图如图 A.1-2 所示。

图 A.1-2　Uu 通信方式下的限速预警业务流向图

2）闯红灯预警

该场景的业务流向有以下两种方式。

（1）直连通信方式（PC5 通信方式）。

①RSU 通过直接配置的方式，获取 MAP 消息；通过对接信号机的方式，获取 SPAT 消息。（MAP、SPAT 消息也可以通过平台下发的方式获取）。

②RSU 对外广播 SPAT 和 MAP 消息，在智能网联车辆的 OBU 接收到 SPAT 和 MAP 消息后，车载应用结合智能网联车辆的定位和行驶信息来判断是否需要对驾驶员进行预警。

PC5 通信方式下的闯红灯预警业务流向图如图 A.1-3 所示。

图 A.1-3　PC5 通信方式下的闯红灯预警业务流向图

（2）蜂窝通信方式（Uu 通信方式）。

区域计算平台/市级车路协同云平台通过 Uu 空口下发 SPAT、MAP 消息，智能网联车辆的 OBU 在接收到以上消息后，与车载应用联合判断是否需要对驾驶员进行预警。

Uu 通信方式下的闯红灯预警业务流向图如图 A.1-4 所示。

图 A.1-4 Uu 通信方式下的闯红灯预警业务流向图

3）基于路侧感知的"僵尸车"识别

该场景的业务流向有以下两种方式。

（1）直连通信方式（PC5 通信方式）。

①路侧感知设备将其感知到的"僵尸车"信息发送给 RSU。

②RSU 广播 SSM，智能网联车辆的 OBU 在接收到信息后，结合智能网联车辆的定位和行驶信息，生成路径规划，有助于智能网联车辆避让"僵尸车"。

PC5 通信方式下的基于路侧感知的"僵尸车"识别业务流向图如图 A.1-5 所示。

图 A.1-5 PC5 通信方式下的基于路侧感知的"僵尸车"识别业务流向图

（2）蜂窝通信方式（Uu 通信方式）。

①智能网联车辆周期性上报 BSM。

②路侧感知设备将其感知到的"僵尸车"信息发送至区域计算平台。

③区域计算平台通过 Uu 空口对通信范围内的智能网联车辆推送 SSM，在智能网联车辆的 OBU 接收到 SSM 后，车载应用结合智能网联车辆的定位和行驶信息，生成路径规划，有助于智能网联车辆避让"僵尸车"。

Uu 通信方式下的基于路侧感知的"僵尸车"识别业务流向图如图 A.1-6 所示。

图 A.1-6　Uu 通信方式下的基于路侧感知的"僵尸车"识别业务流向图

4）交叉路口碰撞预警

该场景的业务流向有以下两种方式。

（1）直连通信方式（PC5 通信方式）。

①路侧感知设备将感知信息发送至路侧边缘计算平台。

②路侧边缘计算平台将处理后的消息发送至 RSU。

③RSU 广播 RSM，在智能网联车辆的 OBU 接收到 RSM 后，车载应用结合智能网联车辆的定位和行驶信息来判断是否需要对驾驶员进行预警。

PC5 通信方式下的交叉路口碰撞预警业务流向图如图 A.1-7 所示。

图 A.1-7　PC5 通信方式下的交叉路口碰撞预警业务流向图

（2）蜂窝通信方式（Uu 通信方式）。

①智能网联车辆周期性地向区域计算平台上报 BSM。

②路侧感知设备将其感知到的车辆信息发送至路侧边缘计算平台，该平台对这些信息中的数据进行融合计算。

③路侧边缘计算平台将处理后的数据结果上报至区域计算平台。

④区域计算平台通过 Uu 空口对通信范围内的智能网联车辆推送 RSM，在智能网联车辆的 OBU 接收到 RSM 后，车载应用结合智能网联车辆的定位和行驶信息来判断是否需要对驾驶员进行预警。

Uu 通信方式下的交叉路口碰撞预警业务流向图如图 A.1-8 所示。

图 A.1-8　Uu 通信方式下的交叉路口碰撞预警业务流向图

5）左转辅助

该场景的业务流向有以下两种方式。

（1）直连通信方式（PC5 通信方式）。

①路侧感知设备将感知信息发送至路侧边缘计算平台。

②路侧边缘计算平台将处理后的消息发送至 RSU。

③RSU 广播 RSM，在智能网联车辆的 OBU 接收到 RSM 后，车载应用结合智能网联车辆的定位和行驶信息来判断是否需要对驾驶员进行预警。

PC5 通信方式下的左转辅助业务流向图如图 A.1-9 所示。

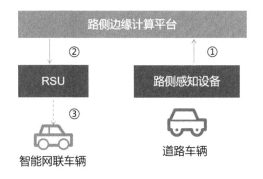

图 A.1-9　PC5 通信方式下的左转辅助业务流向图

(2)蜂窝通信方式（Uu 通信方式）。

①智能网联车辆周期性地向区域计算平台上报 BSM。

②路侧感知设备将感知到的车辆信息发送至路侧边缘计算平台，该平台对这些信息中的数据进行融合计算。

③路侧边缘计算平台将处理后的数据结果上报至区域计算平台。

④区域计算平台通过 Uu 空口对通信范围内的智能网联车辆推送 RSM，在智能网联车辆的 OBU 接收到 RSM 后，车载应用结合智能网联车辆的定位和行驶信息来判断是否需要对驾驶员进行预警。

Uu 通信方式下的左转辅助业务流向图如图 A.1-10 所示。

图 A.1-10　Uu 通信方式下的左转辅助业务流向图

6）弱势交通参与者碰撞预警

该场景的业务流向有以下两种方式。

(1)直连通信方式（PC5 通信方式）。

①路侧感知设备将感知信息发送至路侧边缘计算平台。

②路侧边缘计算平台将处理后的信息发送至 RSU。

③RSU 广播 RSM，在智能网联车辆的 OBU 接收到 RSM 后，车载应用结合智能网联车辆的定位和行驶信息来判断是否对驾驶员进行预警。若存在弱势交通参与者碰撞风险，则对驾驶员进行预警。

PC5 通信方式下的弱势交通参与者碰撞预警业务流向图如图 A.1-11 所示。

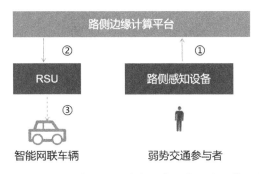

图 A.1-11　PC5 通信方式下的弱势交通参与者碰撞预警业务流向图

（2）蜂窝通信方式（Uu 通信方式）。

①智能网联车辆周期性地向区域计算平台上报 BSM。

②路侧感知设备将感知到的信息发送至路侧边缘计算平台，该平台对这些信息中的数据进行融合计算。

③路侧边缘计算平台将处理后的数据结果上报至区域计算平台。

④区域计算平台通过 Uu 空口对通信范围内的智能网联车辆推送 RSM，在智能网联车辆的 OBU 接收到 RSM 后，车载应用结合智能网联车辆的定位和行驶信息来判断是否对驾驶员进行预警。若存在弱势交通参与者碰撞风险，则对驾驶员进行预警。

Uu 通信方式下的弱势交通参与者碰撞预警业务流向图如图 A.1-12 所示。

图 A.1-12　Uu 通信方式下的弱势交通参与者碰撞预警业务流向图

7）基于协同式感知的异常驾驶行为识别

该场景的业务流向有以下两种方式。

（1）直连通信方式（PC5 通信方式）。

①路侧感知设备将感知信息发送给路侧边缘计算平台。

②路侧边缘计算平台将处理后的信息发送至 RSU。

③RSU 广播 SSM，在智能网联车辆的 OBU 接收到 SSM 后，车载应用结合智能网联车辆的定位和行驶信息来制定智能网联车辆的行驶策略。

PC5 通信方式下的基于协同式感知的异常驾驶行为识别业务流向图如图 A.1-13 所示。

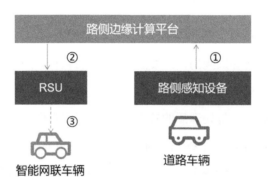

图 A.1-13　PC5 通信方式下的基于协同式感知的异常驾驶行为识别业务流向图

（2）蜂窝通信方式（Uu 通信方式）。

①智能网联车辆周期性上报 BSM。

②路侧感知设备将感知信息发送至路侧边缘计算平台，该平台对这些信息中的数据进行融合计算。

③路侧边缘计算平台将处理后的数据结果上报至区域计算平台。

④区域计算平台通过 Uu 空口对通信范围内的智能网联车辆推送 SSM，在智能网联车辆的 OBU 接收到 SSM 后，车载应用结合智能网联车辆的定位和行驶信息来制定智能网联车辆的行驶策略。

Uu 通信方式下的基于协同式感知的异常驾驶行为识别业务流向图如图 A.1-14 所示。

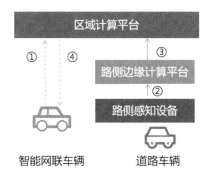

图 A.1-14　Uu 通信方式下的基于协同式感知的异常驾驶行为识别业务流向图

8）感知数据共享

该场景的业务流向有以下两种方式。

（1）直连通信方式（PC5 通信方式）。

①路侧感知设备将感知信息发送至路侧边缘计算平台。

②路侧边缘计算平台处理接收到的信息，生成交通参与者信息或道路异常状况信息，并将生成的信息发送至 RSU。

③RSU 广播 SSM，智能网联车辆的 OBU 在接收到 SSM 后，与车载应用联合判断是否对驾驶进行预警/提示等。

PC5 通信方式下的感知数据共享业务流向图如图 A.1-15 所示。

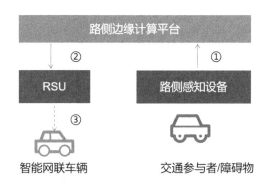

图 A.1-15　PC5 通信方式下的感知数据共享业务流向图

（2）蜂窝通信方式（Uu 通信方式）。

①智能网联车辆周期性上报 BSM。

②路侧感知设备将感知到的信息发送至路侧边缘计算平台,该平台对这些信息中的数据进行融合计算。

③路侧边缘计算平台将处理后的数据结果上报至区域计算平台。

④区域计算平台通过 Uu 空口将 SSM 推送至智能网联车辆,智能网联车辆的 OBU 在接收到 SSM 后,与车载应用联合判断是否对驾驶员进行预警/提示等。

Uu 通信方式下的感知数据共享业务流向图如图 A.1-16 所示。

图 A.1-16　Uu 通信方式下的感知数据共享业务流向图

9)协作式变道

该场景的业务流向有以下两种方式。

(1)直连通信方式(PC5 通信方式)。

①智能网联车辆向 RSU 发送包含行驶意图信息的 VIR 消息。

②RSU 将行驶意图信息发送至路侧边缘计算平台。

③路侧感知设备将感知信息发送至路侧边缘计算平台。

④路侧边缘计算平台综合收集到的信息,对其进行处理,生成调度信息,并将调度信息发送至 RSU。

⑤RSU 广播包含调度信息的 RSC 消息,OBU 在接收到 RSC 消息后,结合车载应用分析,完成变道或延迟变道。

PC5 通信方式下的协作式变道业务流向图如图 A.1-17 所示。

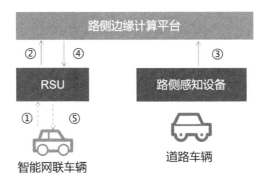

图 A.1-17　PC5 通信方式下的协作式变道业务流向图

（2）蜂窝通信方式（Uu 通信方式）。

①智能网联车辆将 BSM 及 VIR 消息上报至区域计算平台。

②区域计算平台将 BSM、VIR 消息等发送至路侧边缘计算平台。

③路侧感知设备将感知到的车辆信息发送至路侧边缘计算平台，该平台对感知信息与 BSM、VIR 消息等中的数据进行融合计算。

④路侧边缘计算平台将处理后的数据结果上报至区域计算平台。

⑤区域计算平台通过 Uu 空口将 RSC 消息发送至智能网联车辆，智能网联车辆的 OBU 在接收到 RSC 消息后，结合车载应用分析，完成变道或延迟变道。

Uu 通信方式下的协作式变道业务流向图如图 A.1-18 所示。

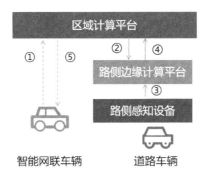

图 A.1-18　Uu 通信方式下的协作式变道业务流向图

10）协作式车辆汇入

该场景的业务流向有以下两种方式。

（1）直连通信方式（PC5通信方式）。

RSU引导匝道车辆汇入

①智能网联车辆向RSU发送包含行驶意图信息的VIR消息。

②RSU将智能网联车辆的行驶意图信息发送至路侧边缘计算平台。

③路侧感知设备将感知信息发送至路侧边缘计算平台。

④路侧边缘计算平台综合收集到的信息，对其进行处理，生成调度信息，并将调度信息发送至RSU。

⑤RSU广播包含调度信息的RSC消息，智能网联车辆的OBU在接收到RSC消息后，结合智能网联车辆行驶状态及道路信息、周围交通参与者信息，生成最终的驾驶行为策略或轨迹规划，使智能网联车辆安全、高效地通过路口。

PC5通信方式下的协作式车辆汇入业务流向图（RSU引导）如图A.1-19所示。

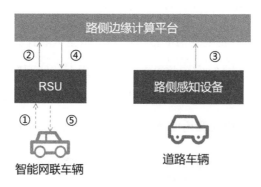

图A.1-19　PC5通信方式下的协作式车辆汇入业务流向图（RSU引导）

协作式匝道信号控制

①智能网联车辆向RSU发送包含行驶意图信息的VIR消息。

②RSU将行驶意图信息发送至路侧边缘计算平台。

③路侧感知设备将主路与匝道的交通信息上传至路侧边缘计算平台。

④路侧边缘计算平台结合主路与匝道的交通信息，生成信号优化策略，并将该策略下发至信号机，以保证主路通畅。

⑤路侧边缘计算平台向 RSU 下发驾驶引导信息。

⑥RSU 广播 RSC 消息，位于主路或匝道上的智能网联车辆的 OBU 在接收到驾驶引导信息后，结合车载应用分析，引导智能网联车辆安全、高效通行。

PC5 通信方式下的协作式车辆汇入业务流向图（协作式）如图 A.1-20 所示。

图 A.1-20　PC5 通信方式下的协作式车辆汇入业务流向图（协作式）

（2）蜂窝通信方式（Uu 通信方式）。

区域计算平台引导匝道车辆汇入

①智能网联车辆将 BSM 及 VIR 消息上报至区域计算平台。

②区域计算平台将 BSM、VIR 消息等发送至路侧边缘计算平台。

③路侧感知设备将感知到的车辆信息发送至路侧边缘计算平台，该平台对感知信息与 BSM、VIR 消息等中的数据进行融合计算。

④路侧边缘计算平台将处理后的数据结果上报至区域计算平台。

⑤区域计算平台通过 Uu 空口将 RSC 消息发送至智能网联车辆，智能网联车辆的 OBU 在接收到 RSC 消息后，结合智能网联车辆行驶状态及道路信息、周围交通参与者信息，生成最终的驾驶行为策略或轨迹规划，使智能网联车辆安全、高效地通过路口。

Uu 通信方式下的协作式车辆汇入业务流向图（区域计算平台引导）如图 A.1-21 所示。

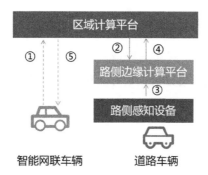

图 A.1-21　Uu 通信方式下的协作式车辆汇入业务流向图（区域计算平台引导）

协作式匝道信号控制

①主路和匝道的智能网联车辆向区域计算平台上报 BSM 和 VIR 消息。

②区域计算平台将 BSM、VIR 消息等发送至路侧边缘计算平台。

③路侧感知设备将主路与匝道交通信息上传至路侧边缘计算平台，该平台对感知信息与 BSM、VIR 消息等中的数据进行融合计算，生成信号优化策略。

④路侧边缘计算平台将生成的信号优化策略下发至信号机，以保证主路通畅。

⑤路侧边缘计算平台将处理后的数据结果上报至区域计算平台。

⑥区域计算平台通过 Uu 空口将 RSC 消息发送至智能网联车辆，位于主路或匝道上的智能网联车辆的 OBU 在接收到驾驶引导信息后，结合车载应用分析，引导智能网联车辆安全、高效通行。

Uu 通信方式下的协作式车辆汇入业务流向图（协作式）如图 A.1-22 所示。

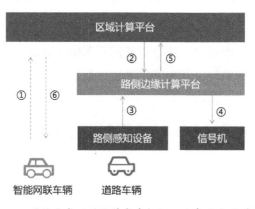

图 A.1-22　Uu 通信方式下的协作式车辆汇入业务流向图（协作式）

11)协作式交叉口通行

该场景的业务流向有以下两种方式。

(1)直连通信方式(PC5 通信方式)。

RSU 提前引导智能网联车辆换道行驶/RSU 辅助智能网联车辆通过无信号灯控制的交叉口。

①智能网联车辆向 RSU 发送包含行驶意图信息的 VIR 消息。

②RSU 将智能网联车辆的行驶意图信息发送至路侧边缘计算平台。

③路侧感知设备将感知信息发送至路侧边缘计算平台。

④路侧边缘计算平台综合收集到的信息,对其进行处理,生成调度信息,并将调度信息发送至 RSU。

⑤RSU 广播包含调度信息的 RSC 消息,智能网联车辆的 OBU 在接收到 RSC 消息后,结合车辆行驶状态及道路信息、周围交通参与者信息,生成最终的驾驶行为策略或轨迹规划,引导智能网联车辆换道行驶或根据引导信息安全、高效地通过无信号灯控制的交叉口。

PC5 通信方式下的协作式交叉口通行业务流向图(RSU 引导)如图 A.1-23 所示。

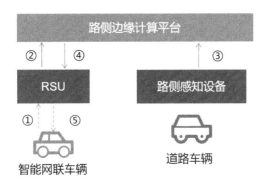

图 A.1-23 PC5 通信方式下的协作式交叉口通行业务流向图(RSU 引导)

协作式交叉口信号控制

①智能网联车辆向 RSU 发送包含行驶意图信息的 VIR 消息。

②RSU 将行驶意图信息发送至路侧边缘计算平台。

③路侧感知设备将道路交通信息上传至路侧边缘计算平台。

④路侧边缘计算平台结合道路交通流信息,生成信号优化策略,并将该策略下发至信号机。

⑤路侧边缘计算平台向 RSU 下发驾驶引导信息。

⑥RSU 广播 RSC 消息,智能网联车辆的 OBU 在接收到驾驶引导信息后,结合智能网联车辆行驶状态及道路信息、周围交通参与者信息,生成最终的驾驶行为策略或轨迹规划,使智能网联车辆安全、高效地通过路口。

PC5 通信方式下的协作式交叉口通行业务流向图(协作式)如图 A.1-24 所示。

图 A.1-24　PC5 通信方式下的协作式交叉口通行业务流向图(协作式)

(2)蜂窝通信方式(Uu 通信方式)。

区域计算平台提前引导智能网联车辆换道行驶/区域计算平台辅助智能网联车辆通过无信号灯控制的交叉口。

①智能网联车辆将 BSM 及 VIR 消息上报至区域计算平台。

②区域计算平台将 BSM、VIR 消息等发送至路侧边缘计算平台。

③路侧感知设备将感知到的车辆信息发送至路侧边缘计算平台,该平台对感知信息与 BSM、VIR 消息等中的信息进行融合计算。

④路侧边缘计算平台将处理后的数据结果上报至区域计算平台。

⑤区域计算平台通过 Uu 空口将 RSC 消息发送至智能网联车辆,智能网联车辆的 OBU 在接收到 RSC 消息后,结合智能网联车辆行驶状态及道路信息、周围交通参与者信息,生成最终的驾驶行为策略或轨迹规划,引导智能网联车辆换道行驶或根据引

导信息安全、高效地通过无信号灯控制的交叉口。

Uu 通信方式下的协作式交叉口通行业务流向图（区域计算平台引导）如图 A.1-25 所示。

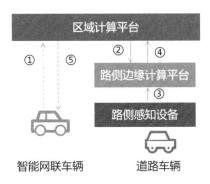

图 A.1-25　Uu 通信方式下的协作式交叉口通行业务流向图（区域计算平台引导）

协作式交叉口信号控制

①智能网联车辆向区域计算平台上报 BSM 和 VIR 消息。

②区域计算平台将 BSM、VIR 消息等发送至路侧边缘计算平台。

③路侧感知设备将道路交通信息上传至路侧边缘计算平台，该平台对感知信息与 BSM、VIR 消息等中的数据进行融合计算，生成信号优化策略。

④路侧边缘计算平台将生成的信号优化策略下发至信号机。

⑤路侧边缘计算平台将处理后的数据结果上报至区域计算平台。

⑥区域计算平台通过 Uu 空口将 RSC 消息下发至智能网联车辆，智能网联车辆的 OBU 在接收到消息后，结合智能网联车辆行驶状态及道路信息、周围交通参与者信息，生成最终的驾驶行为策略或轨迹规划，使智能网联车辆安全、高效地通过无信号灯控制的交叉口。

Uu 通信方式下的协作式交叉口通行业务流向图（协作式）如图 A.1-26 所示。

12）基于路侧协同的自动驾驶车辆"脱困"

该场景的业务流向有以下两种方式。

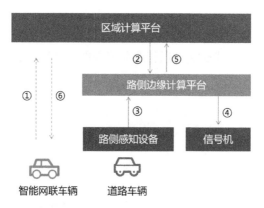

图 A.1-26　Uu 通信方式下的协作式交叉口通行业务流向图（协作式）

（1）直连通信方式（PC5 通信方式）。

基于路侧协同规划的自动驾驶车辆"脱困"

①智能网联车辆向 RSU 发送包含求助信息的 VIR 消息。

②RSU 将求助信息上报至路侧边缘计算平台。

③路侧感知设备将感知信息发送至路侧边缘计算平台。

④路侧边缘计算平台综合收集到的信息，对其进行处理，生成调度信息，并将调度信息发送至 RSU。

⑤RSU 广播 CIM、RSC 消息，使智能网联车辆受困的道路车辆在接收到上述消息中的调度信息后，按调度信息行驶，为受困的智能网联车辆让行。

PC5 通信方式下的基于路侧协同的自动驾驶车辆"脱困"业务流向图（路侧协同规划）如图 A.1-27 所示。

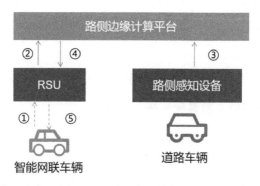

图 A.1-27　PC5 通信方式下的基于路侧协同的自动驾驶车辆"脱困"业务流向图（路侧协同规划）

基于路侧控制的自动驾驶车辆"脱困"

①智能网联车辆向 RSU 发送包含求助信息的 VIR 消息。

②RSU 将求助信息上报至路侧边缘计算平台。

③路侧感知设备将感知信息发送至路侧边缘计算平台。

④路侧边缘计算平台综合收集到的信息,对其进行处理,生成调度信息,并将调度信息发送至 RSU。

⑤RSU 广播 CIM、RSCV 消息,智能网联车辆在接收到 CIM、RSCV 消息后,按引导信息行驶,并发送响应消息。

PC5 通信方式下的基于路侧协同的自动驾驶车辆"脱困"业务流向图(路侧控制)如图 A.1-28 所示。

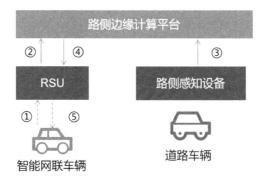

图 A.1-28　PC5 通信方式下的基于路侧协同的自动驾驶车辆"脱困"业务流向图(路侧控制)

(2)蜂窝通信方式(Uu 通信方式)。

基于路侧协同规划的自动驾驶车辆"脱困"

①智能网联车辆将 BSM 及 VIR 消息上报至区域计算平台。

②区域计算平台将 BSM、VIR 消息等发送至路侧边缘计算平台。

③路侧感知设备将周围路况信息上传至路侧边缘计算平台,该平台对感知信息与 BSM、VIR 消息等中的数据进行融合计算。

④路侧边缘计算平台将处理后的数据结果上报至区域计算平台。

⑤区域计算平台通过 Uu 空口下发 CIM、RSC 消息,使智能网联车辆受困的道路车

辆在接收到上述消息中的调度信息后,按调度信息行驶,为受困的智能网联车辆让行。

Uu 通信方式下的基于路侧协同的自动驾驶车辆"脱困"业务流向图(路侧协同规划)如图 A.1-29 所示。

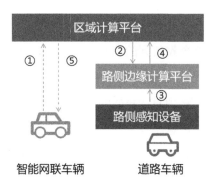

图 A.1-29　Uu 通信方式下的基于路侧协同的自动驾驶车辆"脱困"业务流向图(路侧协同规划)

基于路侧控制的自动驾驶车辆"脱困"

①智能网联车辆向区域计算平台发送包含求助信息的 VIR 消息。

②区域计算平台将 VIR 消息等发送至路侧边缘计算平台。

③路侧感知设备将感知信息发送至路侧边缘计算平台,该平台对感知信息与 VIR 消息等中的数据进行融合计算。

④路侧边缘计算平台将处理后的数据结果上报至区域计算平台。

⑤区域计算平台通过 Uu 空口向智能网联车辆发送 CIM、RSCV 消息,智能网联车辆在接收到 CIM、RSCV 消息后,按引导信息行驶,并发送响应消息。

Uu 通信方式下的基于路侧协同的自动驾驶车辆"脱困"业务流向图(路侧控制)如图 A.1-30 所示。

13)道路危险状况提示

该场景的业务流向有以下两种方式。

(1)直连通信方式(PC5 通信方式)。

①市级车路协同云平台将道路危险状况信息下发至区域计算平台。

②区域计算平台将收到的信息下发至 RSU(RSU 也可以通过本地配置的方式得

到相应信息)。

③RSU 周期性广播 RSI 消息,在智能网联车辆的 OBU 接收到 RSI 消息后,车载应用结合智能网联车辆的定位和行驶信息来判断是否对驾驶员进行道路危险状况提示。

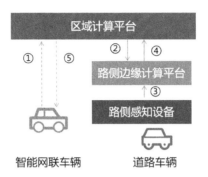

图 A.1-30　Uu 通信方式下的基于路侧协同的自动驾驶车辆"脱困"业务流向图(路侧控制)

PC5 通信方式下的道路危险状况提示业务流向图如图 A.1-31 所示。

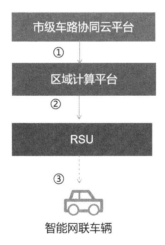

图 A.1-31　PC5 通信方式下的道路危险状况提示业务流向图

(2)蜂窝通信方式(Uu 通信方式)。

①智能网联车辆周期性上报 BSM 信息。

②区域计算平台/市级车路协同云平台匹配 MAP 信息,通过 Uu 空口对行车路线上的智能网联车辆推送 RSI 消息,车载应用结合智能网联车辆的定位和行驶信息来判断是否对驾驶员进行道路危险状况提示。

Uu 通信方式下的道路危险状况提示业务流向图如图 A.1-32 所示。

图 A.1-32　Uu 通信方式下的道路危险状况提示业务流向图

14）差分数据服务

该场景的业务流向有以下两种方式。

（1）直连通信方式（PC5 通信方式）。

①市级车路协同云平台将差分数据信息发送至区域计算平台。

②区域计算平台将收到的差分数据信息发送至 RSU。

③RSU 广播 RTCM，智能网联车辆的 OBU 在接收到 RTCM 后，更新车辆定位数据。

PC5 通信方式下的差分数据服务业务流向图如图 A.1-33 所示。

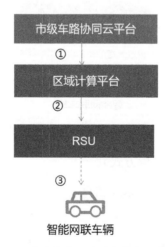

图 A.1-33　PC5 通信方式下的差分数据服务业务流向图

（2）蜂窝通信方式（Uu 通信方式）。

区域计算平台/市级车路协同云平台获得包含误差改正参数和完好性信息的 RTCM，通过 Uu 空口将车辆定位数据下发给周边车辆。

Uu 通信方式下的差分数据服务业务流向图如图 A.1-34 所示。

图 A.1-34　Uu 通信方式下的差分数据服务业务流向图

15）高精地图版本对齐及动态更新

该场景的业务流向有以下两种方式。

（1）直连通信方式（PC5 通信方式）。

①RSU 通过预先配置的方式来获取高精地图信息（也可以通过平台下发的方式获取），RSU 广播最新地图版本消息。

②智能网联车辆的 OBU 在接收到最新地图版本消息后，比对地图版本信息，版本不一致时，智能网联车辆将更新请求消息发送至 RSU。

③RSU 下发高精地图数据，在智能网联车辆的 OBU 接收到 RAM、CIM 后，智能网联车辆完成高精地图更新。

PC5 通信方式下的高精地图版本对齐及动态更新业务流向图如图 A.1-35 所示。

图 A.1-35　PC5 通信方式下的高精地图版本对齐及动态更新业务流向图

(2）蜂窝通信方式（Uu 通信方式）。

①区域计算平台/市级车路协同云平台通过 Uu 空口下发最新地图版本消息。

②智能网联车辆的 OBU 在接收到最新地图版本消息后，比对地图版本信息，版本不一致时，智能网联车辆将更新请求消息发送至市级车路协同云平台。

③区域计算平台/市级车路协同云平台根据收到的消息通过 Uu 空口下发高精地图数据，在智能网联车辆的 OBU 接收到 RAM、CIM 后，智能网联车辆完成高精地图更新。

Uu 通信方式下的高精地图版本对齐及动态更新业务流向图如图 A.1-36 所示。

图 A.1-36　Uu 通信方式下的高精地图版本对齐及动态更新业务流向图

A.2　效率类应用场景

1）场站路径引导服务

该场景的业务流向有以下两种方式。

（1）直连通信方式（PC5 通信方式）。

①智能网联车辆向 RSU 发送 VIR 消息（包括自身信息、入场/离场请求及意图信息等）。

②RSU 将相关请求、信息发送至路侧边缘计算平台。

③路侧感知设备将场站内信息（场站内道路环境、停车信息等）上传至路侧边缘计算平台。

④路侧边缘计算平台结合智能网联车辆的请求、信息及路侧感知设备上传的场站内信息，向 RSU 下发场站地图信息（场站内地图信息、各类车位信息和服务点信息）和路径引导信息。

⑤RSU 广播 PAM，智能网联车辆的 OBU 在接收到 PAM 后，结合车载应用分析，实现智能网联车辆路径规划，引导其前往目的地。

PC5 通信方式下的场站路径引导服务业务流向图如图 A.2-1 所示。

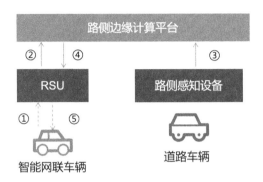

图 A.2-1　PC5 通信方式下的场站路径引导服务业务流向图

（2）蜂窝通信方式（Uu 通信方式）。

①智能网联车辆通过 Uu 空口将 VIR 消息（包括自身信息、入场/离场请求及意图信息等）发送至区域计算平台。

②区域计算平台将 VIR 消息等发送至路侧边缘计算平台。

③路侧感知设备将场站内信息（场站内道路环境、停车信息等）上传至路侧边缘计算平台，该平台对感知信息与 VIR 消息等中的数据进行融合计算。

④路侧边缘计算平台将处理后的数据结果上报至区域计算平台。

⑤区域计算平台通过 Uu 空口向智能网联车辆下发 PAM（包括场站内地图信息、各类车位信息和服务点信息），智能网联车辆的 OBU 在接收到 PAM 后，结合车载应用分析，实现智能网联车辆路径规划，引导其前往目的地。

Uu 通信方式下的场站路径引导服务业务流向图如图 A.2-2 所示。

2）浮动车数据采集

该场景的业务流向有以下两种方式。

（1）直连通信方式（PC5 通信方式）。

①智能网联车辆将 BSM/VIR 消息发送至 RSU。

②RSU 将 BSM/VIR 消息发送至区域计算平台。

③区域计算平台将 BSM/VIR 消息发送至市级车路协同云平台，该平台对 BSM、VIR 消息进行处理，并生成交通评估报告。

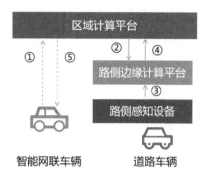

图 A.2-2　Uu 通信方式下的场站路径引导服务业务流向图

PC5 通信方式下的浮动车数据采集业务流向图如图 A.2-3 所示。

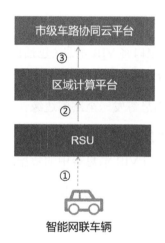

图 A.2-3　PC5 通信方式下的浮动车数据采集业务流向图

（2）蜂窝通信方式（Uu 通信方式）。

区域计算平台/市级车路协同云平台接收通信范围内的车辆发送的 BSM、VIR 消息，对其进行处理，并生成交通状态评估报告。

Uu 通信方式下的浮动车数据采集业务流向图如图 A.2-4 所示。

3）动态车道管理

该场景的业务流向有以下两种方式。

附录 A 车路协同业务场景

区域计算平台/市级车路协同云平台

智能网联车辆

图 A.2-4　Uu 通信方式下的浮动车数据采集业务流向图

（1）直连通信方式（PC5 通信方式）。

①智能网联车辆将车辆基本信息上报至 RSU。

②RSU 将 BSM 上报至路侧边缘计算平台。

③路侧感知设备将道路车辆信息上报至路侧边缘计算平台。

④路侧边缘计算平台根据收集的信息来决策是否需要变更车道功能分配方案。若车道功能分配方案需要变更，则将具体变更功能的车道切换为过渡状态（见图 A.2-5 中的数据流④），禁止车辆驶入，路侧边缘计算平台将 RSC 消息通过 RSU 发送给进入路口的智能网联车辆（见图 A.2-5 中的数据流⑤、⑥）。

⑤在路侧边缘计算平台根据路口对应区域的智能网联车辆信息和路侧感知设备信息，确认变更功能的车道已清空后，将具体变更功能的车道切换为最终变更状态（见图 A.2-5 中的数据流④），路侧边缘计算平台将 RSC 消息通过 RSU 发送给进入路口的智能网联车辆（见图 A.2-5 中的数据流⑤、⑥）。

PC5 通信方式下的动态车道管理业务流向图如图 A.2-5 所示。

图 A.2-5　PC5 通信方式下的动态车道管理业务流向图

（2）蜂窝通信方式（Uu 通信方式）。

①智能网联车辆通过 Uu 空口将 BSM 上报至区域计算平台。

②区域计算平台将 BSM 等消息发送至路侧边缘计算平台。

③路侧感知设备将道路车辆信息上报至路侧边缘计算平台。

④路侧边缘计算平台根据收集的信息来决策是否需要变更车道功能分配方案。若车道功能分配方案需要变更，则将具体变更功能的车道切换为过渡状态（见图 A.2-6 中的数据流④），禁止车辆驶入，并将相关信息上报至区域计算平台，区域计算平台将 RSC 消息通过 Uu 空口发送给进入路口的智能网联车辆（见图 A.2-6 中的数据流⑤和⑥）。

⑤在路侧边缘计算平台根据路口对应区域的智能网联车辆信息和路侧感知设备信息，确认变更功能的车道已清空后，将具体变更功能的车道切换为最终变更状态（见图 A.2-6 中的数据流④），并将相关信息上报至区域计算平台，区域计算平台将 RSC 消息通过 Uu 空口发送给进入路口的智能网联车辆（见图 A.2-6 中的数据流⑤和⑥）。

Uu 通信方式下的动态车道管理业务流向图如图 A.2-6 所示。

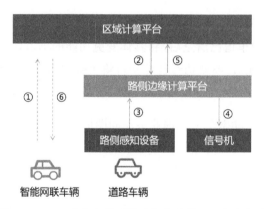

图 A.2-6　Uu 通信方式下的动态车道管理业务流向图

4）绿波车速引导

该场景的业务流向有以下两种方式。

（1）直连通信方式（PC5 通信方式）。

①RSU 通过直接配置的方式，获取 MAP 消息；通过对接信号机的方式，获取

SPAT 消息。（MAP、SPAT 消息也可以通过平台下发的方式获取）。

②RSU 对外广播 SPAT 和 MAP 消息，在智能网联车辆的 OBU 接收到 SPAT 和 MAP 消息后，车载应用结合智能网联车辆的定位和行驶信息，计算出通过路口的引导车速区间，引导车辆通行。

PC5 通信方式下的绿波车速引导业务流向图如图 A.2-7 所示。

图 A.2-7　PC5 通信方式下的绿波车速引导业务流向图

（2）蜂窝通信方式（Uu 通信方式）。

区域计算平台/市级车路协同云平台通过 Uu 空口下发 MAP、SPAT 消息，在智能网联车辆接收到 MAP、SPAT 消息后，计算车速，引导车辆通行。

Uu 通信方式下的绿波车速引导业务流向图如图 A.2-8 所示。

图 A.2-8　Uu 通信方式下的绿波车速引导业务流向图

5）前方拥堵提醒

该场景的业务流向有以下两种方式。

（1）直连通信方式（PC5 通信方式）。

①路侧感知设备将包含道路拥堵信息的 RSI 消息发送至 RSU。

②RSU 广播 RSI 消息，智能网联车辆的 OBU 在接收到道路拥堵信息后，根据智能网联车辆的位置来判断是否对驾驶员进行预警。

PC5 通信方式下的前方拥堵提醒业务流向图如图 A.2-9 所示。

图 A.2-9　PC5 通信方式下的前方拥堵提醒业务流向图

（2）蜂窝通信方式（Uu 通信方式）。

①智能网联车辆周期性上报 BSM。

②路侧感知设备将包含道路拥堵信息的 BSM 上传至区域计算平台。

③区域计算平台通过 Uu 空口对通信范围内的智能网联车辆推送包含道路拥堵信息的 RSI 消息，智能网联车辆的 OBU 在接收到该消息后，结合车载应用分析，判断是否对驾驶员进行预警。

Uu 通信方式下的前方拥堵提醒业务流向图如图 A.2-10 所示。

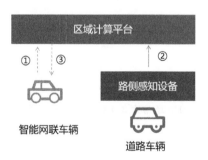

图 A.2-10　Uu 通信方式下的前方拥堵提醒业务流向图

6）协作式优先车辆通行

该场景的业务流向有以下两种方式。

(1) 直连通信方式（PC5 通信方式）。

提前预留车道

①智能网联车辆向 RSU 发送车辆基本信息与包含行驶意图信息的 VIR 消息，其中还包括预留前方指定车道的请求。

②RSU 将请求信息上报至路侧边缘计算平台。

③路侧感知设备将道路交通信息上传至路侧边缘计算平台。

④路侧边缘计算平台结合请求信息与路侧感知设备上传的道路交通信息，对其进行处理，生成调度信息，并将调度信息发送至 RSU。

⑤RSU 广播 RSC 消息，其他智能网联车辆的 OBU 在接收到 RSC 消息后，结合车载应用分析，引导这些车辆及时离开预留车道，为优先车辆让行。

PC5 通信方式下的协作式优先车辆通行业务流向图（提前预留车道）如图 A.2-11 所示。

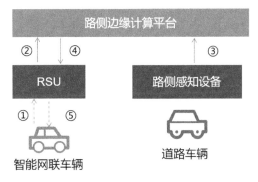

图 A.2-11　PC5 通信方式下的协作式优先车辆通行业务流向图（提前预留车道）

车道禁行/封闭

处于管制路段处或其上游的 RSU，通过本地配置的方式来获取车道禁行/封闭信息，在管制开始前与管制期间广播此信息，同时可以对特定车辆下发驾驶引导信息。特定车辆在接收到 RSU 下发的包含车道禁行/封闭信息和驾驶引导信息的 RSC 消息后，能够及时、安全地调整驾驶行为，遵循交通管制要求。

PC5 通信方式下的协作式优先车辆通行业务流向图（车道禁行/封闭）如图 A.2-12 所示。

图 A.2-12　PC5 通信方式下的协作式优先车辆通行业务流向图（车道禁行/封闭）

协作式信号灯优先通行

①优先车辆按照规划好的路线行驶，在接近信号灯控制路口时，向 RSU 发送行驶状态和优先请求。

②RSU 将请求信息发送至路侧边缘计算平台。

③路侧感知设备将道路交通信息上传至路侧边缘计算平台。

④路侧边缘计算平台结合道路交通信息，计算优先车辆到达路口的时间，向信号机下发控制指令，信号机生成具体的控制方案，由此实现信号灯绿灯延长或红灯早断，以保证优先车辆能够高效地通过路口。

⑤路侧边缘计算平台将驾驶引导信息下发至 RSU。

⑥RSU 广播包含驾驶引导信息的 RSC 消息，优先车辆在接收到驾驶引导信息后，结合车载应用分析，安全通行。

PC5 通信方式下的协作式优先车辆通行业务流向图（协作式）如图 A.2-13 所示。

图 A.2-13　PC5 通信方式下的协作式优先车辆通行业务流向图（协作式）

（2）蜂窝通信方式（Uu 通信方式）。

提前预留车道

①智能网联车辆向区域计算平台发送 BSM 与包含行驶意图信息的 VIR 消息，其中还包括预留前方指定车道的请求。

②区域计算平台将 BSM、VIR 消息等发送至路侧边缘计算平台。

③路侧感知设备将感知信息发送至路侧边缘计算平台，该平台对感知信息与 BSM、VIR 消息等中的数据进行融合计算、处理，生成调度信息。

④路侧边缘计算平台将处理后的数据结果上报至区域计算平台。

⑤区域计算平台通过 Uu 空口向其他车辆发送 RSC 消息，其他车辆在接收到 RSC 消息后，结合车载应用分析，驶离预留车道，为优先车辆让行。

Uu 通信方式下的协作式优先车辆通行业务流向图（提前预留车道）如图 A.2-14 所示。

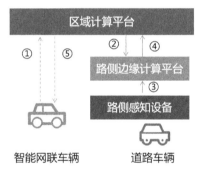

图 A.2-14　Uu 通信方式下的协作式优先车辆通行业务流向图（提前预留车道）

车道禁行/封闭

智能网联车辆周期性上报 BSM，在管制开始前与管制期间，区域计算平台/市级车路协同云平台通过 Uu 空口向接近和通过该区域的车辆发送车道禁行/封闭信息，同时可以对特定车辆下发包含驾驶引导信息的 RSC 消息，特定车辆在接收到车道禁行/封闭信息后，能够及时、安全地调整驾驶行为，遵循交通管制要求。

Uu 通信方式下的协作式优先车辆通行业务流向图（车道禁行/封闭）如图 A.2-15 所示。

图 A.2-15 Uu 通信方式下的协作式优先车辆通行业务流向图（车道禁行/封闭）

协作式信号灯优先通行

①优先车辆按照规划好的路线行驶，在接近信号灯控制路口时，向区域计算平台发送包含行驶状态和优先请求信息的 VIR 消息。

②区域计算平台将 VIR 消息等发送至路侧边缘计算平台。

③路侧感知设备将道路交通信息上传至路侧边缘计算平台，该平台结合道路交通信息，计算优先车辆到达路口的时间。

④路侧边缘计算平台向信号机下发控制指令，信号机生成具体的控制方案，由此实现信号灯绿灯延长或红灯早断，以保证优先车辆能够高效地通过路口。

⑤路侧边缘计算平台将处理后的数据结果上报至区域计算平台。

⑥区域计算平台通过 Uu 空口下发包含驾驶引导信息的 RSC 消息，优先车辆在接收到驾驶引导信息后，结合车载应用分析，安全通行。

Uu 通信方式下的协作式优先车辆通行业务流向图（协作式）如图 A.2-16 所示。

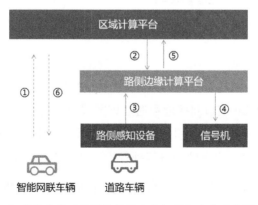

图 A.2-16 Uu 通信方式下的协作式优先车辆通行业务流向图（协作式）

7）基于路侧感知的交通状况识别

该场景的业务流向有以下两种方式。

（1）直连通信方式（PC5 通信方式）。

①路侧感知设备将路况信息上报至路侧边缘计算平台。

②路侧边缘计算平台将处理后的数据结果上报至区域计算平台。

③区域计算平台向通信范围内的 RSU 下发 RAM。

④RSU 在接收到 RAM 后，对外广播 RAM。智能网联车辆的 OBU 在接收到 RAM 后，结合车载应用来制定智能网联车辆的行驶策略。

PC5 通信方式下的基于路侧感知的交通状况识别业务流向图如图 A.2-17 所示。

图 A.2-17　PC5 通信方式下的基于路侧感知的交通状况识别业务流向图

（2）蜂窝通信方式（Uu 通信方式）。

①智能网联车辆周期性上报 BSM。

②路侧感知设备将感知到的交通流信息上报至路侧边缘计算平台，该平台对这些信息中的数据进行融合计算。

③路侧边缘计算平台将处理后的数据结果上报至区域计算平台。

④区域计算平台通过 Uu 空口将 RAM 下发至智能网联车辆，智能网联车辆的 OBU 在接收到 RAM 后，结合车载应用来制定智能网联车辆的行驶策略。

Uu 通信方式下的基于路侧感知的交通状况识别业务流向图如图 A.2-18 所示。

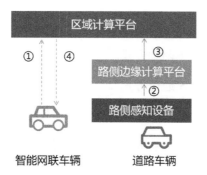

图 A.2-18　Uu 通信方式下的基于路侧感知的交通状况识别业务流向图

8）车内标牌

该场景的业务流向有以下两种方式。

（1）直连通信方式（PC5 通信方式）。

①市级车路协同云平台将标志牌信息下发至区域计算平台。

②区域计算平台将收到的信息下发至 RSU。

③RSU 广播 RSI 消息，智能网联车辆的 OBU 在接收到 RSI 消息后，结合车载应用来判断是否对驾驶员进行提醒。

PC5 通信方式下的车内标牌业务流向图如图 A.2-19 所示。

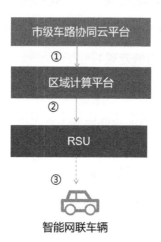

图 A.2-19　PC5 通信方式下的车内标牌业务流向图

（2）蜂窝通信方式（Uu 通信方式）。

智能网联车辆将 BSM 上报至区域计算平台/市级车路协同云平台，该平台通过 Uu

空口下发 RSI 消息,智能网联车辆在接收到 RSI 信息后,根据自身位置等信息来判断是否对驾驶员进行标志牌信息提醒。

Uu 通信方式下的车内标牌业务流向图如图 A.2-20 所示。

图 A.2-20 Uu 通信方式下的车内标牌业务流向图

附录 B 缩略语表

缩略语	中文全称	英文全称
2C	面向顾客	to Customer
2B	面向企业	to Bussiness
5G	第5代移动通信技术	5th Generation Mobile Communication Technology
5GAA	5G汽车联盟	5G Automotive Association
5GC	5G核心网	5G Core network
5QI	5G业务质量标识	5G Quality of service Identifier
AAU	有源天线单元	Active Antenna Unit
ACL	访问控制列表	Access Control List
AD	活动目录域	Active Directory domain
AF	保证转发	Assured Forwarding
AI	人工智能	Artificial Intelligence
AIOps	基于算法的IT运维	Algorithmic IT Operations
AMF	接入和移动管理功能	Access and Mobility management Function
AN	接入网	Access Network
AN-NSSI	接入网网络切片子网实例	Access Nework-Network Slice Subnet Instance
AN-NSSMF	接入网网络切片子网管理功能	Access Network-Network Slice Subnet Management Function
AP	应用平面	Application Plane
API	应用程序接口	Application Program Interface
APN	接入点名称	Access Point Name
AQM	主动队列管理	Active Queue Management
AR	增强现实	Augmented Reality
ARP	地址解析协议	Address Resolution Protocol
AS	自治系统	Autonomous System
ASON	自动交换光网络	Automatic Switched Optical Network
BBU	基带处理单元	Base Band Unit
BE	尽力而为服务	Best Effort

续表

缩略语	中文全称	英文全称
BFD	双向转发检测	Bidirectional Forwarding Detection
BIOS	基本输入输出系统	Basic Input/Output System
BITS	大楼综合定时系统	Building Integrated Timing System
BGP	边界网关协议	Border Gateway Protocol
BGP-LS	边界网关协议链接状态	Border Gateway Protocol-Link State
BGP-LU	边界网关标签单播协议	BGP Labeled Unicast protocol
BootROM	引导只读存储器	Boot Read-Only Memory
BP	分支点	Branch Point
BRT	快速公交系统	Bus Rapid Transit
BSF	绑定支持功能	Binding Support Function
BSM	基本安全消息	Basic Safety Message
BSN	区块链服务网络	Blockchain-based Service Network
CAPEX	资本性支出	CAPital EXpenditure
CAR	承诺的接入速率	Committed Access Rate
CBQ	基于级别的排队	Class-Based Queuing
CBS	承诺突发量	Committed Burst Size
CE	客户边缘路由器	Customer Edge
CFM	连接故障管理	Connectivity Fault Management
CHAP	挑战握手身份认证协议	Challenge Handshake Authentication Protocol
CIM	城市信息模型	City Information Model
CIR	承诺信息速率	Committed Information Rate
CLI	命令行界面	Command Line Interface
CN	核心网	Core Network
CN-NSSI	核心网网络切片子网实例	Core Nework-Network Slice Subnet Instance
CN-NSSMF	核心网网络切片子网管理功能	Core Network-Network Slice Subnet Management Function
CORBA	公共对象请求代理体系结构	Common Object Request Broker Architecture
CP	控制面	Control Plane
CPE	用户驻地设备	Customer Premises Equipment
CPU	中央处理单元	Central Processor Unit
CQI	信道质量指示	Channel Quality Indicator

缩略语	中文全称	英文全称
CS	类选择器	Class Selector
CSMF	通信服务管理功能	Communiction Service Management Function
CSAE	中国汽车工程学会	China Society of Automotive Engineers
CT	通信技术	Communication Technology
CU	集中式单元	Centralized Unit
CU-C	集中式单元控制面	Central Unit Control plane
CU-U	集中式单元用户面	Central Unit User plane
C-V2X	蜂窝车联网通信	Cellular Vehicle-to-Everything
DBA	动态带宽分配	Dynamic Bandwidth Allocation
DC	双连接	Dual Connectivity
DCI	下行链路控制信息	Downlink Control Information
DDoS	分布式拒绝服务	Distributed Denial of Service
DHCP	动态主机配置协议	Dynamic Host Configuration Protocol
DiffServ	区分服务	Differentiated Service
DN	数据网络	Data Network
DPI	深度包检测	Deep Packet Inspection
DRR	差额循环调度	Deficit Round Robin
DTLS	数据包传输层安全性协议	Datagram Transport Layer Security
DU	分布式单元	Distributed Unit
DSCP	区分服务码点	Differentiated Services Code Point
EAP	可扩展认证协议	Extensible Authentication Protocol
EAPoL	局域网可扩展认证协议	Extensible Authentication Protocol over LAN
EAP-TLS	可扩展认证协议-传输层安全协议	Extensible Authentication Protocol- Transport Layer Security
EBGP	外部边界网关协议	External Border Gateway Protocol
EC	边缘计算	Edge Computing
ECC	边缘计算产业联盟	Edge Computing Consortium
ECMP	等价多路径	Equal-Cost Multi-Path
ECNI	边缘计算网络基础设施产业推进工作组	Edge Computing Networking Infrastructure
EF	加速转发	Expedited Forwarding
E-LAN	以太网-局域网业务	Ethernet LAN

续表

缩略语	中文全称	英文全称
E-Line	以太网-专线业务	Ethernet Line
eMBB	增强移动宽带	enhance Mobile BroadBand
EMS	网元管理系统	Element Manager System
EPON	以太网无源光网络	Ethernet Passive Optical Network
ERPS	以太网多环保护技术	Ethernet Ring Protection Switching
ERSPAN	封装远程端口镜像	Encapsulated Remote Switch Port ANalyzer
ESI	以太网段标识	Ethernet Segment Identifier
ESP	封装安全协议	Encapsulating Security Protocol
ETH	以太网	Ethernet
E-Tree	以太网-(组播)树业务	Ethernet Tree
EUHT	超高速移动通信系统	Enhanced Ultra High Throughput
EVPN	以太网虚拟专用网络	Ethernet Virtual Private Network
EXP	实验(优先级)字段	EXPerimental bits
F5G	第五代固定网络	the 5th Generation Fixed network
FBT	熔融拉锥式分光器	Fused Biconic Taper
FCAPS	故障、配置、计费、性能和安全	Fault, Configuration, Accounting, Performance and Security
FDD	频分双工	Frequency-Division Duplex
FIEH	流指令扩展头	Flow Instruction Extension Header
FIH	流指令头	Flow Instruction Header
FII	流指令指示	Flow Instruction Indicator
FlexE	灵活以太网	Flexible Ethernet
Flex-Algo	灵活算法	Flexible-Algorithm
FTP	文件传送协议	File Transfer Protocol
FTTB	光纤到大楼	Fiber To The Building
FTTH	光纤到户	Fiber To The Home
FRR	快速重路由	Fast ReRoute
GBA	通用认证机制	Generic Bootstrapping Architecture
GBR	保证比特率	Guaranteed Bit Rate
GEM	GPON封装模式	GPON Encapsulation Mode
GLOSA	绿灯最优速度建议	Green Light Optimized Speed Advisory

续表

缩略语	中文全称	英文全称
gNB	下一代基站	the next generation Node B
GNSS	全球导航卫星系统	Global Navigation Satellite System
GPB	谷歌协议缓存	Google Protocol Buffer
GPON	吉比特无源光网络	Gigabit Passive Optical Network
GPS	全球定位系统	Global Positioning System
GRE	通用路由封装	Generic Route Encapsulation
GRPC	谷歌远程过程调用	Google Remote Procedure Calls
GTP-U	GPRS 隧道协议-用户面	GPRS Tunneling Protocol-User plane
GTSM	通用 TTL 安全保护机制	Generalized TTL Security Mechanism
HA	高可用性	High Availability
HARQ	混合自动重传请求	Hybrid Automatic Repeat reQuest
HLW	道路危险状况提示	Hazardous Location Warning
HPLMN	本地公用陆地移动网	Home Public Land Mobile Network
HQoS	分层服务质量	Hierarchical Quality of Service
HSRP	热备份路由器协议	Hot Standby Router Protocol
HTML5	第 5 版超文本标记语言	HyperText Markup Language 5
HTTP	超文本传送协议	HyperText Transfer Protocol
HTTPS	超文本传输安全协议	HyperText Transfer Protocol Secure
IBGP	内部边界网关协议	Internal Border Gateway Protocol
ICMP	互联网控制报文协议	Internet Control Message Protocol
ICW	交叉路口碰撞预警	Intersection Collision Warning
IEEE	电气电子工程师学会	Institute of Electrical and Electronics Engineers
IFIT	随流检测	In-band Flow Information Telemetry
IGP	内部网关协议	Interior Gateway Protocol
IKE	互联网密钥交换	Internet Key Exchange
IMEI	国际移动设备标志	International Mobile Equipment Identity
IMSI	国际移动用户标志	International Mobile Subscriber Identity
IMT-2020	国际移动电信 2020	International Mobile Telecommunications-2020
INT	带内网络遥测	Inband Network Telemetry
IOC	智能运行中心	Intelligent Operations Center
IoT	物联网	Internet of Things

续表

缩略语	中文全称	英文全称
IP	互联网协议	Internet Protocol
IPC	网络摄像头	IP Camera
IP RAN	无线电接入网的 IP 承载网	IP Radio Access Network
IPsec	互联网络层安全协议	Internet Protocol security
IPv4/v6	第 4/6 版互联网协议	Internet Protocol version 4/ version 6
IRB	集成路由和桥接	Integrated Routing and Bridging
ISISv4/v6	第 4/6 版链接状态路由（协议）	Intermediate System to Intermediate System version 4/ version 6
IT	信息技术	Information Technology
ITS	智能交通系统	Intelligent Transportation System
ITU	国际电信联盟	International Telecommunications Union
IVS	车内标牌	In-Vehicle Signage
KPI	关键绩效指标	Key Performance Index
L2/L3VPN	二/三层虚拟专用网	Layer 2/ Layer 3 Virtual Private Network
LACP	链路汇聚控制协议	Link Aggregation Control Protocol
LADN	本地区域数据网	Local Area Data Network
LAG	链路聚合组	Link Aggregation Group
LDP	标签分发协议	Label Distribution Protocol
LDPC	低密度奇偶校验码	Low Density Parity Check code
LLDP	链路层发现协议	Link Layer Discovery Protocol
LTA	左转辅助	Left Turn Assist
LTE/4G	长期演进第 4 代移动通信技术	Long Term Evolution/the 4th Generation mobile communication technology
MaaS	出行即服务	Mobility as a Service
MAC	介质访问控制	Medium Access Control
MANO	管理和网络编排	Management And Network Orchestration
MCS	调制编码方案	Modulation and Coding Scheme
MD5	信息-摘要算法 5	Message-Digest algorithm 5
MDU	多用户居住单元	Multiple Dwelling Unit
ME	多接入边缘	Muti-access Edge
MEC	多接入边缘计算	Muti-access Edge Computing

缩略语	中文全称	英文全称
MEO	多接入边缘编排器	Muti-access Edge Orchestrator
MEP	多接入边缘计算平台	Muti-access Edge Platform
MEPM	多接入边缘计算平台管理	Muti-access Edge Platform Management
MIB	管理信息库	Management Information Base
MIMO	多输入多输出	Multiple-Input Multiple-Output
MIoT	移动物联网	Mobile Internet of Things
mMTC	海量机器间通信	massive Machine Type Communication
MPLS	多协议标签交换	Multi-Protocol Label Switching
MQTT	消息队列遥测传输	Message Queuing Telemetry Transport
MSTP	多业务传送平台	Multi-Service Transport Platform
NAF	网络应用功能	Network Application Function
NB-IoT	窄带物联网	Narrow Band Internet of Things
ND	邻居发现	Neighbour Discovery
NE	网元	Net Element
NEF	网络开放功能	Network Exposure Function
NetConf	网络配置	Network Configuration
NFV	网络功能虚拟化	Network Function Virtualization
NFVI	网络功能虚拟化基础设施	Network Function Virtualization Infrastructure
NFVO	网络功能虚拟化编排	Network Function Virtulization Orchestration
NGC	下一代核心网	Next Generation Core
NLRI	网络层可通达性信息	Network Layer Reachability Information
NR	新空口	New Radio
NRF	网络存储库功能	Network Repository Function
NSS	网络切片子网	Network Slice Subnet
NSSAA	网络切片指定认证和授权	Network Slice-Specific Authentication and Authorization
NSSAI	网络切片选择协助信息	Network Slice Selection Assistance Information
NSSF	网络切片选择功能	Network Slice Selection Function
NSSI	网络切片子网实例	Network Slice Subnet Instance
NSSMF	网络切片子网管理功能	Network Slice Subnet Management Function
NTP	网络时间协议	Network Time Protocol

续表

缩略语	中文全称	英文全称
NWDAF	网络数据分析功能	NetWork Data Analytics Function
OAM	操作、管理和维护	Operation Administration and Maintenance
OBU	车载单元	On Board Unit
ODUflex	灵活速率光数字单元	flexible Optical channel Data Unit
OF-Config	开放流配置	OpenFlow Configuration
OLT	光线路终端	Optical Line Terminal
OMC	运行维护中心	Operation and Maintenance Center
OMCI	光网络单元管理控制接口	ONU Management and Control Interface
ONU	光网络单元	Optical Network Unit
OPEX	运营成本	OPerating EXpense
OSS	运行支撑系统	Operational Support System
OSPF	开放最短通路优先协议	Open Shortest Path First
OT	运营技术	Operational Technology
OTN	光传送网络	Optical Transport Network
OTA	空中下载	Over-The-Air
P2MP	点对多点	Point to Multi-Point
PAM	停车场地图	Parking Area Map
PAP	口令认证协议	Password Authentication Protocol
PBS	峰值突发尺寸	Peak Burst Size
PC5	（设备间）直连通信	Proximity Communication
PCEP	路径计算单元通信协议	Path Computation Element communication Protocol
PCF	策略控制功能	Policy Control Function
PCS	物理编码子层	Physical Coding Sublayer
PDCCH	物理下行链路控制通道	Physical Downlink Control CHannel
PDCP	分组数据汇聚协议	Packet Data Convergence Protocol
PDSCH	物理下行链路共享通道	Physical Downlink Shared CHannel
PDU	分组数据单元	Packet Data Unit
PDV	通路延迟值	Path Delay Value
PE	运营商边缘路由器	Provider Edge
PEAP	受保护的可扩展认证协议	Protected Extensible Authentication Protocol
PGW	分组数据网络网关	Packet data network GateWay

缩略语	中文全称	英文全称
PHY	物理层	PHYsical layer
PIR	峰值信息速率	Peak Information Rate
PKI	公钥基础设施	Public Key Infrastructure
PLC	平面光波导	Planar Lightwave Circuit
PLMN	公共陆地移动网	Public Land Mobile Network
PMA	物理媒质附着	Phyical Meida Attachment
PMD	物理媒质依赖	Phyical Media Dependent
POE	以太网供电	Power Over Ethernet
PON	无源光网络	Passive Optical Network
PQ	优先队列	Priority Queue
PTP	高精度时间协议	Precision Time Protocol
PUSCH	物理上行链路共享信道	Physical Uplink Shared CHannel
PUCCH	物理上行链路控制通道	Physical Uplink Control CHannel
PVC	聚氯乙烯	PolyVinyl Chloride
QoS	服务质量	Quality of Service
RADIUS	远程身份认证拨号用户服务	Remote Authentication Dial-In User Service
RAM	路侧辅助自动驾驶消息	Roadside for Autonomous driving Message
RAN	无线电接入网	Radio Access Nework
RD	路由标识	Route Distinguisher
REST	描述性状态迁移	REpresentational State Transfer
RLFA	远端无环路备用	Remote Loop-Free Alternate
RLVW	闯红灯预警	Red Light Violation Warning
RPC	远程过程调用	Remote Procedure Call
RPF	远程物理层故障	Remote PHY Fault
RPL	环保护链路	Ring Protection Link
RR	路由反射器	Route Reflector
RRC	无线电资源控制	Radio Resource Control
RSC	路侧协调	RoadSide Coordination
RSCV	路侧控制车辆	RoadSide Control Vehicle
RSI	路侧信息	RoadSide Information
RSM	路侧安全消息	Roadside Safty Message

续表

缩略语	中文全称	英文全称
RRPP	快速环网保护协议	Rapid Ring Protection Protocol
RSU	路侧单元	RoadSide Unit
RSTP	快速生成树协议	Rapid Spanning Tree Protocol
RSVP-TE	基于流量工程扩展的资源预留协议	Resource reSerVation Protocol-Traffic Engineering
RT	路由目标	Route Target
RTCM	海事无线电技术委员会	Radio Technology Committee of Marine
SAE	美国汽车工程师协会	Society of Automotive Engineers
SBFD	无缝双向转发检测	Seamless Bidirectional Forwarding Detection
SDN	软件定义网络	Software Defined Network
SFTP	安全文件传送协议	Secure File Transfer Protocol
SID	段标识符	Segment IDentifier
SIM	用户标志模块	Subscriber Identity Module
SLA	服务水平协议	Service Level Agreement
SLW	限速预警	Speed Limit Warning
SMF	会话管理功能	Session Management Function
SN	序列号	Serial Number
SNMP	简单网络管理协议	Simple Network Management Protocol
S-NSSAI	单个网络切片选择协助信息	Single Network Slice Selection Assistance Information
SOAP	简单对象访问协议	Simple Object Access Protocol
SoC	单片系统	System on Chip
SPAT	信号灯相位与定时	Signal Phase And Timing
SPN	切片分组网	Slicing Packet Network
SPS	半静态调度	Semi-Persistent Scheduling
SR	分段路由	Segment Routing
SRG	共享风险组	Shared Risk Group
SRv4/v6	第4/6版分段路由协议	Segment Routing protocol version 4/ version 6
SRv6 BE	第6版分段路由协议尽力而为服务	Segment Routing protocol version 6 Best Effort
SRH	分段路由扩展头	Segment Routing Header
SSC	会话和服务连续性	Session and Service Continuity
SSH	安全外壳	Secure SHell

续表

缩略语	中文全称	英文全称
SSID	服务集标识符	Service Set IDentifier
SSL	安全套接层[协议]	Secure Sockets Layer
SSM	感知共享消息	Sensor Sharing Message
STP	生成树协议	Spanning Tree Protocol
SUL	补充上行	Supplementary UpLink
SYN	同步序列编号	SYnchronize sequence Numbers
Syslog	系统运行记录	System log
TCP	传输控制协议	Transmission Control Protocol
TDD	时分双工	Time-Division Duplex
Temp ID	临时标识	Temporary IDentification
TFTP	简易文件传送协议	Trivial File Transfer Protocol
TI-LFA	拓扑无关无环路备份	Topology-Independent Loop-Free Alternate
TL1	事务处理语言（接口）1	Transaction Language 1
TLS	传输层安全协议	Transport Layer Security
TN	传送网	Transport Network
TN-NSSI	传送网网络切片子网实例	Transport Nework-Network Slice Subnet Instance
TN-NSSMF	传送网网络切片子网管理功能	Transport Network-Network Slice Subnet Management Function
TOCC	交通运行监测调度中心	Transportation Operations Coordination Center
TOF	流量卸载	Traffic OFf-load
ToS	服务类型	Type of Service
TSP	内容服务提供者	Telematics Service Provider
TTL	存活时间	Time To Live
TTM	上市时间	Time To Market
TWAMP	双向主动测量协议	Two-Way Active Measurement Protocol
UDM	统一数据管理	Unified Data Management
UDP	用户数据报协议	User Datagram Protocol
ULCL	上行分类器	UpLink CLassifier
UML	统一建模语言	Unified Modeling Language
UPF	用户面功能	User Plane Function
URSP	用户终端路由选择策略	UE Route Selection Policy

续表

缩略语	中文全称	英文全称
Uu	通用用户	Universal user
URLLC	低时延高可靠通信	Ultra-Reliable Low-Latency Communication
UE	用户端	User End
UTC	协调世界时	Universal Time Coordinated
UTF	统一编码转换格式	Unicode Transformation Format
V2I	车与基础设施通信	Vehicle-to-Infrastructure
V2N	车与网络通信	Vehicle-to-Network
V2P	车与行人通信	Vehicle-to-Pedestrian
V2V	车与车通信	Vehicle-to-Vehicle
V2X	车联网通信	Vehicle-to-Everything
VIM	虚拟化基础设施管理	Virtualization Infrastructure Management
VIR	车辆意图和请求	Vehicle Intention and Request
VLAN	虚拟局域网	Virtual Local Area Network
VM	虚拟机	Virtual Machine
VPLS	虚拟专用局域网业务	Virtual Private Local area network Service
VPN	虚拟专用网	Virtual Private Network
VPWS	虚拟伪线业务	Virtual Pseudo Wire Service
VR	虚拟现实	Virtual Reality
VRF	虚拟路由转发	Virtual Routing and Forwarding
VRRP	虚拟路由器冗余协议	Virtual Router Redundancy Protocol
VRUCW	弱势交通参与者碰撞预警	Vulnerable Road User Collision Warning
VTN	虚拟传输网络	Virtual Transport Network
VXLAN	虚拟扩展局域网	Virtual eXtensible Local Area Network
Web	万维网	World Wide Web
WFQ	加权公平队列算法	Weighted Fair Queuing
WRR	加权轮询	Weighted Round Robin
XGS-PON	10吉比特对称无源光网络	XG Symmetric-Passive Optical Network
XML	可扩展标记语言	eXtensible Markup Language

结束语

车路协同业务需求多样、场景复杂，且在不断演进，是智慧城市建设中对网络综合性能要求最高的业务。在国家战略和政策的引导和推动下，多个城市针对车路协同网络开展了大量技术探索和建设运营工作，积累了丰富的实践经验。为进一步推进车路协同网络技术的演进，并提高车路协同技术的应用水平，本书编者在深入分析车路协同网络建设实践，以及和相关建设方、业务专家、网络专家进行技术研讨的基础上，及时对已有经验进行深入探讨和总结，对相应的车路协同网络架构和方案进行完善和提炼，最终形成了智慧城市车路协同网络总体方案。本书提出的智慧城市车路协同网络方案主要借鉴了上海、长沙、德清、无锡、深圳等多个车路协同试点城市的建设经验。各参编专家和相关单位工作人员也为本书付出了很多心血，贡献了多学科、多视角的专业经验，在此对其表示由衷的感谢！

因时间仓促，且车路协同业务和网络技术均在不断演进，本书难免存在不足之处，请业界专家多提宝贵意见，以促进智慧城市车路协同网络总体方案的进一步完善。

反侵权盗版声明

电子工业出版社依法对本作品享有专有出版权。任何未经权利人书面许可，复制、销售或通过信息网络传播本作品的行为；歪曲、篡改、剽窃本作品的行为，均违反《中华人民共和国著作权法》，其行为人应承担相应的民事责任和行政责任，构成犯罪的，将被依法追究刑事责任。

为了维护市场秩序，保护权利人的合法权益，我社将依法查处和打击侵权盗版的单位和个人。欢迎社会各界人士积极举报侵权盗版行为，本社将奖励举报有功人员，并保证举报人的信息不被泄露。

举报电话：（010）88254396；（010）88258888
传　　真：（010）88254397
E-mail：dbqq@phei.com.cn
通信地址：北京市万寿路173信箱
　　　　　电子工业出版社总编办公室
邮　　编：100036